日香南通

IUXIANG NANTONG

【崇川福地『读书堂』扁舟一叶一诗人】

倪怡中 著

苏州大学出版社
Soochow University Press

图书在版编目（CIP）数据

书香南通 / 倪怡中著. -- 苏州：苏州大学出版社，2025.3. --（江海文化丛书 / 姜光斗主编）. -- ISBN 978-7-5672-5197-7

Ⅰ. G252.17

中国国家版本馆CIP数据核字第2025VG1611号

书　　名	书香南通	
著　　者	倪怡中	
责任编辑	汝硕硕	
出版发行	苏州大学出版社	
	（地址：苏州市十梓街1号　邮编：215006）	
印　　刷	南通印刷总厂有限公司	
开　　本	890 mm × 1 240 mm　1/32	
印　　张	11.5	
字　　数	299千	
版　　次	2025年3月第1版	
	2025年3月第1次印刷	
书　　号	ISBN 978-7-5672-5197-7	
定　　价	49.00元	

图书若有印装错误，本社负责调换
苏州大学出版社营销部　电话：0512-67481020
苏州大学出版社网址　http://www.sudapress.com

"江海文化丛书"编委会

主　任：周剑浩
成　员：李明勋　姜光斗　李　炎　季金虎
　　　　施景铃　沈启鹏　周建忠　尤世玮
　　　　徐国祥　胡泓石　沈玉成　黄建辉
　　　　陈国强　赵明远　王加福　房　健

总　编：尤世玮
副总编：沈玉成　胡泓石

"江海文化丛书"总序

李 炎

由南通市江海文化研究会编纂的"江海文化丛书"(以下简称"丛书"),自2007年启动,从2010年开始分批出版。

我想,作为公开出版物,这套"丛书"面向的不仅是南通的读者,还会有国内其他地区甚至国外的读者。因此,简要地介绍南通市及江海文化的情况,显得十分必要。这样不仅便于读者了解南通的市情,以及江海文化形成的自然环境、社会条件和历史过程,而且也便于读者了解出版这套"丛书"的指导思想、选题原则和编写体例。总之,介绍这套"丛书"相关的背景情况,将有助于读者阅读和使用。

南通市位于江苏省中东部,濒江(长江)临海(黄海),三面环水,形同半岛。它背靠苏北腹地,隔江与上海、苏州相望。南通以其独特的区位优势及人文特点,被列为我国最早对外开放的14个沿海港口城市之一。

南通市所处的这块冲积平原,是由于泥沙的沉积和潮汐的推动自西北向东南逐步形成的,俗称"江海平原",是一片古老而又年轻的土地。境内的海安县[1]南莫镇青墩新石

---

[1] 2018年,经国务院批准,撤销海安县,成立海安市。

器时代遗址告诉我们，距今约5 600年，就有先民在此生息繁衍；而境内启东市的成陆历史仅300多年，设县治不过80多年。在漫长的历史过程中，这里有沧海桑田的变化，有八方移民的杂处，有四季分明、雨水充沛的天时，有产盐、植棉的地利，还有一代代先民和谐共存、自强不息的人和。19世纪末20世纪初，这里已成为我国实现早期现代化的重要城市。晚清状元张謇办实业、办教育、办慈善，以先进的理念规划、建设、经营城市，使南通走出了一条与我国近代自开商埠的城市和曾被列强所占据的城市迥然不同的发展道路，因而被誉为"中国近代第一城"。

南通于五代后周显德五年（958）筑城设州治，名通州。北宋时，通州一度改称"崇州"，又称"崇川"。辛亥革命后，通州废州立县，称"南通县"。1949年2月，南通县改县为市，市、县分治。1983年，南通地区与南通市合并，实行市管县新体制，并沿用至今。目前，南通市下辖海安、如东二县，如皋、海门、启东三市，崇川、港闸、通州三区和一个国家级经济技术开发区[1]；占地8 001平方千米，常住人口约770万，流动人口约100万。据国家权威部门统计，南通目前的总体实力在全国大中城市（不含台、港、澳地区）中排第26位，在全国地级市中排第8位。多年来，在各级党委、政府的领导下，经过全市人民的努力，南通获得了"全国文明城市""国家历史文化名城""全国综合治理先进城市""国家卫生城市""国家环保模范城市""国家园林城市"等称号，并享有"纺织之乡""建筑之乡""教育之乡""体育之乡""长寿之乡""文博之乡"等美誉。

江海文化是南通市独具特色的地域文化，上下五千年，

---

［1］ 2020年，南通市下辖如东一县，如皋、海安、启东三市，崇川、海门、通州三区和一个国家级经济技术开发区。

南北交融,东西结合,它具有丰富的历史内涵和深邃的人文精神。同其他地域文化一样,江海文化的形成,不外乎两种主要因素:一是自然环境,二是社会结构。它与其他地域文化不尽相同之处是:由于南通地区的成陆历史经过了漫长的岁月和不同的阶段,移民的构成呈现出多元性和长期性;客观上又反映了文化来源的多样性及相互交融的复杂性,使得江海文化成为一种动态的存在,是"变"与"不变"的复合体。"变"的表征是时间的流逝,"不变"的表征是空间的凝固;"变"是组成江海文化的各种文化"基因"融合后的发展,"不变"是原有文化"基因"的长期共存和特立独行。对这些特征、这些传统,我们需要全面认识、因势利导,也需要充分研究和择优继承,从而系统科学地架构起这一地域文化的体系。

正因为江海文化依存于独特的地理、自然环境,蕴含着自身的历史人文内涵,因而她总会通过一定的"载体"体现出来。按照联合国教科文组织的分类,"世界遗产"可分为三类,即世界文化遗产(包含文化景观)、世界自然遗产、世界文化与自然双重遗产。而历史文化人物、历史文化事件、历史文化遗址、历史文化艺术等,又是这三类中常见的例证。例如,我们说南通人文荟萃、名贤辈出,可以随口道出骆宾王、范仲淹、王安石、文天祥、郑板桥等历代名人在南通留下的不朽篇章和趣闻轶事;可以随即数出三国名臣吕岱,宋代大儒胡瑗,明代名医陈实功、文学大家冒襄、戏剧泰斗李渔、曲艺祖师柳敬亭,清代"扬州八怪"之一的李方膺等南通先贤的生平业绩;进入近代,大家对张謇、范伯子、白雅雨、韩紫石等一大批南通优秀儿女更是耳熟能详;至于说现当代的南通籍革命家、科学家、文学家、艺术家及各行各业的优秀人才,更是不胜枚举。他们身上都承载着江海文化的优秀传统和人文精神。同样,其他类型的历史文化也都是认识南通和了解江海文化的亮点与切入口。

本着"文化为现实服务,而我们的现实是一个长久的现实,因此不能急功近利"的原则,南通市江海文化研究会在成立之初,就将"丛书"的编纂工作作为自身的一项重要任务。

我们试图通过对江海文化的深入研究,将其中一部分能反映江海文化特征,反映其优秀传统及人文精神的内容和成果,系统地进行整理、编纂,直至结集成"丛书"。这套"丛书"将为南通市政治、经济、社会全面和谐发展提供有力的文化支撑,为将南通建成文化大市和强市提供参考,同时也为"让南通走向世界,让世界了解南通"做出贡献。

目前,"丛书"的编纂工作正按照纵向和横向两个方向逐步展开。

纵向——精选不同时代南通江海文化发展史上的重要遗址(迹)、重大事件、重要团体、重要人物、重要成果,确定选题,每一种写一方面具体内容,编纂成册。

横向——从江海文化中提取物质文化或非物质文化的精华,如"地理变迁""自然风貌""特色物产""历代移民""民俗风情""方言俚语""文物名胜""民居建筑""文学艺术"等,分门别类,进行归纳,形成系列。

我们力求使这套"丛书"的体例结构基本统一,行文风格大体一致,每册字数基本相当,做到图文并茂,并兼有史料性、学术性和可读性。先拿出一个框架设想,通过广泛征求意见,确定选题;然后通过自我推荐或选题招标,明确作者和写作要求,不刻意强调总体同时完成,而是成熟一批出版一批;最后经过若干年努力,基本完成"丛书"的编纂和出版。有条件时,还可以不断补充新的选题。在此基础上,最终完成"南通江海文化通史""南通江海文化学"等系列著作。

通过编纂"丛书",我有以下四点较深的体会:

第一，必须有系统深入的研究基础。我们从这套"丛书"，看到了每一单项内容研究的最新成果，而且作者都是具有学术素养的资料收集者和研究者；同时以学术成果支撑"丛书"的编纂，增强了它的科学性和可信度。

第二，关键在广大会员的参与。选题的确定，不能光靠研究会领导，发动会员广泛参与、双向互动至关重要。这样不仅能体现选题的多样性，而且由于作者大多是会员，他们最清楚自己的研究成果及写作能力，只要充分调动其积极性，可以提高作品的质量及成书的效率。

第三，离不开各方面的支持。这包括出版经费的筹措和出版机构的运作。由于事先我们主动向上级领导汇报，向有关部门宣传，使出版"丛书"的重要性及迫切性得到认可，基本经费得到保证；与此同时，"丛书"的出版得到苏州大学出版社的支持，以及该出版社从领导到编辑的高度重视和大力配合；印刷单位全力以赴，不厌其烦。这大大提高了出版质量，缩短了出版周期。在此，我们由衷地向他们表示谢意和敬意！

第四，有利于提升研究会的水平。正如有的同志所说，编纂和出版"丛书"，虽然有难度、很辛苦，但我们这代人不去做，再过10年、20年，就更没有人去做，也就更难做了。我们活在世上，总要做些虽然难但应该做的事，总要为后人留下些有益的精神财富。在这种思想的支撑下，我深信研究会定能不辱使命，把"丛书"的编纂及其他各项工作做得更好。

研究会的同人嘱托我在"丛书"出版之际写几句话。于是，我有感而发，写了以上想法，作为序言。

2010年9月

（作者系南通市江海文化研究会第一届、第二届会长）

目 录

一、概述：崇川福地"读书堂"，扁舟一叶一诗人

1. 通州自古读书地，赢得州名"利市州" ……… 5
2. 读书原为报国谋 ……… 9
3. 儒医著书——《外科正宗》为中国医学赢得荣誉 ……………………………………… 20
4. 丹青水墨，曲水流觞 ……………… 26
5. "宅绕水竹三弓地，家藏山堂肆考书" ……… 36

二、读书篇：锦心绣口读书人

引言：读书是代代相承的习尚 …………… 57
1. "诚使此心无系恋，平安两字不须看"——北宋教育家胡瑗 ……… 61
2. "一卷南华照旧摊"——李渔的读书生涯 …… 66
3. "九百九十九"——张謇的读书生活 ……… 71
4. "江海交流地，滔滔一气扬"——抗战时期通师侨校师生读书记 ……… 75
5. "音韵学"考100分的魏建功 ……… 81
6. "明窗数编在，长与物华新"——王铃和《中国科学技术史》……… 87

7."诚知学术渊无底,挖到深层自及泉"——数学家李大潜 ………………………………………… 94
8.少年就能背诵千首古诗的范曾 ………… 99
9.好书未看有负债感——辛丰年的读书生活 ………………………………………………… 104
10.走进联合国国际法院的法学家施觉怀 …… 110
11."白发书生百战身,落纸不言倚马成"——作家龚德 ………………………………………… 116
12.徐铁生和《中华姓氏源流大辞典》 ……… 124
13.他写的传记经得起学者的引用——作家陈学勇 ………………………………………………… 130
14.他用笔名勾画中国现代文学全史——中国现代文学研究专家钦鸿 ………………………… 136
15."应是南通风土好,江河洗笔写新篇"——"江苏十大藏书家"之一的沈文冲 …………………… 142

三、著书篇:世有宿儒著书多

引言:人文蔚起,代闻名著 …………… 151
1.典籍之武库,学士之书橱——类书《山堂肆考》 ………………………………………………… 154
2.陈实功和《外科正宗》 ………………… 157
3.邵潜和《州乘资》 ……………………… 160
4.冯氏兄弟和《金石索》 ………………… 164
5.徐昂和《徐氏全书》 …………………… 167
6.徐立孙和梅庵琴派 ……………………… 172

7.费范九编《南通书画大观》和《南通县金石志》
··· 178
8.《南通范氏诗文世家》················· 184
9.从《南通张季直先生传记》到《张謇全集》··· 188

四、藏书篇：静海宝藏，先贤遗篇
引言：江海一隅藏书多 ················· 201
1.南通图书馆的创办 ····················· 205
2.中国人办的第一座公共博物馆——南通博物苑
··· 209
3.张謇的藏书思想 ························ 214
4.张謇计划购买"莫理循藏书"的经过 ········ 219
5.曾任南通图书馆馆长的陈星南 ········ 222
6.理逸航先生对南通图书馆的经营 ······· 226
7.南通图书馆的馆藏特色 ··············· 230
8.南通藏书家 ······························ 237

五、刻书篇：东壁图书府，西园翰墨林
引言：最是刻书能致远 ················· 257
1.翰墨林印书局 ··························· 261
2.中外出版交流史上的佳话——朝鲜学者金泽荣在南通的出版活动 ························ 265
3.全面抗日战争时期党领导的图书出版工作
··· 278
4.解放战争时期党领导的图书出版工作 ··· 285

5. 抗日战争和解放战争时期党领导的报纸出版工作 …………………………………………… 297

6.《江北日报》副刊《诗歌线》 …………… 309

7. "南通人民出版社"及南通市图书馆、南通博物苑的油印本 …………………………………… 313

六、实践篇：这边读书风景独好

引言：书韵依旧，书香悠悠 …………… 323

1. "静海讲坛"及其视频版、广播版 ………… 329

2. "读书沙龙"、"家庭读书乐"和"读者俱乐部" …………………………………………… 335

3. 南通人著作展 …………………… 339

4. "书为媒"读书知识问答、谜语竞猜系列活动 …………………………………………… 341

5. "红领巾读书读报奖章"等系列读书活动 …………………………………………… 344

参考文献 ………………………………… 347

后　记 ………………………………… 352

一、概述：
崇川福地『读书堂』，扁舟一叶一诗人

一、概述：崇川福地"读书堂"，扁舟一叶一诗人

文化是一个地方的根脉，书香是一个地方的精神。书籍往往记载了一个国家的历史和民族的创造，记载了浩如海洋的各类知识，是人们的智慧结晶及集体记忆的载体。一个地方尊文重教，崇尚知识，人们知书达礼，读书蔚为风气，人们的精神文化生活就充实，科学文化素养就广博，道德思想品行就高洁。千百年来，生活在这样一方水土的人以读书为习尚："今则自束发以上，咸知谈经说史，讲明道术"，"髫龀之子，亦知挟册从师，喜为儒者之言"。（万历《通州志》卷三）他们从小就养成了阅读的良好习惯，读书明理、求师问学已融入他们的生活。这个地方就是"淮南江北海西头"的南通。

南北朝时期，现在的南通还是一片在长江口涨沙成陆的名叫"壶（胡）豆洲"的地方。《梁书·侯景传》记载，侯景败于松江，"自沪渎入海。至壶豆洲……"《南史·羊侃传》也记载侯景败逃，"遂直向京口，至胡豆洲"。唐时洲上设盐亭场。五代十国时，曾称静海，设静海都镇制置院。后周时改为静海军，不出一年改为通州。明万历《通州志》载："州之东北，海通辽海诸夷；西南，江通吴粤楚蜀；内运，渠通齐鲁燕冀，故名通州。"虽有大海、长江和运河的便利，四通八达，却因水运受天气、潮汐、船只等条件的限制，通州在地理位置上仍属于交通不便的死角。

地处死角却也带来一个很大的好处，即通州很少受到

战争的袭扰,算得上是战乱频仍的中国大地上难得的一方福地。据说原来通州城隍庙大门上,就挂着明朝开国元勋刘伯温题写的"崇川福地"(北宋时因避讳改通州为崇州,又名崇川)匾额。

安宁的生活环境为人们读书创造了适宜的条件。

僻居"江淮之委海之端"的南通,境内是广袤的芦苇滩及沙地,按照本来的发展轨迹,充其量也就是盐和棉花产地,谁能想到她偏偏孕育滋养了一代代锦心绣口的读书人。也许正如人们所说,南通城有文曲星高照,唐塔为笔,寺井为砚,岂能不多文人学士;也许堪舆家说得不错,"城南巽方"是读书人的风水宝地——城东南建了一座文峰塔,还造了三元桥,连后来民国元年(1912)创办的南通图书馆也建在旧州治遗址的台基上,"台出岑楼,其高八尺","图书万年,保之无斁"。(李明勋、尤世玮《张謇全集》第6册)总之,南通这方水土偏偏与读书有缘,涌现出一批批满腹经纶、造诣深厚的读书人。

张謇题钟楼联

天宁寺藏经阁(抗战时南通图书馆古籍保存于此)

1.通州自古读书地,赢得州名"利市州"

通州城在后周显德四年(957)建城后不久,就在北宋太平兴国五年(980)于东门外建立州学。到了乾兴元年(1022),又在东门内兴建儒学馆。天圣元年(1023)儒学馆建成时,前有大成殿,殿后有讲堂、稽古阁,州学、孔庙合在一处。南宋以后,州学数次毁于战火,又不断重建。明朝时朝廷经常对州学的大成殿、明伦堂进行整修。弘治年间,修建了棂星门、泮池桥,又新造了堂、轩、学宫门。正德九年(1514)重建名宦、乡贤二祠,嘉靖九年(1530)又建尊经阁、号舍、敬一亭等,州学规模逐渐扩大。万历年间,通州州学已颇具规模:学宫前有泮池,走过石桥到棂星门,再往里走可达戟门,左右两边是名宦祠和乡贤祠,走进戟门是大成殿。棂星门之左为学门,学门往北行数十步,向西有礼门,进礼门,中为明伦堂,堂东、西两边有进德、修业、兴贤三斋;堂后有敬一亭、尊经阁,阁后为射圃,阁左有贮藏圣祠。学宫以西为志道堂、号舍,以及学正、训导等学官住宅。

南宋淳熙十年

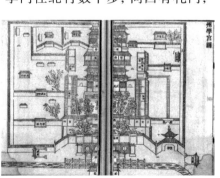

通州学宫图

（1183），通州在州学北建贡院。宋嘉定年间，贡院迁往州治西北；咸淳四年（1268），又在州治西南重建贡院。清雍正二年（1724），通州在州治东建试院。试院从雍正六年（1728）

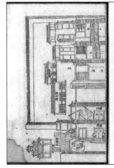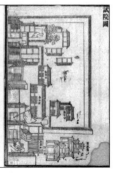

通州试院图

起供士子考试，到光绪三十二年（1906）科举废止，历时170多年。

宋代推行三舍法时，县州学向太学贡选生员。宋徽宗大观四年（1110），通州选送3名生员，经考核均居上舍（第一等级），朝廷给予嘉奖，将通州每年选送名额增至10人，通州一时被誉为全国"利市州"。据记载，通州州学经考试合格入学的生员，明朝为2069人，清朝为6386人。从宋至清，通州有256人考中举人，115人考中进士，其中有状元胡长龄、张謇，榜眼王广荫，探花马宏琦。（南通市教育局《南通市教育志》）

留下《兰检京都日记》的孙铭恩为清道光年间进士。孙氏家族从康熙到光绪间有五代出过进士。同光年间，顾家顾曾沐先中进士，其后"父子叔侄同科"，一门四进士。一门三进士的有宋代的王观及其堂弟王觌、王觏的侄子王俊义，明代的陈尧及其儿子陈大科、侄子陈大壮，清代的王广荫及其堂兄弟王广佑、王广福。一门两进士的就更多了，祖孙进士有明代的顾养谦和顾国宝；父子进士有宋代的张日用和张次山，清代的沈歧和沈锡庆及沈锽和沈汝奎；叔侄进士有明代的袁随和袁九皋；兄弟进士有南宋的崔敦礼和崔敦诗及印应雷和印应飞，明代的凌相和凌楷，清代的徐宗幹和徐宗勉及马映辰和马映阶。清时刘士宏为武进士,其子刘伊为文进士,父子进士,一武一文,传为美谈。一门多进士层出不穷,这些书香人家世代相袭,形成了良好的读书传统和方法,读书应试博取功名已显得寻常,显现了社会和家庭对读书的看重和期盼,也显现了通州读书氛围的浓厚。

通州在南宋时创办紫薇书院。明万历《通州志》记载紫薇书院"在州西北光孝塔右",位置在天宁寺西北。明时通州还办过铁渠书院(在西门外铁钱河畔,今盐仓坝)、崇川书院(在城东二里龙津桥附近)、通川书院(在州察院东)、五山书院(在狼山)等。清乾隆十二年(1747),通州在城西北天真堂旧址建紫琅书院,后因经费紧缺停办。乾隆三十一年(1766),知州沈雯募捐重建书院,讲堂有六楹,堂前有清池,有亭台楼阁,环境静幽,学员宿舍及食堂、浴室一应俱全。书院聘浙西名师吴坦主持讲学,在读学生有120人。嘉庆时翰林侍读张涵斋也曾来紫琅书院讲学。

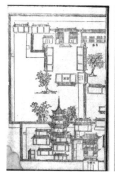

紫琅书院图

通州周边地区也建有许多书院。如皋建城比通州早,在宋代建有王俊义书院,元代建有陈应雷书院、许芳书院,清雍正时建崇正书院,乾隆时建雉水书院;石港在明嘉靖时建有忠孝书院,清康熙时改为文正书院;余西建有精进书院;吕四在清乾隆时有东瀛书院、鹤城书院;海门在清嘉庆时设师山书院,同治时设东渐书院;海安在清末时有凤山、明道、守正等数家书院。

通州城一条"寺街"长不过里许,却多有书香世家。徐氏家族,从清台湾道台徐宗幹到现代国学大师徐益修、古琴大家徐立孙,人才辈出。清代通州诗人李琪说:"余家自十世祖水部公至先严博士公,代有诗集。"据考,李琪有《少山诗钞》,其父李懿曾有《扶海楼诗集》,祖父李雱有《铁道人偶吟》,曾祖李彩升有《课余庄诗草》,叔曾祖李方膺是"扬州八怪"之一,有《梅花楼诗钞》,李方膺之父李玉鋐有《但山诗钞》,正可谓"十世衣冠数卷诗,人人俱解捻吟髭"。范氏家族,绵延13代450余年,代代有诗人及其诗文传世,成为文学史上的佳话。寺街的书香人家彰显出南通深厚的文化底蕴。

李懿曾《扶海楼诗集》书影

2.读书原为报国谋

通州城范氏诗文世家的祖屋里有副对联——"揽辔登车,一世澄清须满志;读书闭户,万家忧乐尽关心",确切地道出了通州读书人视读书为己任,心忧天下百姓,"达则兼济天下"的不凡抱负。读书人要踏上仕途,必须经历数十年寒窗苦读,才能博得功名,取得担任各级官吏的资格。传统知识分子"先天下之忧而忧,后天下之乐而乐"的襟怀在通州读书人身上表现得格外充分。

《宋史》记载,宋朝天圣年间,吴及"年十七,以进士起家,为侯官尉"。闽地有陋习,歹人服毒而死以诬赖仇家,官府不能分辨,误判被诬告的无辜者死刑,吴及在任上及时改判,保全了53人的性命。提点刑狱把他的做法在当地推广,吴及也因此被任命为"大理寺检法官","徙审刑院详议,累迁太常博士"。吴及后来任右司谏、管勾国子监,"出为工部员外郎、知庐州,进户部、直昭文馆、知桂州",以正派刚正著称。他曾上疏宋仁宗,详定条令,禁止进献宦官,重惩对幼童处宫刑的行为;建议"请汰冗兵,省冗官,然后除民之疾苦";他还"建请择馆职,分校馆阁书,并求遗书于天下",为文化建设作出了贡献。(《宋史》卷三百二)

宋嘉祐二年(1057)进士王觌为润州推官时,在灾年不怕得罪"监司",为百姓减免赋税,后任司农寺主簿,擢升右正言、司谏。他指出"国家安危治乱,系于大臣。今执政八人,而奸邪居半,使一二元老,何以行其志哉?"上疏数十次,弹劾了许多贪官污吏。朝廷为此担忧人心不稳,王觌又上奏:"舜罪四凶而天下服,孔子诛少正卯而鲁国治。……陟一善而天下之为善者劝,黜一恶而天下之为恶者惧。岂以为恶者惧而朝廷亦为之惧哉?"他曾为苏轼辨诬:"轼之辞,不过失轻重之体尔。若悉考同异,深究嫌疑,则两歧遂分,党论滋炽。夫学士命词失指,其事尚小;使士大夫有朋党之名,大患也。"说苏轼不过言语失当,如说他有朋党之嫌,不但过分,还会危及天下士大夫。皇帝听从了他的建议,没有责罚苏轼。王觌任苏州知府时,查奸肃贪,依法处置,地方清平,百姓肃然起敬,歌颂他说:"吏行水上,人在镜心。"宋徽宗继位后,王觌官至工部侍郎、御史中丞、龙图阁学士。尽管朝中多事,他仍旧"清修简澹","持正论始终",两次遭受贬逐,却不改初衷。(《宋史》卷三百四十四)王觌的侄子王俊乂殿试时被宋徽宗"擢为第一",皇帝还对侍臣说:"此朕所亲擢也,真所谓'俊乂'矣。"王俊乂当年在京城仅是一名穷学生,童贯"欲厚聘之,拒不答";后来入朝,蔡京"邀使来见",许他左右史的官职,但"俊乂不往,仅拜国子博士"。童、蔡为权臣,人邀宠尚不得,王俊乂却和他们保持了距离。王俊乂后任右司员外郎,在宣和年间以敢于发表正直言论、善于分辨"善恶邪正"闻名于朝。(《宋史》卷三百四十四)

宋嘉熙二年(1238)进士印应雷,因作战有功,宋度宗曾御书"锦绣"两字赐赠,印应雷"知和庐二州,宝祐二年,北兵侵和,时应雷新之任以制司,命率兵突入,士气益张,卒保其城。咸淳间,权兵部侍郎,两淮安抚制置使兼知扬州封静海县"。印应雷之弟印应飞为淳祐元年(1241)进士,"擢监察御史,……开庆元年,元兵围鄂,……应飞自外督兵来援,围遂解,除户部侍郎,淮东总领,知镇江府,卒赠朝议大夫"。(乾隆《苏州府志》卷六十七)弟兄两人都文武双全，虽为文人，却带兵打仗，在前线作战有功，受到朝廷表彰。

宋末解元钱仲鼎"读书淹博，潜心六艺"(杨廷《五山耆旧集》卷一)，元兵南渡后，不愿仕进，隐居吴县蒲帆巷，终日和赵孟頫、虞集、龚开等一帮文友吟诗作文，显示了一个读书人的品格。明永乐二十二年(1424)进士邵文，官大理寺评事，"性直不阿，数折大狱，执法严谨"(杨廷《五山耆旧集》卷二)；成化十七年(1481)进士顾雄，官户部主事，"犒军大同，监守者欲饵以利，怒却之"，为官廉正，致仕时"囊无余资"，被乡人称为"清白吏"；(乾隆《江南通志》卷一百四十五)成化二十三年(1487)进士邵棠，官陕西参政，"沉毅英敏"，"绳奸剿寇，境赖以安"，世人称其"儒而不迂，吏而不俗"，"学赡才优，行尊名重"。(杨廷《五山耆旧集》卷二)

明孝宗在位时间不过短短18年，通州却有多位进士在历史上留下清名：进士周臣任刑部主事，为官清正，"以赞画军务功，升顺天推官"(乾隆《江南通志》卷一百五十四)，因得罪权臣冤死；进士姚继严授工部主事，因参与联名上书反对皇帝南狩一事，得罪权奸，被廷杖，后升任太常寺少卿，因杖创发作而死；进士马继祖官监察御史，"宽仁敏决"，"岁饥，恳当道发粟赈贷，民赖全活"，(杨廷《五山耆旧集》卷二)以刚直名闻天下；进士凌相在广东惠、潮地方任职时，群匪为乱，"公躬亲奋击，火其巢穴，巨寇悉平"(焦竑《国朝献徵录》卷六十一)，后升任都察院右副都御史、巡抚湖广兼督理军务，裁革冗员，解民困顿。

明朝通州还有两位进士因作战有功，逝世后被朝廷封为"兵部尚书"。一位是嘉靖四十四年(1565)进士顾养谦，后巡抚辽东，与清兵对垒，大小数十战，俱获胜利，被誉为"勋名第一顾尚书"。他还"援朝抗倭"，被赞为戚继光似的英雄,"从此东夷不复至,海上承平四十年"(转引自施宁《寺街》)。另一位是隆庆五年(1571)进士陈大科,总督两广,平定安南,建有边功。历史就是这么巧合,两位通州文人,一北一南,一样是封疆大吏,为国家镇守边陲,建功立业。《冲庵顾先生抚辽奏议》二十卷为顾养谦任辽东巡抚时所写奏章,对研究明代治边政策,尤其是与蒙、满、朝鲜关系,具有很高价值。

明嘉靖间还有许多有作为的进士。嘉靖二年(1523)进士马坤,官至户部尚书,多次上书朝廷,建议平定倭寇三十二事,还在通州城建设可供瞭望、报警的南望江楼,被倭寇毁坏后又用自己的俸禄重建,后来该楼在护城抗倭的战斗中发挥了重要作用;嘉靖十一年(1532)进士钱嶫,任浙江参政,明代通州有养马的官差,因通州水土不宜养马,马多病死,官府责民以赋税抵马,民怨甚苦,钱嶫多次上书,赋税终于被朝廷免除;嘉靖三十五年(1556)进士袁随,拒绝严嵩拉拢,任德安知府时遇饥馑年,千方百计多方赈恤,救民无数,官至四川左布政使;嘉靖四十一年(1562)进士苏愚,任广西左布政使,抗击倭寇,平定匪乱,身经百战,为巩固国家边防,保一方平安立下功劳;苏愚同年进士陈大壮,官山东左参政,"靖乱开疆,厥功最巨"。

明万历五年(1577)进士郭师古,任甘肃兵备副使,"镇酒泉,兼辖宁夏、平凉诸州事","益奋忠勇,教练整饬,壁垒一新",使"敌不敢窥边";万历十七年(1589)进士袁九皋,任铅山知县,"廉明正直,百废具兴",后任御史,先后巡按多地,"搜奸剔弊,裕国安民",(杨廷《五山耆旧集》卷九)官至太仆寺少卿;万历二十六年(1598)进士范凤翼,任吏部主事,不畏魏党专权,力荐清流贤才,英烈史可法著《范公论》赞之:"天之生贤才、君子,固以为社稷苍生之庇,其用之大者,莫如以一君子为众君子之津梁,则太蒙范公之在吏部是也。"（范曾《南通范氏诗文世家》第1册）万历三十八年（1610），范凤翼擢用顾宪成、高攀龙，后遭魏党排挤，削籍为民，追夺诰命，仍不惧，高攀龙罹祸，撰文祭奠高攀龙，"清明在躬，志气如神"，显示了一代学人的气节。

一介书生，读书入仕，已然光宗耀祖，却恪守儒家"达则兼济天下"的信条，在国家和黎民百姓需要时，义无反顾地治国安邦，守边平乱，驰骋疆场，留取丹心。他们是中国传统士大夫阶层的优秀代表，表现出一代代读书人的品格及责任担当。

明代武进士王鸣鹤任狼山副总兵，《州乘资》记载他"沈雄果毅，周慎安详"。他所著《登坛必究》四十卷，100余万字，634幅图，包括天文、地理、兵柄、将帅、赏罚、征讨、守边、车战、奇伏、号令、战阵、遏盗、守城、器械、剑经、漕河、阵图、奏疏等72项类目，是中国军事史上的重要著作。明人黄克缵在序中说："本之六经以讨其源，博之左国子史以该其变，考之《武经七书》以求其法，参之历代将传以验其用，稽之近世名臣封事以采其识，旁及于百家众技、稗官小说以尽其能。"《登坛必究》在王鸣鹤到通州任职3年后刊刻成书，作为一部兵书，它补充了宋、元及明中叶的许多新的文献，也收录了一些关于农民起义的资料，如著名的刘六、刘七起义，刘七率部退到通州狼山后兵败战死。《登坛必究》被《明史·艺文

王鸣鹤《登坛必究》书影

志》收录,它不仅在中国军事学术史上占有重要地位,对于研究古代军事史、经济史、科技史、交通史、海外关系史以及地理沿革等都具有重要的参考价值。

举人明万里振臂一呼,领头抗清,杀了知州李乔,为保全城百姓免遭屠城之祸,自投清营,舍身成仁;清康熙四十五年(1706)进士李玉铉,任福建按察使,其地多盗,他勤政为民,半年审案千余,震慑犯罪,使百姓安居乐业,得到雍正的赏识;嘉庆十三年(1808)进士、改庶吉士授编修沈歧,在道光时任右都御史,力主提防"英夷",厘奸剔弊;武进士易崑官至总兵,守边关功勋卓著,朝廷颁赐易崑祖父为"武功大夫";道光三年(1823)进士、榜眼王广荫"历居清要,洊列公卿,叠掌文衡,跻升台辅,而敝裘羸马,蹴居寺院,俭约自守"(徐宗幹《集益斋稿》),做了二十年穷翰林,咸丰元年(1851),他拟"求贤疏"向朝廷推荐起用林则徐。

清乾隆五十四年(1789)进士胡长龄是通州城读书人中的翘楚,乾隆年间通州唯一的状元,任翰林院修撰,官至礼部尚书。胡长龄金榜题名后,仍用功读书,每晚在府中挑灯夜读,阅经赋诗,著有《三余堂存稿》等。他和和珅同朝为官,却不与和珅沉瀣一气,因此只当个陪太子读书的翰林,但这正合胡长龄心意,他乐在其中,因为可以阅读皇家秘藏稀见图籍。后来和珅事发,胡长龄得到嘉庆皇帝赏识,官至礼部尚书兼户部职。他虽然官居高位,却依然葆有书生本色,勤勉做事,夙兴夜寐,好学不倦。长年累月的清贫生活,刻苦读书,勤勉政事,使他的身体受到严重损害,皇帝批准他回乡休养后,竟病逝于返乡途中的船舱里,死时身无长物,唯有书箱几口。

清嘉庆二十五年(1820)进士徐宗幹任台湾道台、福建按察使,为维护国家统一作出了卓越的贡献。台湾著名史学家连横先生(中国国民党原党主席连战的祖父)在《台湾通史》中说："道光二十八年，徐宗幹任巡道，整吏治，议募兵，振士风，理屯务，多所更张"，"宗幹为治，每致意于公务，整剔利弊，循名核实，而绅民亦相观感，一时士气丕振，风俗纯美，至今犹称道焉"。

徐宗幹在道光二十七年（1847），由福建汀漳龙道调台湾道，在台湾任职有六七年。他不负朝廷重托，尽心履职，曾写道："台湾孤悬海外，任重事烦"，"惟日孜孜，实心实

胡长龄《三余堂存稿》书影

力，不可懈怠"，"有奏稿六卷，多在官时废寝忘餐而为之者，是皆一缕心血之所存也"。（徐宗幹《斯未信斋文编》）《南京条约》签订以后，列强对台湾虎视眈眈，动辄以"违约"要挟清政府。徐宗幹审时度势，撰写了《防夷书》，发动台湾民众保卫自己的家园。他在《防夷书》中说，如果外敌来侵，军队官兵当然要迎头痛击，但列强会以"究爽前约，而开后衅"；如果百姓武装起来，"堵之以民、堵之以番"，列强"则无可借口"，"惟有百姓众志成城，合亿万为一心"，才能使外敌永绝觊觎之心。而且防范内奸，"官之耳目，不如民之耳目；官之号令，不如民之号令"，只有民众发动起来了，内奸才无藏身之地，"内奸绝，而外侮必不能入"。徐宗幹还制定了《全台绅民公约》，组织民众巡逻瞭望、各乡组织联络、查办奸细、挑选和训练壮丁、筹措经费、购置装备武器等，"刀枪牌铳，家家皆有，人执一件，即成劲旅"。在他的领导下，台湾各乡各里纷纷组织民团，同仇敌忾，保家卫岛。在徐宗幹任职期间，列强始终无法插足台湾。徐宗幹

还坚决打击了"结盟竖旗"、分裂祖国的邪恶势力。"土匪王涌、洪纪、林恭,三次倡乱,胥以联军荡定之。而林恭陷凤山,围嘉义,三攻郡城,……先生裹一日粮,率数千卒,甫出郡数里,各乡拔帜竖义旗以应,即日克凤城而擒元恶。"(徐宗幹《斯未信斋文编》)徐宗幹为祖国统一立下了汗马功劳。

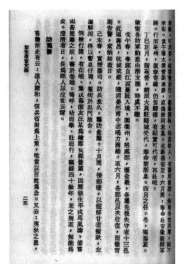

徐宗幹《斯未信斋文编》书影

台湾久经战乱,地方吏治腐败,造成"台民则无业者十之七,皆仰食于富民。富民贫,贫民益贫,而官亦因之而贫","弱者为道殣,强者犯法以苟免饿死",民不聊生,所以闹事,"三年一小反、五年一大反"。(徐宗幹《请筹议积储》)徐宗幹上任伊始即大力整饬吏治,剔奸除蠹,断然裁撤冗员,整顿军纪。为安抚百姓,他奏请朝廷允许台湾开禁抚垦,长期以来"私垦各户,既知官之不能禁,又知官之不准开。官不能禁而私开益多,官不准开而私开益便"(徐宗幹《议水沙连六社番地请设屯丁书》),造成恶性循环。清政府批准"召佃垦荒,以给屯饷"后,极大地缓解了民生疾苦及官府和百姓的对立。徐宗幹还"设条约汰陋规,饷五十余万金",(周懋琦《徐宗幹行状》)使民生得以休养。徐宗幹为根治水患,在台湾兴修水利,有些工程至今仍在发挥着作用。

清制台湾道例兼学政,徐宗幹深知责任重大,"膺斯重任,惟有夙兴夜寐,蕲(祈)无负初心,以冀多士相观而善,而民俗亦庶几可望其转移乎!"他整饬学规,"集诸生徒于海东书院,旬锻而月炼之",将学生文稿、作业编为《东瀛试牍》《瀛洲校士录》刊刻,"俾庠塾子弟有所观感,而则效焉为诱掖奖劝之助,借以鼓舞而振厉之"。(徐宗幹《瀛洲校士录序》)他还重刊《虹玉楼赋选》,收其百余篇旧作,因"板藏于家",到台湾后,"视学书院。生徒有肄业及之者,而不能遍观为憾","乃寄书附商艘载之来",不料"出狼山港,遇飓风漂没","然无以应诸生徒也",只好"节取若干首,复灾枣梨,刊印散布"(徐宗幹《虹玉楼赋选序》),并在书中题识"道光庚戌镌,奖赏生童,不取工价"。他还把在山东任职时从孔庙所拓孔、孟先圣画像摹刻上石,置于书院内供奉,并亲率诸生拜祭。咸丰元年(1851),台湾生员曾统勋取中福建省第一名举人(解元),徐宗幹亲为题匾,成为台湾文化史上的一则佳话。(徐宗幹《斯未信斋文编》)徐宗幹为台湾的教育事业可谓呕心沥血。徐宗幹著有《斯未信斋文编》十七卷、《斯未信斋杂录》六卷、《斯未信斋语录》三卷,文编中除四卷为艺文,其余均为奏疏、官牍、军书,杂录则多为在台湾之记事。

南通还有一位周懋琦(1833—1896),原籍安徽绩溪,寓居通州,咸丰十年(1860)他应徐宗幹之聘协助办团练,受到徐宗幹赏识,不久随徐宗幹赴福建巡抚任,因协办军务有功被奏任福建候补知府。他在同治、光绪年间,曾两任台湾知府。他主政台湾时,开山抚番,兴水利、修道路、固城池、崇祀典,做了许多有建设性的工作。他在家书中说的"一生只剩皮与骨而已","刻下亦无分文也",是他"做官清苦忠直"的真实写照。同治十三年(1874),日本出兵台湾,制造了"牡丹社事件"。为防止外来侵略,清政府派福建船政大臣沈葆桢赴台与日交涉,周懋琦参与谈判;事件平息后对台湾全境进行勘测、绘图,周懋琦作为地方官撰写了《全台图说》,记载了台湾的区域规划,其中写到了钓鱼台

（岛）："山后大洋有屿，名钓鱼台，可泊巨舟十余艘，崇爻山下可进三板船。"说明那时钓鱼岛已在台湾的管辖范围之内，这是钓鱼岛是我国领土的重要历史证据。

周懋琦还是一位有造诣的学者，光绪十年（1884），他率福建船政、北洋水师学堂学生赴欧洲留学，编著有《汉译亚洲语言十种》，受到李鸿章称赞："于西洋学述精微、政事利弊均能认真讲求，实属资深才练。"（顾廷龙、戴逸《李鸿章全集》第13册）周懋琦在任上勤勉工作时，始终不忘读书治学，还编著有《荆南萃古编》。他藏有大量的书籍，这些图书都是因治学而积累的。他在任上殉职，藏书大部分散出，现今我们看到的，只是一小部分。

清代通州出了两位主政台湾的"名宦"，他们为台湾的生存和发展，抵制外敌的觊觎和侵略，使台湾成为祖国不可分割的领土，作出了重要贡献，建立了不朽的功勋。

清末辛亥革命烈士白雅雨也出自南通。白雅雨光绪十二年（1886）考中秀才，后入江阴南菁书院学习，到上海南洋公学和澄衷学堂任教后，结识了蔡元培、章太炎、邹容、章士钊、钮永建等一批民主革命人士。他立志以"地理学救国"，编撰的地理教科书在震东书局出版。后来他赴北洋政法学堂教学，成为李大钊的史地课老师，师生二人经常在一起切磋学问，交流思想，畅谈救国理想。白雅雨和张相文发起成立"中国地学会"，创办中国第一份地理学刊物《地学杂志》，他任编辑部长，编撰文章，绘制地图，介绍祖国大好河山，揭露清政府割地丧权及列强对我国鲸吞蚕食的行径。1911年武昌起义爆发，白雅雨及其同志认为，京津不动摇，不足扼清廷，北方之责无旁贷，他和李大钊等人发起并成立天津共和会响应。"……时汉阳战事方殷，烈士（指白雅雨）披广氅携短铳，与女生（当时习俗，女生不受检查）数人奔走于北京张家口之间，设联络站于天津梨栈生昌酒店，设弹药制造所于河东大王庄,屡输送炸弹至新保安……并遣同志赴西北联络民团。"(白一震《记我的父亲白毓昆》)白雅雨已在积极准备武装起义。这年年底,白雅雨发动滦州起义,任革命军参谋长,因事败英勇就义。临刑前他写有绝命诗,"身同草木朽,魂随日月旋。耿耿此心志,仰望白云间","希望后起者,同志气相连"。白雅雨的牺牲使李大钊悲痛不已,多年后,他乘火车经过烈士就义的地方,触景生情,作文记之:"过雷庄,猛忆此为辛亥滦州革命军失败之地,白亚(雅)雨先生……诸烈士,均于此地就义焉。余推窗外望,但见邱山起伏,晓雾迷蒙,山田叠翠,状若缀锦,更无何等遗迹之可凭吊者,他日崇德纪功,应于此处建一祠宇或数铜像以表彰之。"(中国李大钊研究会《李大钊全集》第2卷)后来在冯玉祥将军的倡议下,北京西温泉建了滦州殉难烈士白雅雨的衣冠冢。

《南通县金石志》书影——
南通白烈士墓志铭

3.儒医著书
——《外科正宗》为中国医学赢得荣誉

通州城里多儒医世家。林氏中医世家已传六代200余年,擅治内、外、伤骨科;二世林京华自幼学医,在清光绪三年(1877)奉诏进京,被封为五品御医,皇室亲王亲题"徙柳折肱""青炉久炼长生药,丹鼎新添不老方"相赠,表彰其高超医术。林京华医德高尚,民间还流传着这样一个故事:有个船工患了凶险的疔疮病,在炎夏中身穿棉袄仍阵阵生寒,因此慕名寻来求医。林医生发现船工病情危重,便留下他医治,但船工怕误了生计便走了。林医生闻讯雇了辆独轮车,一路追赶到唐家闸,只见背纤的船工已迈不开步,摇晃欲倒。于是忙命车夫把船工扶上车,拉回诊所。经过一番紧张的治疗,林医生救了船工一命,他不但免了船工的看病钱,还留其在自己家中调养多日。船工非常感激他,跪地磕头,连连说是遇到再世华佗。

徐家也是儒医世家。徐宗幹在《垩庐杂记》中说:"余家世业儒,尤精医,谨据旧谱系目录记存之:樵云公《儒医肄业良规》,良亭公《养生杂纂》,秉彝公《起枕神机》,仲智公《经验一掌金》、又《百一选方》,仲恭公《活人秘要》,世美公《诊视秘授》、又《得手应心》,声善公《指上春生》、又《急救奇方》、又《一得集验》,逸庵公《伤寒备览》,慎斋公《脉理指南》、又《临产宝鉴》。"子承父业或数代相传悬壶济世并不罕见，但一个儒医世家，出了那么多名医，他们以各自的医学专攻，撰写了14部医学著作，不能不说是中国医学史上的佳话！徐家还是书香世家，有著述传世，"又行窗公《五经主意》，见行公《易旨元珠》、《孝经正解》，双溪公《表判策论》、《四书讲章》，岩叟公《同善录》（此书在山东补刊行世）、《孝经正解》（尚存印本）、《虹玉楼家稿》，皆于残编敝篓中搜

徐宗幹《斐庐杂记》书影

辑幸存者"。（徐宗幹《斐庐杂记》）这仅仅是"搜辑幸存"的著述。

程氏中医世家传九世，以祖传秘方免费为百姓治疗疗疮。程家医者仁心，针灸取得良好效果，是因为其不避危险，先在自己身上试验，取得了疗效；药方用的药引，是其不辞辛劳，到荒径野地里去采集的。新中国成立后，程家把祖传秘方献给了国家。清末王胪卿出身儒医世家，曾将家传秘方"王氏保赤丸"制成成药销售，造福患者。其子王蕴宽、其孙王绵之都是医有专长的中医大师。汤浣香毕生研究张仲景的《伤寒论》《金匮要略》，他和儿子汤元善、孙子汤承祖三代皆是名医。喜海珊师承家学，和其子喜仰之均为妇科圣手。"国医大师"朱良春早年拜武进御医世家传人马惠卿为师，后在苏州国医专门学校、上海中国医学院接受过系统医学教育，终成一代名医，著有《医学微言》《现代中医临床新选》《朱良春用药经验集》等。2009年国家授予30位中医师"国医大师"称号，南通的朱良春和王绵之荣膺此称号，南

通中医影响及于全国。

通州城里的许多学者也深谙医道。古琴家徐立孙是针灸名医，他自己说过："余之学医，盖从多病知医而来。"他著有《针灸发微》等，在医学期刊上还发表过十多篇论文。老一辈文人中有很多擅岐黄之术，张謇、沙元炳等人都能帮人开药方治病。

我国历史上有很多伟大的医学家，但在外科学上贡献最大的是明代名闻全国的外科医生陈实功（1555—1636）。他的家就在通州城南长桥边上，长桥并不长，之所以名为"长桥"，是因为有人送给他"医德长存"的牌匾，是他高尚医德的见证。他在62岁时，写出了不朽的医学名著《外科正宗》。全书共4卷157类。在书中陈实功以自己的医学实践为基础，阐述了各种外科病症的症状、病因、病理、诊断、治疗、药方及手术方法，使该书成为人们学习中医外科的必读书。难能可贵的是他在书里提出了针对医生的"五戒十要"，这些"戒"和"要"至今仍是医生必须遵循的原则。因此"五戒十要"被美国乔治顿大学主编的《生物伦理学大百科全书》称为"世界上最早成文的医学道德法典"。

南通在清代出了一位科技发明家——蒋煜（1780—？）。光绪《通州直隶州志》（卷末）载："蒋煜，字秋田，……天姿敏慧，尝制浑天仪，观星测晷，了然心目；又为万年表，终岁自行，较西器尤良。工写真，纸上有

陈实功《绘图外科正宗》书影

生气。"蒋煜能制造浑天仪和万年表,还精于绘画,是一位科技、艺术全才。光绪《通州直隶州志》(卷十三)载,蒋煜的父亲蒋震文是画家,"兴至作山水一幅,神致闲逸","兼工宋元人词曲及卜筮星命岐黄家言,下逮围棋击剑吹竹弹丝诸艺,无不精妙"。蒋煜显然继承了父亲的才艺。

在父亲影响下,蒋煜年轻时便博览群书。他兴趣广泛,学习天文、数学、历法、地理等课程;还喜欢动手制作模型,探索、钻研、模仿先贤的发明创造,善于融会贯通,进而自己进行发明和创造。我国东汉时期的科学家张衡创制了世界上第一架能比较准确地演示天象的浑天仪,但这种水运浑天仪复杂的传动系统的制作方法没能流传下来。蒋煜发明并制作了机械运动的浑天仪。《崇川咫闻录》详细记载了他制造浑天仪的情况,制造精密,装配准确,可以看出蒋煜的动手能力非常强,他不但是个发明家,有深厚的多学科的理论修养,还是个能工巧匠。当时西方科技发达的国家制造的同类浑天仪不仅不能自动运行,还不能定时刻,而且"两极平地",无法观看天象。而蒋煜制造的浑天仪玲珑精致,观察星象方便、直观,可以准确地观察太阳和地球之间的运行关系,还可以把二十四个节气和昼夜时刻都准确地显示出来。

《崇川咫闻录》还记载蒋煜发明并制造了用机械作为动力的万年仪表。当时西方国家制造的钟

徐缙、杨廷《崇川咫闻录》书影

表，靠发条开劲者"以轮走摆"，而蒋煜设计出"以摆走轮"的方法，钟表终年可以自行而且其力甚微，一切齿轴永无损伤之虞，这是连西方科学家都没有想到的创造发明。所以，蒋煜在当时就获得了很高的声誉，人们把他和布衣鸿儒江慎行及被梁启超称为"前清学者第一人"的戴东原相提并论。蒋煜和他们一样，是天下读书人中的杰出人物，是通州人的骄傲。

　　南通在清末时还出了一位数学家——崔聘臣（1860—1943）。崔聘臣从小便对数学产生了兴趣，15岁入静海乡学为诸生；26岁科试取算学第一名，入南菁书院读书；39岁参加国子监考试，被破格录用为算术助教，加五品衔。曾担任南京江楚书局编译、如皋安定书院山长，长期在各地执教。崔聘臣读书刻苦，勤于思考，卧室内"悬一巨大之火油保险灯，将睡时始燃之，终宵不熄灭。先生和衣拥被坐，凝思一算理；有所得亟起而布算，往往至天明不休；思久不得，始释卷倚枕假寐。此种生活状况，除溽暑外，未尝少变"（钱啸秋《杂脍集》）。据说他教过光绪皇帝数学。徐珂《清稗类钞》中说：崔聘臣，"光绪时，尝于京师大学堂、南京高等学堂教授算学，负时名"。因为他在数学上的成绩，商务印书馆曾聘他为《数学辞典》编辑；日本著名数学家长泽龟之助等人还经常和他讨论问题，请他为著作作序。民国时期，他在中学任教，组织学生编辑《数学杂志》，每年出1—2期，获得海内外数学界关注，黎元洪副总统曾题字以作褒奖。崔聘臣在泰兴创办的"集贤讲舍"是中国最早的数学社团之一。崔聘臣教书之余，著述颇多，著有《数学智珠》《读代数术记》《算理紃奇》《读四元玉鉴记》等十余种，并将日文著述《三角法三角形之性质及其解法》《算术整数之性质》《代数学顺列组合及级数》《几何学轨迹》等译成中文出版。他所著《代数因子》获英国皇家数学协会奖状，颁奖词说:"在英国该书是集体编撰的,而您以一人之力编成,显示了您深厚的数学功底。"(陆伯生《育苗斋文选》)钱啸秋在《师友追忆录》中说他的老师崔聘臣先生"所藏算书甚富,东籍亦逾千册以上,著稿盈数巨箧,先生未尝整理。或问之,则曰:'此所以自娱,不足以问世。东西名算学家辈出,余所著只堪供覆瓿耳。'"谦虚固可嘉,但许多可能存世的著述却因此散佚,则至为可惜。

崔聘臣《读四元玉鉴记》书影

4.丹青水墨,曲水流觞

知者乐水,仁者乐山,南通山水皆有胜境。濠河水清清,透过河边桃、柳的枝丫,看得见五山雄峙,在天际透迤。水光山色间诗朋酒侣诗文酬唱、吟词赏画,这一方水土曾消蚀多少骚人墨客的旷世才情、雅性逸兴,也成就了多少蜚声大江南北、风华卓绝的艺术家。邱丰所著《南通地方书画人名录》收录宋、元、明、清以来书画家

邱丰《南通地方书画人名录》书影

400余人(不包括现在仍活跃于艺坛的),历代书画家著作60余部,因疏于记载,查无所踪的还不包括在内。

通州建城较晚,书画艺术始于唐末宋初。《中国画学著作考录》记载了王勣撰著的《类编古今画史》二十卷。王勣约明正德七年至九年(1512—1514)生,万历十年至十二年(1582—1584)卒;字汝嘉,号蓬山,南直隶通州人。王勣家有藏书,自幼熟读经史,工诗文,好闻掌故,尤喜绘事典故,在隆庆五年(1571)撰成《类编古今画史》二十卷,"此书别创一格,开类编画史之例,自明隆庆以前画学大貌可就

此览知"（谢巍《中国画学著作考录》），为中国画史的研究作出了杰出贡献。

明末清初时期是南通书画艺术的鼎盛期，自明至清，知名书画艺术家竟有数百人之多，且其中不乏蜚声海内的名家高手。清初时李黄、李堂父子在自己寓所"借水园"结"五山画社"，和陈菊村、陈揖石、吴西庐、保絜庵、凌镜庵等人，花晨月夕，烹茶品茗，谈诗论文，泼墨绘画。李堂《感旧》诗云："雅集南园日，联吟四十年。"范国禄和陈菊裳、童鲁人、杨篯等一帮诗友也常来借水园，"日夕唱和"。"扬州八怪"之一李鱓来通州，李方膺的父亲李玉鋐等人陪李鱓游山玩水，饮酒赋诗："老梅似识故人至，深谷不容游子归"（李玉鋐《登黄泥山和复堂韵一首》）；"昭阳兄弟来天外，江国沧桑感目前。料得酒酣歌又起，莫将离曲入繁弦"（李堂《贡南宗扬同宿南山和韵》）。他们寄情山水，诗词应和，尽日不足。五山画社活动长达半个世纪。南通画坛风流人物还有李山、李岫，与李堂合称"三李"。李山工山水、人物，人称"仙笔"，诗人范国禄描写他所画之鹰"刷羽养素威，风吹寒簌簌。明月照长林，夜游神宇肃"，可见他画出了鹰的神韵。李岫兼擅山水、花卉，深得元人笔意。稍后有"三张一范"，即张经、张雨森及张尚祖孙三代和范箴。《海曲拾遗》载张经无师自学，善画山水；张雨森在乾隆时为宫廷画师，善作泼墨，能诗文，画作屡得乾隆嘉赏，有"御赐书画禅"印。"三钱"，即钱球、钱莹

张雨森设色杏花春燕图

（钱球弟）、钱恕（钱球之子），承接宋代画风，学古人而不落其窠臼，苍润古朴，别具风采，山水独树一帜。钱球所著《钱氏画谱参解》，有人认为可与《芥子园画谱》媲美。另外，李敩谟的荷花，包壮行的墨梅，姜渭的指墨，汤密、周拔的墨竹，顾驄的竹石，曹星谷的书与画，以及谢谷以枯笔作画，江鼎用水墨写意画兰、竹，陶云骧、朱石甫、李芳梅、白懋初以书法名家……皆为通州书画界作出了巨大贡献。康乾间画家钱大年题画诗云："白鹿藏书三万卷，青牛采药五千言。鹤禅参透蒲团隐，独坐茅斋昼掩门。"这是南通书画家们的生活写照，只有饱读诗书，下笔才能有神。

乾嘉时期名噪大江南北的通州画家要数李方膺和丁有煜，他们代表了通州这一时期画坛的一个高峰。

李方膺（1695—1756）出生在通州城，家境贫寒，靠耕地生活，这一点有他自题的"早起牵牛下绿芜"为证。李方膺30多岁时以秀才保举贤良方正，做了六任知县。他在山东任上，深入实地考察水利，写下了《山东水利管窥略》。李方膺的有些画，揭露了社会的黑暗，例如他画钟馗，腰缠铜钱，手持雨伞，题诗云"钟馗尚有闲钱用，到底人穷鬼不穷"，金刚怒目、专擒鬼怪的正面形象变成了搜刮民脂民膏的丑恶形象，矛头直指贪官污吏。

李方膺的主要成就在绘画领域。他任滁州知州时，曾去醉翁亭寻访那棵古老的梅花树，袁枚将此事写入李方膺墓志，"入城未见客，问'欧公手植梅何在'，曰'在醉翁亭'。遽往，铺氍毹，再拜花下"（袁枚《小仓山房集》文集卷五）。李方膺以前人和大自然为师，虔诚地向其学习。丁有煜在《哭晴江文》中评论他说："谢事以后，其画益肆，为官之力，并而用之于画，故画无忌惮，悉如其气。"李方膺擅长画竹和梅花，除汲取古今名家的画法精髓而外，还随时随地观察自然，以自然造化为圭臬，做到胸有成竹，由肆而奇。这里的"肆"是指在平正基础上达到自由挥洒的境界。因此他始终精力旺盛,意到笔到,物我一体,画中自有他的情趣和人格。他借物抒怀:题梅花有"最爱冰枝长且直,不知屈曲向春风";画竹说"自笑一身浑是胆,挥毫依旧爱狂风";画松写"如君已赋归田去,肯复低头事大夫"。画和诗都是他自己人格的写照。他不是诗人,所作题画诗也是信手所写,只为说明其作画旨趣,因此没有很好地存录下来。他的《梅花楼诗草》所录诗作也只寥寥20多首。

李方膺曾作《出合肥别诸父老二首》,其中有"风尘历遍余诗兴,书画携还当俸钱"一句,可见他当时画名已显。丁有煜称李方膺临终前曾说:"吾死不足惜,吾惜吾手!"扬州八怪中,除罗聘系后一辈外,李方膺比之其余同辈六人年纪最小,过早地去世,让这样一双绘画的圣手停止挥毫,是令人深深惋惜的。(管劲丞《李方膺叙传》)

丁有煜(1682—1764)出生在通州城,比李方膺年长,丁、李两家是世交,他们两人更是"雁行六十年",情同手足;"相交四十五年",肝胆相照。丁有煜曾作《又寄李晴江》,诗云:"我住短草巷,君住梅花楼。一日不相见,梅花短草愁。"可见他们二人形影不离。丁有煜一度入太学受业,但不久就放弃科考,致力于诗词与书画创作。他曾自谦说:学书无能,学画无成,业而勿专,老无一

李方膺设色风松图

就。其实他的书画达到了很高的成就。他精于水墨,擅画梅、兰、竹、菊,曾自述"少工写竹,竹不离个"(丁有煜《个道人传》),因自号"个道人"。他画的墨竹写意小品,笔触劲挺,"如金削管,如铁铸叶",寥寥数笔,意境全出。郑板桥曾在他的画上写了"以书为画"四个字,并题诗云:"日日临池把墨研,何曾粉黛去争妍。要知画法通书法,兰竹如同草隶然。"自古书画同源,丁有煜追求艺术个性,不落窠臼,敢于艺术创新,所以受到了郑板桥的推重。他虽不在扬州八怪之列,但他和八怪同属一个流派,和李鱓、金农、黄慎、罗聘等人都有交谊。黄慎有一次来通州,依照别人口述给丁有煜画像,因为在此之前二人未曾晤面,所以题了诗:"须眉宛若难谋面,千古相思在结邻。"这是一幅工笔素描,身为画坛高手的丁有煜也很满意,在画上题了《自题小照七解》和小传一篇,后来袁枚还在卷末题了后记,在南通画坛留下了一段佳话。

丁有煜还在通州诗坛颇有建树,名满大江南北,著有《双薇园集》《双薇园续集》《与秋集》。他的诗在乾隆四十七年(1782)遭到禁毁。他的《中秋风雨》诗道:"天心应忌满,此夜月羞明。愁于欢时伏,光从敛处生。"一语双关,自然引起官府的猜忌。他在《己亥荒》《丙子岁》等诗中描写大水、大疫下百姓的苦难生活,"不哭赈粥粥不足,还哭七分三厘熟","南望江苏,西走淮扬",死亡枕藉,万户萧疏,与乾隆盛世的歌舞升平大相径

丁有煜《个道人传》书影

庭。(徐冬昌《个道人丁有煜的诗画生涯》)他去世后,袁枚叹曰:"个老亡,江北无名士矣。"(李明勋、尤世玮《张謇全集》第6册)

清乾隆七年(1742),丁有煜和李方膺倡议趁通州院考之际,遍邀通州及如皋、泰兴两县属的名流秀士参加画会,撷杜甫"何年顾虎头,满壁画沧洲"诗句,名为"沧洲会",订期十月二十一日,由他们两人折柬邀请,"约以各携笔砚图书、牙签锦轴相随而至"[薛永年《扬州八怪考辨集》(下)],并在聚会的"百客堂"大门中悬"卖画"二字,以便使未受到邀请,但于书画有兴趣的人也能前来观摩助兴。这实际上是一场地方书画界联合展览,是一场书画艺术鉴赏和观摩的盛会。虽因官府的反对而中止,却说明了丁有煜和李方膺在通州书画界的号召力,他们是通州画坛高峰期的杰出代表。几百年来他们影响了一代代南通画家,如当代以李祯、王个簃、刘子美、尤无曲、高冠华、范曾、袁运甫、袁运生、顾乐夫等为代表的名动海内外画坛的南通籍画家群体。

南通的园林也别具一格,文人造园多书卷气,功能不仅在怡情悦景,大多为文人的读书处,是文人学士谈诗论画的好去处。明嘉靖进士顾养谦建有珠媚园,此园至清犹存。清人钱泳在《履园丛话》中记载了他应邀游览珠媚园时所见到的园中之景:"极池台花木之胜,其正中为花对堂,堂前大紫薇二株,海内罕见,明时植也。"他还应邀赋四绝句:"探幽莫讶淮东少,如此名园自不群。一湾春水曲通池,池上桃花红几支。……朱廊寥落莫云多,满径苍苔绊薜萝"。园中景如在面前,文人游园、赏景离不开吟诗。因为"珠媚园"环境清幽,徐宗幹曾借居园内写作。《履园丛话》还记载了钱泳造访如皋文园之事,文园"有溪南、溪北两所,一桥可通,饮酒赋诗,殆无虚日",园主汪春田"年正六十,须发皓然矣,余有诗赠之","两园分鹤径,一水跨虹梁。地僻楼台静,春深草木香。桃花潭上坐,留我醉壶觞。曲阁飞红雨,闲门漾碧流"。诗人黄振《瘦石集》卷二有《文园即事》诗:"酒酣看月池上楼,云凉雾碧天悠悠。锦鳞叶底跳波出,芳姿篱畔含烟愁。"薄雾淡云,参差楼台,月映于池,鱼跃碧波,花草滴露,此景只应天上有。如此美色,主人好客,自然引得酒朋诗友络绎不绝,天天来游园作诗。嘉靖间以岁贡选授光禄寺署丞的曹于野,在其读书处城南别墅建有玉芝楼,其所著诗集因名《玉芝楼集》。建于濠河南岸的园林溪山书屋,是诗人邵棠的读书之地,也是文人雅集的场所。《崇川书香录》记载,凌相、凌楷兄弟自幼在狼山龟田书屋读书,至今《龟田遗稿》脍炙人口。凌相在濠河边建梦鹤轩,饲养丹顶鹤,送鹤给文友,《州乘资》就记录了明代思想家、文学家王阳明(和凌相为同科进士)的《谢凌佥宪惠吕四鹤诗二首》。诗人陈大震筑青阳馆,和友人吟咏其间,著有《青阳馆集》。卢纯学《青阳馆寻陈幼方》诗中有"石上藤萝秋带雨,窗中梧竹暮生烟"一句,说明园中还筑有假山。和青阳馆同时的还有云深馆,取贾

袁景星、刘长华《崇川书香录》书影

岛"云深不知处"句以名园。园主凌录入清不仕,在园中读书、著书,和范国禄、杨篯时相过从,人称"三禄";凌录又工戏剧,和李渔最投契,和陈纯、陈完等人为推广昆曲不遗

余力。有诗人在诗序中说："主人归而筑云深馆,怡情花木,观志图史。"陈纯《云深馆同凌尚卿昆季赋》诗中有"对局消残暑,传杯爱晚凉。风流怜二谢,早已擅词场"句。凌飞阁《云深馆避暑泛仓河作》诗中写"旧事留传河朔饮,新声翻作弋阳歌"……云深馆俨然是文人读书、唱戏、吟诗之地。明末清初,范凤翼筑退园;其子范国禄在园中建十山楼、奈何斋,其诗稿因此名《十山楼稿》;范国禄子范遇又筑旷寄轩、片石可语室。范氏父子结"山茨吟社",在退园诗歌吟唱。山茨为明末和尚,能诗,以其名称社,社员当然要吟诗作文。退园数十年来成为文人墨客吟咏诗文之园,前后有社员数百人之多,王士禛、陈散木、屈大均、曹贞吉、龚半千、陈维崧、李渔、邵潜等名流学者都曾在此留下足迹。(凌君钰《南通园林史料漫述》)

如皋水绘园为冒辟疆和董小宛栖隐之处,不但景色秀雅,还是一座融诗、文、琴、棋、书、画、戏曲等于一园,书卷气盎然的文人园林。范国禄曾赋诗:"冰心与玉壶,掩映正相当。园以水为绘,林荫如含霜。境幽景自殊,静理原有常。"(范国禄《次韵杜宪副〈游如皋冒氏水绘园〉》)冒氏曾在水绘园夜宴,请客听白璧双弹琵琶,观赏灯彩。通州诗人陈世祥赋诗记其事,诗题为:"寒夜饮得全堂,观凌玺徵手制花灯,旋之张宅,听白璧双琵琶歌";诗人许承钦赋诗:"羊脂灌蜡旋然灯,亭馆坡陀光不夜。兰笑石边莲笑池,枇杷桃杏纷葳蕤。"(管劲丞《谈包灯》)文人小聚,在园林里听琵琶曲,赏灯,作诗。清初杰出诗人、文学家王士禛在《带经堂诗话》里说:"康熙三年,予与杜于皇(濬)、陈其年(维崧)辈同在如皋,修禊于冒氏水绘园";"康熙乙巳春……冒辟疆(襄)约余修禊水绘园别业,时通州八十老人邵潜潜夫及宜兴陈其年,县人许嗣隆山涛及冒氏诸子咸在坐,分体赋诗……"明末清初著名诗人,与钱谦益、龚鼎孳并称"江左三大家"的吴梅村在《冒辟疆五十寿序》中称其"能文章、善结纳,知名天下垂三十年";还写道明末天下多事,江左还平安,一时高门弟子自诩有才志者皆相聚水绘。可见那时的水绘园已成为知识分子雅集聚会、吟咏诗文、寄托精神的场所。

明进士包壮行,入清后以筑园、制灯为消遣。他堆砌假山不用太湖石,而就地取材用五山石,"端峭矩厉,俗人例不观,皆以朴故"。筑成后以花木点缀其中,疏密有致,层石叠嶂,所筑山洞呈拱形,极富变化,至今大江南北有仿之,人称"壮行山洞"。《州乘资》记载包壮行"又以意裁蛇蜕为灯,花鸟树石,随手而成,极其工巧,人谓之包灯"。他制作的灯彩题材丰富,有花卉树木、鸟兽虫鱼、亭台楼阁、各式人物,制作材料也多种多样,有纸、绢、角,也有蝉翼、蛇蜕。时人有诗赞曰:"绾金剪彩艳朝霞,绝胜徐熙没骨花。点缀良辰铺锦绣,匡扶卿月露英华。"(管劲丞《谈包灯补》)诗句描述了包灯的形制,"绾金"是指用金属细丝做灯的骨架,再用金纸缠裹;"剪彩"指做彩灯要用彩色的纸张或薄绢;"徐熙"为南唐画家,所绘花草纤巧艳丽与自然无异。以所画之图来做灯彩是包灯的重要特色,不论人物还是形形色色的鸟兽、花草、虫鱼,都要用手绘图画来辅助制作。包灯其实是灯彩工艺和绘画艺术结合的作品。

很多园林都和读书有关。渔素园为钱岳著书处。懒云窝为顾国琬父子吟啸处。双微园为个道人丁有煜所建,园内有两株古老紫薇,李方膺、金农、李鱓、高凤翰、罗聘等一帮文人曾在此吟咏花月,谈诗论文。梅花楼为李方膺画室,楼旁植梅树30株,李方膺画梅笔墨苍秀,气象万千,他自题诗道:"铁干盘根碧玉枝,天机浩荡是吾师。"画梅的灵感和梅花楼不无关系。苍翠园为包壮行别业,后被状元胡长龄买下,增建了小亭和读书堂,堂边遍植竹子,竹林深处传出琅琅读书声,令胡状元离家多年仍萦怀不已,有"行过石桥西畔去,丛篁深覆读书堂"等诗句。西园为州官唐陶山所建,园中对联极多,如戏台有联"如竹苞矣,如松茂矣;鼛乎鼓之,轩乎舞之",匾额题"水木明瑟"。州试学子经常在园中小集。爱日园中有宋植古桧,树荫蔽院,有唐陶山书"爱日春长"匾额,诗人周绮春、白懋初、徐湘浦等常在园中联吟赋诗,民国初,文人张峡亭还在园内设"大镛诗社"。艺园为保氏兄弟所建,堂屋内有郑板桥书"无数青山拜草庐"匾文。

　　有些园林更以书屋命名,如渔山书屋、两泉书屋等。园林和读书有不解之缘,这是南通尊文重教传统在园林建设上的必然反映。

5."宅绕水竹三弓地，家藏山堂肆考书"

北宋学者胡瑗不但是教育家，还是儒学大家，一心教书育人。他的许多学说是他讲授时，学生们记录整理的，所以称为"口义"，流传下来的有《周易口义》十二卷、《洪范口义》二卷。《四库全书总目》（卷二）中说："邵伯温《闻见前录》记程子（程颐）与谢湜书，言读《易》当先观王弼、胡瑗、王安石三家。"《宋史·艺文志》记载注解《易经》的著作有百种之多，北宋解《易经》的书就有60多种，后来《四库全书》搜集历代《易经》类书目100多部，但在序目中推荐的也仅有包括胡瑗所作在内的5部。"则是书在宋时，固以义理说易之宗也"，"安定胡翼之，皇祐至和间国子直讲，朝廷命主太学，时千余士日讲易，是书殆即是时所说"。（纪昀《四库全书总目》卷二）可见《周易口义》在学术思想史上的重要地位。《洪范》为《尚书》篇名，是商代箕子为周武王讲述的"天地之大法"，胡瑗不仅注释经文，而且"学问最为笃实，故其说惟发明天人合一之旨"，"以经注经，特为精确"，"虽平近而深得圣人立训之要，非谶纬术数者流所可同日语也"。《洪范口义》二卷全部文字原分散在《永乐大典》中，朱彝尊在《经义考》注中说："今其文散见《永乐大典》中，尚可排纂成书。"（纪昀《四库全书总目》卷十一）可见学界对这本书的重视。胡瑗还著有《尚书全解》《春秋要义》《胡先生中庸义》《皇祐新乐图记》《武学规矩》等。可以说，胡瑗是南通最早的一位全国知名的学者，他留下的著作是中国传统文化学术史上的瑰宝。

纪昀《四库全书总目》书影

王观为嘉祐四年（1059）进士，"州志文苑传，观天姿英迈，洽闻强记，善属文，下笔千百言不加点掇，而华藻灿然"。（杨廷《五山耆旧集》卷一）著有《扬州芍药谱》一卷。"知扬州江都县事，在任为《扬州赋》上之，大蒙褒赏，赐绯衣银章，……扬州芍药自宋初名于天下，《宋史·艺文志》载，为之谱者三家，其一孔武仲，其一刘攽，其一即（王）观此谱，孔刘所述，世已无传。"（纪昀《四库全书总目》卷一百十五）王观的《扬州芍药谱》不但是唯一留存下来的，而且较之孔、刘二谱，在品种上还"新增八种"。王观说："余自熙宁八年季冬守官江都，所见与夫所闻莫不详熟。又得八品焉，非平日三十一品之比，皆世之所难得。"他在"后论"中还说："扬之芍药甲天下，……自有唐若张祜、杜牧、卢仝、崔涯……皆一时名士而工于诗者也，或观于此，或游于此，不为不久，而略无一言一句以及芍药，……后八品乃得于民间而最佳者，然花之名品，时或变易，又安知止此八品而已哉。"（王观《扬州芍药谱》）王观除著有《扬州芍药谱》，还是位著名的词人，和秦观齐名，著有诗文集五十卷、《天鬶子》一卷、《冠柳集》一卷。王观的堂弟王觌是嘉祐二年

（1057）进士，著有诗文集五十卷、奏议三十卷等。

崔敦礼、崔敦诗兄弟两人均为著名学者、文学家，《四库全书总目》（卷一百十七）中说："敦礼家本河北，南渡后与弟敦诗同登绍兴进士，官至诸王宫大小学教授。"崔敦礼著有《宫教集》十二卷、《刍言》三卷，两书均被收入《永乐大典》和《四库全书》。《四库全书总目》（卷一百五十九）说《宫教集》"其本久佚，他家书目亦罕著于录，……惟《永乐大典》载有敦礼《宫教集》，其诗文篇帙尚富，大抵格律平正，词气畅达，虽不能标新领异，而周规折矩，尺寸不逾，前辈典型，兹犹未坠"。《四库全书总目》（卷一百十七）对《刍言》评价也很高："是编凡分三卷，上卷言政，中卷言行，下卷言学。其造文皆规橅杨雄……其旨颇杂于黄老，未为粹然儒者之言，至其间指切事理，于人情物态，抉摘隐微，多中窾要。"崔敦诗著有《崔舍人玉棠类稿》二十卷、《西垣类稿》二卷，明中期以后中土失传，仅存于日本宫内厅书陵部，日本光格天皇文化四年（清嘉庆十二年，1807）天瀑山人林衡刊入《佚存丛书》之后，始传回我国。民国时上海涵芬楼以《佚存丛书》本为底本，新辑集外诗附于卷末，刊印了《崔敦诗集》。乾隆《苏州府志》（卷六十七）说崔敦诗"早有文名，所为制词温润详雅"，"有文集三十卷，内外制稿二十三卷，奏议总要五卷，通鉴要览六十卷，制海十编，监韵五编"。

明弘治十五年（1502）进士何瑭，改庶吉士授编修，著有《柏斋集》十一卷。《四库全书总目》（卷一百七十一）说："瑭笃行励志，其论学一以格致为宗"，"故当时东南学者多宗王守仁良知之说，而瑭独以躬行为本，不以讲学自名。然论其笃实，乃在讲学诸家上。至如均徭均粮论兵诸篇，究心世务，皆能深中时弊，尤非空谈三代，迂疏无用者比。虽其文体朴质，不斤斤于格律法度之间，而有体有用，不支不蔓，与雕章绘句之学固又当别论矣"。"郑世子载堉，即瑭之甥。

其律数之学,皆受之于瑭者也。"朱载堉为明太祖朱元璋九世孙,师从何瑭,后来成为著名的乐律学家、历算家,著有《乐律全书》。

明正德十二年(1517)进士崔桐著《东洲集》二十卷、《东洲续集》十卷,"是集凡诗九卷、词一卷、文十卷。续集诗六卷、文四卷"(纪昀《四库全书总目》卷一百七十六)。近代学者王重民的《中国善本书提要》也收录了《崔东洲集》和《东洲续集》十一卷。正德八年(1513)举人顾磐著《海涯集》十卷,卷前有文徵明等人序,"是集诗四卷,诗余附焉,文六卷。集中如考正乡贤祀典,以及水利马政诸作,于乡邑利病,亦颇详核"(纪昀《四库全书总目》卷一百七十六)。嘉靖十四年(1535)进士陈尧著《陈梧冈集》九卷,"《明史·艺文志》载尧文集五卷,诗集三卷,是集乃文二卷,诗二卷,与志不符。然首尾完具,篇次分明。志盖偶沿千顷堂书目之误也。其文朴直不支,而微伤太质,其诗又逊于文"(纪昀《四库全书总目》卷一百七十七)。《五山耆旧集》说陈尧"著有《史衡》六卷,《西巡录》一卷,《虚舟子》二卷,《尊圣录》一卷,《贵阳行纪》一卷,《大观楼漫录》一卷,《东园日录》二十卷,《梧冈正续集》十卷"。嘉靖三十二年(1553)进士孙应鳌,官工部尚书,著有《淮海易谭》四卷,"是书谓天地万物,在在皆有易理,在乎人心之能明","而实则借易以讲学,纵横曼衍,于易义若离若合,务主于自畅其说而止,非若诸儒之传,惟主于释经者也"。(纪昀《四库全书总目》卷七)万历三十四年(1606)举人陈完著《皆春园集》四卷,"是集为完所自编,其诗多恬适敷畅"(纪昀《四库全书总目》卷一百七十九)。陈完曾创作戏剧多种,汤显祖为之作序,辑成《词场合璧》,惜失传。明诸生朱当㴖著《古今合辙集》《敝帚集》,已失传,但诗集《沧海集》因其后人刊印而得以流传,其作品多有关乡里故实,为明代通州重要的地方资料。

王勋虽乡试屡挫，仅为州庠生，却写出了中国绘画史上的重要著作《类编古今画史》二十卷，该书被《明史·艺文志》和《千顷堂书目》著录，嘉靖进士陈尧为该书作序。书中"凡例"写道：所收人物，"上自帝王，下自优隶亦录，其间艺最彰著者，复列于门类，若贵戚李思训之山水，达官展子虔之屋宇。达官以序爵，文最善者列于名贤"，"画分门类，表专长也。题跋诗文又与画法互相发明，故备载"。总目分为"画家人品，画家门类，画家典故，画家要诀，画家评论，画家诗文，凡六编"。"卷一至卷五，为画家人品，分十类：帝王贵戚，文武达官，翰墨名贤，林泉高客（方外附），丹青世业，释道余工，委巷清才（优隶附），香闺秀艺，外夷绝技，赏鉴名家。以上每类人物，大致按时代先后编次，小传详略不一，名家则较详。卷六至卷十五，为画家门类，即按画科分为十二类：人物传写，仙佛鬼神，山水林石，屋宇舟车，外夷人兽，龙鱼水族，马牛禽畜，花卉翎毛，竹梅松兰，草豆蔬菜，小景墨戏，杂迹兼长。以上每类画家，大致按时代先后编，小传详略不一，有先见于人品一门者，其行实则略，而详述其画笔墨风格。卷十六，为画家典故，分经子、史书、工巧、灵异、图像、文谈、谐谑、杂录八类，辑录前人所著者。卷十七，为画家要诀，分总论、人物、山水、竹、梅、禽兽、葡萄、兰、裱褙等九类，皆辑录前人所撰绘画法诀，及裱褙法式。所录之文均习见者。卷十八，为画家评论，即辑录前人所著评论画家之文，引书有《历代名画记》、《图画见闻志》、《画评》、《画断》、《唐朝名画录》、《梦溪笔谈》、《画继》、《王充〈论衡〉》、《桯史》、《洞天清录》、《德隅斋画品》、《广川画跋》、《欧公试笔》、《鹤林玉露》、《程氏遗书》、《飞雪录》、《后山诗话》、《许彦周诗话》、《画鉴》、《仇池笔记》、《格古要论》、《辍耕录》、《画法权舆》、《四川艺志》、《大观楼漫录》、《七修类稿》、《丹铅总录》、《艺林伐山》、《艺苑卮言》、《思敏斋杂录》等三十种。……卷十九至二十，为画家诗文，分八类：唐诗、宋诗、元诗、明诗；唐文、宋文、元文、明文。计为题画，或论画；文为题跋，或为论画。皆辑自画家之诗文集。"该书很有特色："前五卷画家小传，颇合史传体，详简有方，并不全袭前人之书，间有订讹补遗"；"画家门类十卷小传，南宋以前诸家小传多采《宣和画谱》所载，自后则杂采诸画史所记"；"卷十六画家典故，出于经书、子书、史书者，于画史有裨益"；卷十八辑前人所著评论；"卷十九至二十，所选画家诗文，诸家咸备"。"其中有《飞雪录》、《许彦周诗话》、《大观楼漫录》、《画法权舆》、《思敏斋杂录》五种书不见有传本或传本不完整"，因此所辑文字弥足珍贵，堪为"辑佚或补缺"。（谢巍《中国画学著作考录》）

明邵潜著《州乘资》卷二"著述"条目，记载了当时南通文坛诗文创作的情况，罗列了30多位作家的作品和60多位诗人的诗作，除个别为旅通官员、学者所作外，大部分是地方学者的著作。他还著有《皇明印史》，王重民《中国善本书提要》引秦武域《闻见瓣香录》说："《皇明印史》，广陵邵潜夫篆，有华亭陈继儒序，晋陵毛应翔为传，共五百八十四方。自刘基、徐达以下，凡一代名贤，人刻一章，其人皆可镂之史册者，此其所以名也。"邵潜还著有《友谊录》《循吏传》《引年录》《志幻录》《字书考误》等。

明代受皇室影响，出现文人编撰类书的文化现象。万历年间，通州学者曹大同编撰《艺林花烛》一百六十卷，彭大翼编撰《山堂肆考》二百四十卷，曹编早已亡佚，彭编历经沧桑，流传至今。"是书成于万历乙未，浸淫散佚，越二十余年，至万历己未，其孙婿张幼学乃寻绎旧闻，踵事增定，遂成完帙。则幼学又有所附益，不尽大翼之旧本也。"（纪昀

《四库全书总目》卷一百三十六)彭大翼科举不顺,有人说他"冠军诸生者廿有余年,竟不获一登贤书"。(彭大翼《山堂肆考》)他在嘉靖年间任广西梧州通判,后任云南沾益州知州,为官清正,几十年如一日,博览群书,勤于著述。《山堂肆考》撰著过程颇为艰辛。廖自伸(字伯常,时任海门知县)在序中说:"捃摭十年,尚未脱稿。后贮之奚囊,宦游西粤,又廿年许,而闻见益博。于是考订旧辑,附益新闻,乃得成帙。"凌儒(字字卿,泰州人,嘉靖进士)也在序中说:"良工苦心,历三十余年祀。北走燕冀,南越苍梧,食以为饴,息以为枕,未尝一日废卷。即浩然解组,杜门海上,凡耳之所闻、目之所见、口之所诵、心之所惟,无不类分而胪列之,集而成编。"该书"上而天时地理之全,下及羽毛鳞甲之属"(章藻功《思绮堂文集》卷三),分45个门类,共240卷,在我国古代类书中占有重要地位。

　　清代南通文坛精彩纷呈。从南通走出去的李渔是清初重要戏曲家,也是名满天下的文学家。他创作了《风筝误》《怜香伴》《意中缘》《玉搔头》《凰求凤》《巧团圆》等"笠翁十种曲",《无声戏》《十二楼》两部小说集,读史随笔《论古》,还编辑、出版了《一家言》初集等书,他晚年写成的《闲情偶记》是他一生艺术经验的总结和结晶,是中国戏剧史上最早提出理论体系的著作,也是中国戏剧史上的丰碑。他和当时的著名文人吴伟业、钱谦益、龚鼎孳、王士禛、周亮工、尤侗等多有交往,时常一起饮酒、观剧、作文、赋诗。李渔还是一位当行的编辑出版家,晚年他在南京营造的芥子园,不但是座精雅的园林,还是他出版、发行自己创作、编选的文学、戏剧、历史、美术等方面图书的专业机构,一部《芥子园画谱》浅显明了而又系统地介绍了中国画的基本技法,至今流行于画坛。李渔在《六轶自寿》诗中说"祈假十年增著述",可见创作热情之充沛。

出身于书香门第、官宦世家的冒襄14岁就能写诗,被董其昌比作初唐时的王勃:"其昌序其十四岁时诗,方之王勃","家故有水绘园,擅池沼亭馆之胜,四方名士招致无虚日","文酒游宴之欢,风流文采,映照一时","著有《水绘园诗文集》《朴巢诗文集》,又编其师友投赠诗文为《同人集》十二卷"。(《清国史·冒襄传》)《同人集》中宁序称:"以先生负琦瑰之才,抱鸿博之学,值艰难之遇,全孝友之真,炳然大节,焜耀人寰,而当时名公巨卿,相与赠答酬和,零纨片羽,久而成帙。"《四库全书总目》(卷一百九十四)称冒襄"晚年却扫家居,与友朋觞咏,辑其酬答诗文都为一集,凡十二卷。……此并其寿序之类亦皆载入"。冒襄历时20年,将自己多年精心保存的和文友间来往的诗文书信公之于众,刊刻成书。清初文字狱盛行,冒襄不畏罗织,辑录了钱谦益、龚鼎孳、吴伟业、陈维崧、董其昌、倪元璐、张玉书、钱曾、陈继儒、杜濬、王铎、张元芳、邵潜、周永年、毛晋、孔尚任、王士禛、尤侗、汪琬等数百位著名诗人、学者的诗、词2000余首,成为研究明清文学史的珍贵资料。

清代南通还出了一位琴家——王坦,他著有《琴旨》二卷。《四库全书总目》(卷三十八)中说:"自来言琴律者,其误有五","惟《御制律吕正义》一书,考定详明,发古人所未发,坦作是书,一一本正义之旨,而反复推阐","于正义诸图说,尤能精思阐发,在近时言琴诸家,可谓不

冒襄《同人集》书影

失其宗者矣"。

　　世居通州的范当世（号伯子，字无错）为清同治、光绪间代表性诗人、文学家，和其弟范钟、范铠三人齐名，号称"通州三范"。范伯子做过书院、学堂的山长、主讲、总教习，被李鸿章聘为西席，和挚友张謇在家乡兴办教育。范氏家族和安徽桐城姚氏、江西义宁陈氏联姻，范、姚、陈三家都是诗文世家，互相影响、融合。范伯子的诗文受到人们的推崇。晚清学者吴闿生选晚清四十家诗，对范伯子的诗评价很高："覃及胜清之末，肯堂范先生卓然起江海之交，忧国愤时，发而为歌诗，震荡翕辟，沉郁悲壮，接迹李、杜，平视坡、谷，纵横七百年间无与敌焉，洵近古以来不朽之作也。"清末散文家吴汝纶评价范伯子文说："文之道，莫大乎自然，莫妙于沉隐，无错中年到此，则天下文章其在通州乎？"（范曾《南通范氏诗文世家》）张謇也评价说："论其诗文，非独吾州二百五十年来无此手笔，即与并世英杰相衡，亦未容多让。"（张謇《柳溪草堂日记》）范伯子著有《范伯子诗集》十九卷、《范伯子文集》十二卷，收诗1151首、文109篇。

　　冯云鹏、冯云鹓兄弟编撰的《金石索》在中国金石研究史上有着重要地位。"金索"辑录商周至汉及宋、元时的钟鼎、兵器、权量杂器，以及历代钱币、玺印和铜镜等；"石索"辑录历代石刻以及有字的砖和瓦当。每种器物都附有图画及

范曾《南通范氏诗文世家》书影

拓片、注释或考订文字。

清代通州的方志编辑也很有成就。除邵潜的《州乘资》外，金榜、徐缙编撰的《海曲拾遗补续》记载了通州地方山川、名胜、人物、文苑、物产等情况，补充了许多官修方志没有记录的史迹。徐缙、杨廷撰《崇川咫闻录》序言中写道："通郡襟山带海，风气淳朴，而且伟人代出，士多好读书，稽古文采斐然，数百年来其大端皆载于前志，而乾隆乙亥重修以后，垂八十载，诸所传闻，宜有纪述。"书中记载通州的疆域、形势、建置、山川、文征、献征、方技、仙释、名宦、寓贤、胜迹、杂稽、列女、物产等，保留了丰富的史料。清代通州还刊刻了许多地方文人的诗文集，保留了许多作家的作品。杨廷撰《五山耆旧集》二十卷收录宋、元、明时期通州及泰兴、如皋、海门439位诗人的4570首诗；《五山耆旧集今集》八卷收录清顺治、康熙间通州174位诗人的1903首诗。有些重要诗人还附录传记资料。孙翔编《崇川诗集》十二卷，收辑宋、元到清"通州及州属如皋、泰兴、海门三邑之诗"，"附以流寓，每人记其姓氏爵里，后缀补遗一卷。其第十卷所载皆同时之人"。（纪昀《四库全书总目》卷一百九十四）王藻编《崇川各家诗钞汇存》收录宋、元至清通州诗人的6643首作品。汪之珩编《东皋诗存》四十八卷，收录宋、元至清如皋500多位诗人的7000余首诗作，"每人各详其字号官爵，所载既多近时之作，而之珩之诗自收至二百余首"（纪昀《四库全书总目》卷一百九十四）。汪之珩还编有《东皋诗余》，分明人、国朝、名媛、方外、流寓等辑，收录明清时期如皋40余位词人的450余首词。《东皋诗存》收录严怡（号石溪）诗141首，明万历曾刻《严石溪诗稿》四卷，陈尧等人作序。王重民《中国善本书提要》里收录了该书，说严怡是嘉靖贡生，"为博平临朐训导，嵩县景宁教谕，迁东昌教授，又迁堂邑王教授"。茅炳文编《师山诗存》则选录海门建厅以来

59位诗人的100余首诗作，为海门诗人的第一部合集，著名学者、藏书家莫友芝题写了书名。

李懿曾著《扶海楼诗集》十二卷、《扶海楼词钞》二卷、《扶海楼文续集》五卷。《扶海楼文续集·传》说他"读书敏捷，一目十行，下经史子集、稗官野乘、诸子百家之说无不淹

杨廷《五山耆旧集》书影

孙翔《崇川诗集》书影

王藻《崇川各家诗钞汇存》书影

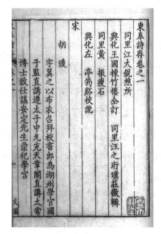

汪之珩《东皋诗存》书影

博而贯通,其旨趣发为文章,思如泉涌,词若葩流","渔衫(李懿曾字渔衫)之才,吾(胡长龄)畏友也"。江干著《片石诗钞》八卷,收录诗400余首。袁枚《随园诗话》说江干诗有孟郊风味;袁枚还为该书作序。女词人熊琏著《澹仙诗钞》四卷。曹龙树在该书序中说:"琏幼慧,好读书,作诗赋间出奇句,惊长老,长益耽之,古文制艺俱娴。"扬州八怪之一的罗聘为熊琏题诗:"诗以穷途偏磊落,语由天性自缠绵。世间旗鼓谁相敌,哭杀吾家有白莲。(内子白莲女史亦工诗)"罗聘妻子也写诗,却自叹弗如。胡长龄评价熊琏道:"鸿鹄其性,鸾凤其声。俯视八表,高挹千龄。"(熊琏《澹仙诗钞》)近代著名学者冒鹤亭说:"女是澹仙男冠柳(王观),东皋词学不为孤。"他把熊琏和宋代著名词人王观相提并论。

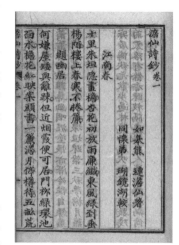

熊琏《澹仙诗钞》书影

南通还有两位名人留下了宝贵的日记。道光进士孙铭恩有《兰检京都日记》。孙铭恩曾任安徽学政、兵部侍郎,所著《兰检京都日记》有较高的参考、研究价值。他还著有《孙铭恩杂著》。光绪状元张謇有《柳西草堂日记》,举凡张謇甲午大魁、对日主战、戊戌变法、义和团运动、东南自保、立宪运动、东渡日本考察、辛亥革命等,在日记中均有详尽记载,是研究中国近代史不可或缺的资料。蔡元培为张謇作挽联道:"为地方兴教养诸业,继起有人,岂惟孝子慈孙,尤属望南通后进;以文学名光宣两朝,日记若在,用裨征文考献,当不让常熟遗篇。"(张孝若《张謇传》)蔡元培推重张謇的诗文,认为他的文学成就在清末独树一帜,而他的日记考证文献的价值可以和翁同龢的著述相媲美。

光绪《通州直隶州志》记载了有宋以来通州数百位作家的900多部作品。清代通州还刊行了两位僧人的著述,即弘储著《南岳继起和尚语录》和一苇著《如皋西方一苇度禅师语录》。

清末时周家禄与张謇、顾锡爵、朱铭盘、范当世并称为"江苏五才子",他们交往甚密,常以文会友,探讨学术。

周家禄"所著书凡十三种,百有二卷。曰经史诗笺字义疏证,曰三礼字义疏证,曰穀梁传通解,曰三国志校勘记,曰晋书校勘记,曰海门厅图志,曰朝鲜国王世系表,曰朝鲜载记备编,曰朝鲜乐府,曰国朝艺文备志,曰反切古义,曰公法通义,曰寿恺堂诗文集"(《南通县新志耆旧传》)。《寿恺堂集》三十卷,其中诗编十四卷,词编一卷,文编十卷,文外编五卷。

周家禄在考据、校雠学上取得了很高的成就,张謇说:"(周)彦升博达,善属文。"(李明勋、尤世玮《张謇全集》第6册)但他一生窘困,藏书寡少,假读艰难。他的《晋书校勘记》被张之洞编入广雅书局丛书后才得以刊印;诗文集《寿恺堂集》在他逝世13年后才由他的儿子周坦出版。同为"江苏五才子"之一的顾锡爵(字延卿)是清末外交家、文学家,曾任清政府驻英、

周家禄《寿恺堂集》书影

法、意、比公使薛福成的首席秘书,著有《顾延卿诗集》等。《清顾尚洁先生墓志铭》中说他"于学无所不窥,尤精于《易》"。和张謇为同年进士的沙元炳,与张謇一同致力于家乡的实业和教育事业,不遗余力,著有《志颐堂诗文集》,编纂有《如皋县志》。

清末民初时期,社会发生了巨大变革,但千百年来尊文重教、崇尚知识的习尚依然不断传承,南通文风昌盛,文气沛然,南通文化的发展也出现了一个高峰。南通创办了印书局、博物馆、图书馆等一批文化事业机构,对提高人民的文化知识水平和促进文化发展发挥了重要的作用。

近代语言学家孙锦标在《南通方言疏证》中把南通方言分为50类,并对其中1000多个词条进行音释,为南通方言研究提供了丰富的资料;他的《通俗常言疏证》,分天文、地理、时日、宫室、交际、性情、身体、言语、医病、服饰、饮食等40个类目,对当时的社会习惯用语进行了考证和研究。他还著有《自怡轩杂著》等。冯澂是一位跨多学科的奇才,著有天文、代数、物理、农学、医学、文学等方面的书20种178卷,如《云平仪象》《两太捷算》《测地志要》等;另有《瞻云楼外史》,是一部地方史事笔记。范罕的《蜗牛舍说诗新语》、范况的《中国诗学通论》是诗话理论著作。沈寿的《雪宧绣谱》是我国第一部系统介绍刺绣技法的传世之作。韩国钧的《永忆录》《实业界之九十九日》《紫叟年谱》,周晋琦的《周晋琦遗

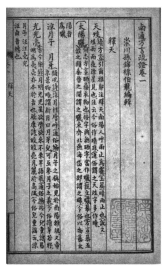

孙锦标《南通方言疏证》书影

著三种》（包括《藏天宝诗》《香草词》《卧庐词话》），沈肇周的《瀛洲古调》《音乐初津》……这些图书不但在南通，而且在全国也具有重要影响。寓居南通的朝鲜学者金泽荣在翰墨林出版了30多种朝鲜汉文图书，更是在中朝文化交流史及出版史上写下了浓墨重彩的一章。

20世纪20—40年代，南通作家也在上海显露头角：李俊民（李守章）1929年在北新书局出版小说集《跋涉的人们》（包括小说《寒宵》《一哑钟的破碎》《秋之汐》《蜕化》等），被鲁迅称赞为"优秀之作"；鲁迅在《我们要批评家》一文中列举了6位作家的作品，李俊民排在首位。顾仲起参加革命文学社团太阳社，他的短篇小说集《生活的血迹》、中篇小说《爱的病狂者》、长篇小说《残骸》先后出版，茅盾为他的长诗《红光》写序。李素伯的《小品文研究》是中国现代文学史上关于小品文研究的第一本专著。郑康伯的短篇小说集《丁香街》跻身当时上海文坛兴盛的现代主义小说流派。尤其彬的小说集《苓英》被丰子恺评价为"文字流丽，趣味隽永"，著名作家、文学史家赵景深也作序称《苓英》是"契诃夫熟读后的蜕化，另辟了一个蹊径"。

民国时期季自求有日记留存。季自求与周作人为同学，因此得识鲁迅。《季自求日记》（手稿）记录了他和鲁迅之间的50余次交往，《鲁迅日记》中也有50次提到了季自求。他们"恨相见晚也"（《季自求日记》中语），曾一起鉴赏字画、邮票，到厂甸购书，相互赠送、借阅图书，参与文友间的小

冯澂《瞻云楼外史》书影

聚,到广和居小酌,等等。这部日记为研究鲁迅提供了新的资料。季自求还著有《白下纪闻》《补陇纪游》《俟庐谭往》等书。

　　南通还有一批旅居台湾地区的作家,如著有《笼中读秒》《姚葳自选集》的女记者、作家张明。著有《文选》十二卷的作家施鲁生(笔名师范),施鲁生创办了文艺半月刊《野风》,提出"创造新文艺,发掘新作家"的口号,对台湾地区文坛作出了重要贡献。作家、诗人钱四维(笔名沙漠)著有《天怒》(小说集)、《沙漠诗钞》等。著有《今夜伊在那里》(短篇小说集)的作家邵僩,他出版的诸多作品集中有15种为短篇小说,曾获台湾地区"中国文艺协会文艺奖章"。著有短篇小说集《勇士的塑像》《文石项链》《另一个战场》等,中篇小说集《锦绣家园》《富基村的故事》,散文集《山海集》《歌在田间》《蓝色狂想曲》等的作家杨御龙。著有中篇小说集《钟》《掌声响起》,杂文集《抛砖记》《苏打水集》,评论集《张爱玲的小说艺术》的现代派作家杨沂(笔名水晶);他和白先勇等人创办了《现代文学》杂志;他采访过钱锺书,发表过著名的评论文章。被台湾地区学界称为"近代中国诗坛极具特性和风格的一位诗人""久享盛名的诗人与画家"的诗人朱沉冬,他赴台前就在南通出版了散文集《泥土与哲人》,到台后出版了5种散文集和11本诗集,还出版过《朱沉冬油画集》《朱沉冬彩墨画集》,以及画论集《刘钟珣的世界》《写景与造景》。专攻中国现代文学,著有《中国现代文学史》《朱自清研究》《〈围城〉研究》等的学者周锦,他创建了中国现代文学研究中心,主持出版了《中国现代文学作品篇目大辞典》《中国现代文学理论菁华大辞典》等图书,在海内外学界享有很高声誉。南通籍作家为台湾地区文学的发展和繁荣作出的贡献,在中国现代文学史上,在港澳台文学史上写下了值得记录的一章。

当代南通也是人才济济。有医学家季德胜、陈照，数学家严志达、杨乐、李大潜，物理学家束星北、闵乃本、胡济民、袁运开、管惟炎，化学家袁翰青、黄耀曾、吴慰祖、杨裕生，地质学家韩德馨、沈其韩、马瑾，昆虫学家尤其伟、印象初，电信工程学家蔡金涛，摄影测量学家、遥感学家王之卓，纺织专家张文潜、姚穆，建筑学家孙支夏、陶桂林，艺术家赵丹、江村、王个簃、尤无曲、高冠华、袁运甫、袁运生、范曾、顾乐夫等；学者王铃协助李约瑟撰写《中国科学技术史》，享有世界声誉；另外，还有许多其他各专业学科的优秀人物，他们当中有30多位中国科学院和中国工程院院士，他们的著作充实、丰富了祖国的学术宝库。南通作家的文学创作及研究也成就斐然：卞之琳的《断章》虽只四句，却引发了多少人对人生的思索；陆侃如的中古文学研究、舒湮的话剧创作令学界瞩目；陆天明《苍天在上》《大雪无痕》《省委书记》等反腐巨制被拍摄成电视剧叫响全国；王火的长篇小说《战争和人》获茅盾文学奖；龚德《扬子百年记》四部曲真实描摹了从清末到新中国成立100多年间南通地方三个家族的历史、生活画卷；黎化长篇小说《江海祭》描写江海风云波诡云谲，祭奠深沉，再现了地方史、抗战史、地域文化史和心灵史；袁瑞良的赋体文学《十问黄河》《十赋黄山》《十叹长江》等在当今文坛独树一帜；卢新华的短篇小说《伤痕》是"伤痕文学"的代表作品之一……沙

袁瑞良《十赋黄山》书影

白、丁芒、耿林莽的诗歌，海笑的小说，蒋和森、徐乃为的红楼梦研究，辛丰年的音乐随笔，陈学勇的林徽因、凌叔华及民国女作家研究，钦鸿的现代文学作家笔名研究，周建忠的楚辞研究，王志清的王维研究，沈文冲的毛边书研究，严晓星的古琴文献研究和整理及琴学研究，葛红兵的学院派小说……在全国均具有较大影响力。

南通这方水土和读书有不解之缘，那长街短巷、村野故宅里的一个个书香门第，那许多诗文、教育、医学、艺术世家，那延续千百年的崇尚读书的社会习俗和环境，诗书继世，耕读传家，那蕴藏在人们内心深处的对知识顶礼膜拜的情结，无不彰显出这个地方深沉的书香氛围。

近代南通出现中国自主创办的最早的公共博物馆和早期公共图书馆与这种读书环境和氛围不无关系。因为创办博物馆、图书馆是为了辅助学校教育，普及科学知识，是更大层面上的社会教育，满足人们的读书求知愿望。

这一时期的南通也为中国文化的发展作出了卓越的贡献，除了博物馆和图书馆，翰墨林印书局是当时全国最早创办的现代出版印刷机构之一。图书的大量出版不仅是被动地、静止地反映文化和历史，对社会的文化环境和人们的文化素质也会起到健康的塑造作用，腹有诗书气自华，人得书卷气则性情自然怡和，心灵自然恬静，气韵自然超逸，室居自然雅致，生活自然多彩而脱俗。人们通过读书提高自身修养，必将促进社会的健康发展。

尊文重教、崇尚知识的优良传统在20世纪初期遭遇中西各种文化纷至沓来的冲击，各种文化观念碰撞、交流、融合；海纳百川，有容乃大，中国文化主动地去交流、接纳、融会、创新、发展，在自身延续发展的基础上，又在文化交融中获得新的丰富和发展，从而使自己走向了一个新的发展高峰。

又是一百年过去了,南通市图书馆、南通博物苑迎来了百年诞辰。南通博物苑已建成了美轮美奂的新馆,设施一流的现代化南通市图书馆新馆也已开馆迎接读者。南通市图书馆因古籍藏书丰富、善本精良被评为"全国重点古籍保护单位",这得益于众多书香人家的精心庋藏、慷慨捐赠,众多有识之士的独具慧眼、无私馈送,以及一代代图书馆人的忠于职守,敬业保藏……

一个得天独厚、有着千年书香传承的城市是美丽而充满活力的。"南通韬奋读书节""南通农民读书节",以及图书馆、博物馆、新华书店、各类学校举办的一系列读书活动,让人们参与阅读,走进阅读。尊文重教、崇尚读书不仅是南通延续千年的传承,而且已经成为这个城市的一个文化特征,成为人们心中的一个书香情结,这情结自然会滋养每一个人的心田。南通人温文儒雅,书生意气,又聪慧能干,锐意进取,能吃苦耐劳,勤奋执着地默默耕耘着自己的事业,抒写着美丽的精神乐章,不断创造无愧于先人的业绩。

南通的濠河水清灵秀逸,通江达海,静静流淌了一千余年;南通的寻常巷陌、乡居村落、斜阳草树、悠悠书韵,也静静积淀、传承了千百年。唯有这种积淀和传承,沁人精魄,润化无声,引领着人们的精神风尚和文化潮流,并不断发扬光大,才汇成这座城市的主旋律,这正是源远流长的中华民族优秀文化生生不息及其强劲的生命力所在。

二、读书篇：锦心绣口读书人

引言：读书是代代相承的习尚

南通城西北有一座天宁寺，人说是唐懿宗咸通年间僧人藻焕堂所建报恩光孝寺，寺西北隅又建光孝塔，寺塔至今犹存，民间有"先有天宁寺，后有南通城"一说。光孝塔至今已有1100多年历史，有人说唐塔为笔，南通书生好写锦绣文章；文人们又据堪舆家之说，倡议在城东南建了文峰塔和三元桥。果然，清乾隆间通州城出了状元，还相继有人中了探花、榜眼。从此"塔影倒映明月中，扁舟一叶一诗人"，钟灵毓秀，人才踵出。

宋朝时胡瑗读书，为免除干扰，在泰山十年不归。清时李渔读书，从小在梧桐树上刻诗纪年，勉励自己惜时如金。胡长龄金榜题名，仍新建读书堂，堂边栽种了一片竹子，他在《家园杂忆六首》中写道："我家小筑城之北，细水长流直绕墙。行过石桥西畔去，丛篁深覆读书堂。"（胡长龄《三余堂存稿》）张謇为惜时用功，睡觉前在枕边绑两根短竹竿，翻身时就会惊觉，醒来即起读书。范曾为了心无旁骛地读书作画，常常在星期天打一份咸菜，买几个馒头，进了房间就不再出来。辛丰年说："好书来不及看有负债感，乃至负罪感。"这是南通读书人的前世今生，读书为功名利禄，自然不辞辛苦；但读书往往也是嗜好和情趣，钟情于书，沉湎于书，为好书来不及读而喟叹。

近代南通在地方自治中重视"启民智"，大办教育，基本形成了一套从学前教育到覆盖小学、中学、大学的普通教育和符合社会及企业发展需要，因需施教、因人施教的各种形式、类型的职业教育的相辅相成且比较完整的教育体系，覆盖了社会上的各种人群，因此也极大地提高了最大多数人的文化素质和劳动技能。1909年，南通（包括乡村）曾有一个小学教育建设规划，每16平方里（1里=500米），纵横4里，设一座初等小学，最远的学生家离校2里，学童每天上、下学走8里路，需建600所学校。这个规划虽未达到预期的目标，但据1923年的统计，南通城乡有初等小学350所，完全小学在校学生23420人。这在中国近代教育史上是史无前例的。这就从根本上保证了最大多数人能够接受初步的学校教育。1920年，美国教育家、哲学家杜威访问南通时说："今兹一度游，觉此邦文物，吾后来殆眷恋不忘。"他形象地说明了师范教育、普及小学教育的意义，"譬之在山之泉，不过涓滴；及其奔腾于山下也，流而为瀑布，汇而为江河，浩浩荡荡，灌溉千里"。（张绪武《张謇》）涓涓溪流汇成江河流及千里，播撒下千万颗读书种子，收获千万颗知识成果，千百年来的读书习尚才有了最广泛的基础及传承。

南通教育名闻全国。1930年前后，后来成为旅法著名画家的赵无极尚在学龄，他的母亲，一个上海银行家的太太，却把儿子送到南通读小学和初中。赵无极始终深情地怀念这段岁月，说因为南通教育质量高，母亲宁愿舍弃上海的豪奢生活，陪他住在濠河边的房子里，家里有电灯，没有自来水，因此有很大的水缸。赵无极在南通还接受了美术启蒙教育，14岁从南通考到国立杭州艺术专科学校，从此步入画坛。

南通创办的文化事业很多，诸如印书局、博物馆、图书馆、剧院、公园、体育场等，对提高人民的文化知识水平和促进文化事业发展发挥了重要作用。因为人们只有具备了初步的文化知识，才会购买图书用来阅读，才能利用博物馆、图书馆。翰墨林印书局出版的图书不仅为南通,也为中国文化的建设作出了积极的贡献。图书的大量出版使书籍走进了寻常百姓家,读书人群的增长、读书风气的形成,是一个地方浓厚的书香氛围的基础。

南通还从和人们"习惯最近、观念最易"的地方着手进行戏剧改良,建设更俗剧场,邀请梅兰芳、欧阳予倩到南通演出和举办戏曲学校,希望用戏剧来教育大众,改造国民和社会,实现民族复兴和国家富强。陈翰珍《二十年来之南通》中记载,更俗剧场"除表演新旧剧外,兼映影戏。新剧间有之,多为学校所表演。旧剧则选其有益于世道人心者,如淫滥无稽之作,俱在所摈,与津、沪诸地迥然不同"。徐海萍《回碧楼文谭》中说:"每天除演出京剧外,逐日总有一出话剧,都是春柳社的名剧。"更俗剧场设"梅欧阁",借一南一北两位艺术大师——梅兰芳和欧阳予倩,提倡南北艺术界团结;邀约学士文人赋词写诗,出版《梅欧阁诗录》《梅欧阁联吟集》;还编辑《公园日报》,刊登更俗剧场每天演出的剧目,介绍新戏剧、新文艺,连载剧本,宣传戏剧改良、剧场文明制度等。该报是我国较早的戏剧专业报纸。戏剧改革也是为教育"拾遗补阙",寓教于乐,以戏育人,以文化人,最终达到提高民众文化素质的目的。无论是建设图书馆和博物馆,还是兴办教育和进行戏剧改良,目的都是提高人的素质,而实现这一目的都要以读书求知为基础。

有着百年历史的南通市图书馆始终是南通人的读书中心及文献资料检索中心。特别是新中国成立后,图书馆贯彻"为工农大众服务"的精神,深入工厂、农村建立图书流通点,送书上门,大力开展借阅服务。"文革"中坚持为生产一线的科技人员检索文献资料,和北京、上海、南京图书馆开展馆际互借,满足企业科研及读者需求。改革开放后,1979年图书馆新大楼竣工,年外借图书22万多册;1983年古籍楼——"静海楼"竣工，古籍及地方文献保护和开发利用工作进一步开展，能接待更多的海内外学者和广大读者，为研究张謇和编史修志提供了丰富的文献支持。1985年南通市政府举办"春江笔会"，全国许多作家莅会，图书馆邀请峻青、碧野、林青、陈模、鄂华、理由、金振林等著名作家开设文学讲座，读者与作家面对面，更多读者走进图书馆，走进阅读。

每年到了换发借书证的日子，领证的读者就会在图书馆院内排起长龙，形成一道独特的风景，人们以持有一张图书馆借书证而自豪。图书馆为营造书香南通氛围，培养人们的读书习惯，倡导优良的学习风尚，发挥了重要的作用。

进入新世纪，图书馆不断深化和延伸服务，以满足广大读者不断增长的读书需求。在企事业单位、社区、乡村、边防站、消防支队及监狱等处设立了数十个图书服务流动点；还开办了汽车图书馆，定期送书上门，把最新出版的优秀图书送到读者面前。南通市图书馆和少儿图书馆等不断推出适合各种人群的读书活动，"静海讲坛""南通人著作展""书为媒"读书系列活动，"家庭读书乐""心灵之约"读者俱乐部，读书沙龙，"红领巾"读书征文等已成为图书馆有影响的品牌读书活动，越来越多的读者通过各种途径走进图书馆、利用图书馆，参与读书活动，亲近阅读。在人们的阅读需求获得较大满足的同时，千百年来的读书传统也得到了很好的传承和发扬。

一方水土孕育了一方锦心绣口的读书人。

1."诚使此心无系恋,平安两字不须看"
——北宋教育家胡瑗

胡瑗(993—1059)是北宋初教育家和学者。他出生于泰州如皋宁海乡胡家庄,因为胡瑗祖先世居陕西路的安定堡(今陕西省子长县),学者及门生皆尊称其为安定先生。清代学者黄宗羲、全祖望等辑、订补的《宋元学案·安定学案》首篇《文昭胡安定先生瑗》一文中说:"胡瑗,字翼之,泰州如皋人。七岁善属文,十三通五经,即以圣贤自期许。邻父见而异之,谓其父曰:'此子乃伟器,非常儿也!'"胡家世代为官,且清正廉明。胡瑗的父亲胡讷任宁海节度推官,公正廉明,至贫无以自给。胡瑗自幼受到家庭良好的教育和影响,所以读书刻苦,能自强自励。他7岁时已经能写出相当好的文章,13岁时已通读《诗》《书》《礼》《易》《春秋》等儒家经典。北宋开始的几十年间尚未兴学,全国只设国子监,州、县一级的学校很少,教育儿童开蒙学习的只有私学。胡瑗"家贫",不可能聘师在家学习,也不可能缴学费上私塾,只能在家由父亲亲自传教。胡讷学识渊博,著有《考行录》《民表录》《贤惠录》,当时北宋宰相吕夷简曾竭力向皇帝推荐要把这些书作为国史资料。胡瑗是长子,胡讷对他的教育是成功的,他成长为熟谙四书五经,又知六艺,学识广博、文武兼备的青年学子。

《文昭胡安定先生瑗》中说,胡瑗"往泰山,与孙明复、石守道同学,攻苦食淡,终夜不寝,一坐十年不归"。胡瑗在父亲的教导下,满腹经纶,且有着远大的追求和志向。他毅然辞别家庭,孤身一人从如皋来到千里之外的泰山,在深山中清幽的栖贞观里静心读书,深入思考。为了钻研学问,粗茶淡饭,果腹足已;为了弄懂问题,整夜不寐,亦是常事。这样"苦行僧"式的读书生活整整持续了十年。十年间,为了心无旁骛,他竟然没有回过一次家;为了集中精力,收到家信,只要看到信中有"平安"二字,就不再看其他内容,将信丢入山涧。泰山南麓至今有胡瑗"投书涧",并立有石碑,上书:"胡安定公投书处,明万历六年二月泰山立。"清乾隆皇帝到泰山,游历投书涧后写下《戏题投书涧》诗:"报来尺素见平安,投涧传称人所难。诚使此心无系恋,平安两字不须看。"胡瑗安贫乐道、孜孜不倦的读书精神是我国古代知识分子的优秀品质,这种精神深刻地影响了一代代有抱负的学子。

　　胡瑗经过泰山十年苦读,学问大进,但他没有去应科举。他在思考:国家以科举取士,崇尚"声律浮华之词",经世致用之学就会"萎缩";而像这样"粉饰虚张,暗移国本",就会对社会造成危害。胡瑗回到家乡,在泰州华佗庙旁经武祠讲学。这时候,在泰州任海陵郡从事的滕子京建"文会堂",邀集文人雅士聚会唱和,和滕子京为同科进士的范仲淹在泰州任西溪盐监官,后来两任宰相的富弼也随父上任在泰州茅山景德禅寺读书,于是在"文会堂"留下了一段胡瑗和范仲淹、滕子京、富弼、周孟阳五贤聚会唱和的千古佳话。这次聚会对胡瑗的一生产生了重要的影响,因为这次聚会,胡瑗展示了他的才华,范仲淹、滕子京聘请他到湖州、苏州执掌州学,范仲淹后来还向朝廷推荐他修编雅乐,担任军事推官,到太学任教。

　　《宋史》载:"景祐初,更定雅乐,诏求知音者。范仲淹荐瑗,白衣对崇政殿。"胡瑗提出"先定律尺"的主张,写成《景祐乐府奏议》,还动手制作了一套钟磬,把一粒黍的大小作为一分,以此来确定尺长,"律径三分四厘六毫四丝,围十分三厘九毫三丝"。他因此被朝廷授为"试秘书省校书郎"。(《宋史》卷四百三十二)

西夏侵犯北宋边界时,胡瑗被推荐为丹州军事推官,他协助范仲淹经略陕西,写成《武学规矩》,倡议国家大兴武学,训练士兵"使知制胜御敌之术"(王梓材《宋元学案补遗》卷一)。

胡瑗的最大贡献仍在教育方面,他在《松滋儒学记》里写道:"致天下之治者在人材,成天下之材者在教化,职教化者在师儒,弘教化而致之民者在郡邑之任,而教化之所本者在学校。"乾隆《苏州府志》(卷十六)记载:"郡邑自宋始皆有学,苏之学由范文正公兴,迄今七百年,安定先生之教,当时太学取以为法。"胡瑗教学有方,条分缕析,细微详备,而且身体力行。即使盛夏酷暑,也要穿着公服端坐堂上,严格师生之礼。他把学生看作自家子弟,他的学生也像对待父兄那样信任爱戴他。跟随他学习的常常有几百人。胡瑗学富五车,学风严谨、求实,任苏州郡学首席教授时,范仲淹把两个儿子都送来读书。胡瑗后来又在湖州州学任教,主张培养"明体达用"的人才。"庆历中,兴太学,下湖州取其法,著为令。"(《宋史》卷四百三十二)"庆历兴学",京城设太学,朝廷派员到湖州,采用胡瑗的教学方法制订课程规则。

皇祐年间,胡瑗应朝廷之召参与制作音乐。过了一年多,任光禄寺丞、国子监直讲。"乐成,迁大理寺丞,赐绯衣银鱼。"(《宋史》卷四百三十二)他居任太学后,学生更多,以至太学里容纳不下,只好让部分学生住到太学旁的官舍里。礼部所录用的士子,胡瑗的弟子常占十之四五。

他们的衣冠服饰、言行举止往往类似,人们虽然不认识他们,但都知道是胡瑗的学生。宋仁宗擢胡瑗为天章阁(北宋宫廷藏书楼)侍讲,命胡瑗进宫讲授文史。欧阳修担忧胡瑗调离太学后,生徒无依,渐以分散,写了《举留胡瑗管勾太学状》,其中说道:"国家自置太学十数年间,生徒日盛,常至三四百人。自瑗管勾太学以来,诸生服其德行,遵守规矩,日闻讲诵,进德修业。"可见胡瑗主持太学的成绩。王安石《寄赠胡先生》诗有"高冠大带满门下"句,其实胡瑗也并非一直峨冠博带,公服终日。他文采斐然,遣词清新,有《石壁诗》一首题写在"屋壁"上:"……遇景清兴发,浩与天云浮。斐章异绣缎,洒翰非银钩。庶与谪仙诗,千古同风流。"他颇为自负地要和李白一比高下。(南通市文学艺术界联合会编《东皋话旧》)宋神宗题赞胡瑗像曰:"先生之道,得孔、孟之宗;先生之教,行苏、湖之中。师任而尊,如泰山屹峙于诸峰;……载瞻载仰,谁不思公;诚斯文之模范,为后世之钦崇!"(黄宗羲、全祖望等《宋元学案》)

胡瑗一生读书、教书、著书,但有许多著作不是他撰写的,而是他讲授时学生们记录整理的,所以称为"口义"。流传下来的有《周易口义》十二卷、《洪范口义》二卷,还有《论语说》八卷、《春秋说》九卷、《学政条约》一卷、《皇祐新乐图记》三卷(和阮逸合撰)等。他还有许多散佚的经学、音乐、教育著作。

胡瑗手书

洪範口義二卷永樂大典本

宋胡瑗撰瑗有周易口義已著錄是書文獻通考作洪範解朱彝尊經義考注云未見《其文散見永樂大典中，偶可排纂成書周易口義出倪天隱之手傳有明文晁公武讀書志謂此書亦闕門人揚繪故無詮次首尾》蓋二書同名口義故以例推其為殘故自著與名同無撰證乎其說之存於經文各句下者皆先後貫徹條理整齊非雜記語錄之比故公式所說不待惟置原書無次第悴永樂大典者為散附經文之下轉排比順序敗抑公武所見又別一本也洪範以五事配應徽本經文所有伏生大傳以下逮京房劉向諸人遂以陰陽災異附合其文劉知幾排之譏矣宋儒又流為象數之學惟圖書問界之是輯緯義愈不能明瑗生於北宋盛時學問最為篤實故其說惟發明天人合一之旨不務新奇如謂朝天錫洪範為帝自天不取神迥貢父之瑰謂五行次弟為箕子所陳不辨洛書本文之老為諸五福六極之道為四海不當指一身而言皆俱發注疏自抒心得之評引周官之法推演八政以經注經特為篤確其要旨歸於建中出洽定皇極為九嘴之未鵠雕不近而深得聖人立訓之要非歲緯術數者流所可同日語也宋史本作一卷今校定字句析為二卷

葉朱彝尊經義考凡訓釋一篇是皆豫歉各經之末不與訓釋全經者敘時代先後然附志載繁辭注洪範五行傳月令章句中庸講疏固雜置各經中也今從古例不復別編後

2."一卷南华照旧摊"

——李渔的读书生涯

明万历三十九年(1611),李渔出生于如皋。李渔的父亲售卖中药,伯父是医生,因此家境富裕。他聪明好学,智慧超群,从小对文学、语言、音律表现出特殊的兴趣和才华,黄鹤山农在《玉搔头·序》里说:"盖笠翁(李渔号笠翁)髫岁即著神颖之称,于诗赋古文词罔不优赡,每一振笔,漓漉风雨,倏忽千言。"(李渔《李渔全集》第5卷)据说李渔10岁时已熟读四书五经,而且能写文章。李渔并不单纯依恃自己的聪明,也没有陶醉于人们的赞扬,他读书非常刻苦认真。他在《续刻梧桐诗》中说:"此予总角时作。向有龆龄一刻,皆儿时所为","小时种梧桐,桐本细如艾。针尖刻小诗,字瘦皮不坏。刹那三五年,桐大字亦大。……新字日相摧,旧字不相待。顾此新旧痕,而为悠忽戒"。(李渔《李渔全集》第2卷)从树干上的刻字联想到岁月易逝,鞭策自己珍惜时间,勤奋读书,戒除悠闲散漫的习惯。如皋夏天苦热,蚊蝇丛生,给读书带来诸多不便。李渔找到僻静的海边一个叫老鹳楼的地方读书,那里没有蚊蝇。民国《如皋县志》(卷三)载:"老鹳楼在李家堡南街,自明以来,不详建自谁氏。昔有鹳鸟乘海潮来栖楼上,虽炎暑,蚊虫绝迹,人咸异之,故名其楼曰老鹳。相传明季诗人李笠翁尝侨寓于此,自后屡易其主。"

父亲想让李渔像自己一样成为一个商人,对李渔热衷于读书颇不以为然，乃至发生李渔向父亲要钱买书被父亲打骂的事情。李渔回忆自己年轻时读书的事情说："予少也贫，无书可读，即借人书读，读过辄忘，不能强记一字。然当其读时，偏喜予夺前人，曲直往事；其所论议，大约合于宋人者少，而相为牴角者众。"（李渔《李渔全集》第19卷）李渔读书不但和父亲发生了冲突，和当时的社会现实和传统秩序也发生了冲突。战乱对文化的摧残也使李渔痛彻心扉，他写下《吊书四首》。"将军偶宿校书台，怒取缣缃入灶煨。……三杯暖就千编绝，一饭炊成万卷灰"，书籍何辜，将军的无端发怒，书为柴炊，千百册图书瞬间化为灰烬；"太平有字饥堪煮，丧乱无家口不糊。始信焚坑非两事，世间书尽自无儒"。（李渔《李渔全集》第2卷）"百无一用"的书生只能发出这样的哀叹了。

明崇祯八年（1635），李渔回原籍浙江兰溪参加金华府试，成为生员，以后屡试未中，明末清初的改朝换代更打断了他的科举之路。清兵攻城略地，他为躲避战乱，处境艰难，幸好还有几本旧书排遣余日，他在《避兵归值清明日》中写道："酒市未开沽莫问，干粮已尽食难寒。图书何幸能无恐，一卷《南华》照旧摊。"他在老家过着耕读生活，从《伊山别业成，寄同社五首（其三）》一诗中即可看出他平日的生活状态："栽遍竹梅风冷淡，浇肥蔬蕨饭家常。窗临水曲琴书润，人读花间字句香。"（李渔《李渔全集》第2卷）这种生活并不闲适，因为他给自己制定了一个严格的起居时间表，还有每天必须阅读的图书的数量。从此，他以卖文献艺作为自己终生的职业。清顺治七年（1650）前后，李渔移家杭州，他和"西泠十子"中的毛先舒、丁药园、陆丽京、孙宇台等文人学士交往，创作了《无声戏》《十二楼》两部拟话本小说集，以及《怜香伴》《风筝误》《意中缘》《蜃中楼》《奈何天》《比目鱼》等传奇剧本。黄鹤山农在《玉搔头·序》中说：李渔"始挟策走吴越间，卖赋以糊其口，吮毫挥洒怡如也"。他还在《比目鱼》中借谭楚玉之口介绍自己："一向担簦负笈，往来吴、越之间，替坊间选些时艺，又带便卖些诗文，那些润笔之资，也尽堪糊口。"（李渔《李渔全集》第5卷）这些都说明李渔已经主要依靠写小说和戏剧维持生活了。

清顺治十年（1653），李渔回到故乡通州。通州诗人范国禄写下了和李渔及友人观荷、赏桂的诗篇，"玉烟依叶净，金雪压枝繁。瘦欲纫云影，幽宜淡月痕"（范曾《南通范氏诗文世家》正编三）。李渔也写了《咏绿烛和雉皋诸友》《过雉皋忆先大兄》等诗（李渔《李渔全集》第2卷）。但李渔这次旅行的主要目的是出售自己写的书。这时候的李渔作为文学家、戏剧家已有一定的影响，其著作受到广泛的欢迎。顺治末、康熙初，李渔移家金陵。金陵在明代就设有国子监，到了清代依然文风兴盛。江南乡试时，夫子庙贡院数千名考生云集，因此出版印刷业十分发达，有大大小小书铺数十家，还有许多出租图书的书摊和书船。李渔到金陵后继续刻书卖文，开办了书铺。后来"芥子园"建成，他的许多书籍都印上了"芥子园"三字。芥子园除了出版李渔写的小说、剧本，还刊印许多畅销的通俗小说，聘请专职的抄书人和刻工，所出图书印刷考究，纸墨精良，装帧华美，还有供女性及儿童阅读的巾箱本和插图本；李渔去世后，芥子园出版了《芥子园画传》，在同治八年（1869）还出版过小说《新刻天宝图》。芥子园延绵超过200年，是名副其实的老书铺。

但书铺收入难以满足李渔讲究的生活，而且经营也常陷于困顿，他在给友人的信中说："弟从前拙刻，车载斗量。近以购纸无钱，多束诸高阁而未印。"所以他还要经常出去"打秋风"。"打秋风"是晚明以来的一种社会风气，文人骚客攀附结交权贵富商，或为清客，或作颂谀之辞，以此从他们那里获得金钱的馈赠。但李渔的"打秋风"有一种按劳取酬的意义在，比如为人起草文稿，润饰文章，编辑文集，为花园、假山设计提供意见，还参与演出，特别是在乔、王二姬家庭戏班的演出延续了七八年。李渔在《上都门故人述旧状书》中说："二十年来负笈四方，三分天下，几遍其二。"（李渔《李渔全集》第1卷）他到过许多地方，结交了许多社会名流，除金陵的吴伟业、钱谦益、龚鼎孳外，还有"海内八大家"中的王士禛、施闰章、宋琬，以及周亮工、尤侗、余怀、杜濬等，他们经常雅集，一起观摩演出，切磋诗文，这对李渔的创作起到了极大的帮助和促进作用。李渔写了《凰求凤》《慎鸾交》《巧团圆》等传奇，还写了读史随笔集《论古》，编辑了《一家言》初集，最重要的是他在康熙十年（1671）前后，约61岁时，写成了《闲情偶记》。这时候他的两部小说集和"笠翁十种曲"等主要著作已经完成，《闲情偶记》可以说是他一生艺术经验的总结和结晶，是一部具有重要价值的戏剧和生活美学论作。萧欣桥在《李渔全集·序》中提到《闲情偶记》原刻计十六卷，分别研讨词典、演习、声容、居室、器玩、饮馔、种植、颐养等方面的内容，较全面地体现了作者的美学思想和艺术观点。其中有关章节和内容，结合个人的艺术经验，联系元明以来的戏曲创作实践，汲取前人的理论成果，对我国古代戏曲作了比较全面的总结，从而构造出一个自成一家、内容丰富而具有民族特色的戏剧理论体系。李渔在300多年前提出的这一戏剧理论体系，可谓中国古代戏剧理论史上的一座丰碑。

难能可贵的是，李渔在《闲情偶记》中对自己的创作作了反省和自我批评。他认为凡作传奇，应"隔日一删，逾月一改"，才能"淘沙得金"，但为何"每有所作，率多草草成篇，章名急就"？因为"每成一剧，才落毫端，即为坊人攫去"，下半部尚未脱稿，上半部已去刊刻，演员们已拿去排演,结果只能一成不改。他设想,如能"授以黄金一斗,使得自买歌童,自编词曲,口授而身导之,则戏场关目,日日更新,毡上诙谐,时时变相……"他到晚年时创作热情仍很充沛。但时人骂他"性龌龊""善逢迎",斥他为"名教罪人"。因为他的作品为迎合讨巧,有时显得过于轻薄和庸俗,影响到格调;他的养姬蓄婢,喜好声色,也很不足取。明末风气糜烂腐朽,淫佚成癖,反映在文学艺术上是一批淫秽小说、戏剧的产生,流风所及一直延续到清初。李渔自然不能幸免,何况他是以写小说、戏剧及演出为生的,不但作品,包括他的为人,我们也不能苛求。李渔在康熙十八年(1679)写了《芥子园画传·序》,第二年正月去世。李渔无疑是敬业的。

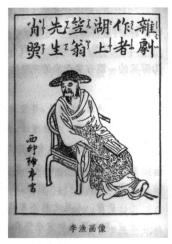 

李渔《李渔全集》书影

3. "九百九十九"
——张謇的读书生活

近代实业家、教育家张謇于清咸丰三年（1853）出生于海门常乐镇一个普通农民家庭。他排行老四，从小聪颖，记忆力很好，4岁时就能把千字文背诵得一字不差，显现出读书的天赋，其父母自然高兴，把他送到邻居的学塾读书。张謇读书用功，11岁时，已学完《三字经》《孝经》《大学》《中庸》《论语》《孟子》等蒙学基本书籍，开始读《诗经》。先生出了一个四字对"月沉水底"，张謇立即就对"日悬天上"，被先生视为可造之才。江南兵乱时，许多人逃难到江北。一天，张謇看到一个衣衫褴褛的人在沿街乞讨，并大声诵读《滕王阁序》，他听了几遍，默记在心，回来对父亲说："这个人是不是拿'关山难越，谁悲失路之人；萍水相逢，尽是他乡之客'这几句话来诉说他的苦境？"张謇的理解力和记忆力让父亲欣喜，并不富裕的他为培养儿子，第二年就不吝钱财，聘请秀才宋蓬山到家中教书。有一天，宋先生和张謇父亲在书房里闲谈，看见一个武官骑白马从门前走过，宋先生随口说出"人骑白马门前去"的七字上联，张謇在旁边听到，未及思索，立即就对出"我踏金鳌海上来"的下联。这让先生和父亲都大为惊喜，后来这件事还被传为张謇金榜题名、高中状元的征兆。张謇在十四五岁时，已读完《诗经》《尚书》《礼记》《左传》《周易》等，并学习做诗和八股文。这时候宋蓬山先生病逝，父亲让张謇到先生老家西亭，跟从先生的侄子宋紫卿、儿子宋璞斋读书，他们分别有秀才和举人功名，对张謇的学习要求严格，宋璞斋的两句箴言"若蹉跎又是一日，肯发愤何须三年"，被张謇一生铭记。

张謇16岁时参加科举考试，两次应试名次都在一百名以外，宋璞斋当着众人的面大骂说："譬若千人试而额取九百九十九，有一不取者，必若也。"这是多大的羞辱！张謇卧薪尝胆，发愤自励，在书房的窗户上和自己卧室的帐子顶上，写下了"九百九十九"五个大字，警醒自己。睡觉时他在枕头上绑两根短竹竿，晚上翻身就会惊醒，醒后即起床读书，一直读到"夜必尽油二盏"；（李明勋、尤世玮《张謇日记》）疲倦时看看"九百九十九"五个字，不禁潸然泪下，更坚定了一定要读好书考取功名的志向。西亭夏季苦热，蚊蝇丛生，张謇把两脚放在陶罐中，坚持看书作文。就在当年的十月，张謇以第二十六名的成绩通过院试，成为一名秀才。

但随即发生了"冒籍"风波。清时科场，考生三代内没有取得过秀才以上"功名"的，称为"冷籍"，必须有具备一定资格和地位的人保举，才能参加考试。于是宋璞斋介绍张謇认如皋人张驹为祖，以张驹之孙的身份应试。张謇中秀才后，张驹家人就向张謇勒索高额酬金，前后五年，将张謇逼到几乎倾家荡产的地步；他们还告到官府，要将张謇拘押到学宫。张謇得到消息，黉夜冒着狂风骤雨逃出如皋城。

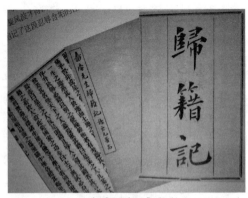

张謇《归籍记》书影

20多年后,张謇写《归籍记》时,仍对此事耿耿于怀。他记述道:逃出东门,过桥时大风把灯笼刮灭了,只好沿着刚疏浚的护城河边走,烂泥深二三尺。雨势虽稍稍小了,但夜暗如墨,钻到桥下等了好一会儿,换上雨天穿的钉鞋,拿雨伞做拐杖,蹲在地上仔细探路,走几步蹲下来辨别一下方向。泥淖没过脚踝,鞋也脱落了,不禁胸中怒火燃烧,恨不能手持利刃,砍下仇人的脑袋。后来,张謇的遭遇得到了通州知府孙云锦,业师王松畦、赵菊泉,以及江苏学政的同情,在他们的帮助和努力下,最后经礼部批准,张謇终于"改籍"归宗。但原本殷实的人家已走向破产的边缘。

"归籍"后第二年,张謇外出谋生,开始十年的客幕生涯。他先后在江宁发审局、庆军幕府办理文牍和机要文书。在江宁期间,张謇利用业余时间到钟山书院和惜阴书院读书,得到这两个书院院长李小瑚和薛慰农的赏识。经孙云锦介绍,张謇还向凤池书院院长张裕钊学习古文法。张謇第一次从偏僻的江北乡村来到繁华的江宁,眼界豁然开朗,他遍访名师,广交朋友,虚心求教,切磋学问,学业有了很大的进步。张謇入庆军幕府后,吴长庆专门在府宅后建茅庐五间,以便他静心读书和起草文稿。张謇还随升任浙江提督的吴长庆进京觐见皇上,随庆军出征朝鲜平定军乱。因为入庆军幕,张謇得以结识了一大批人物,这些人物在中国近现代史上扮演了举足轻重的角色,他自己的命运也从此发生了重大转折,开始卷入晚清社会各种政治事件,在此后数十年的中国历史上写下了重要的篇章。

张謇始终想通过科举"正途"来改变自己的命运,施展自己的才华,希望"学而优则仕"来博取社会地位。1884年,张謇辞却许多高官重臣的聘任,回到家乡,静心读书,准备应考。1885年9月,张謇考中顺天乡试第二名(南元)。为生计他还要四处奔走,希望找到自己感兴趣的文化及教育工作,以取得薪俸养家糊口。他先后在孙云锦的江宁、开封知府校阅府试卷子,协理河工,参加赣榆、东台县志的编撰,还到赣榆、崇明、江宁等地主持书院,为国家培养了大批人才。

清光绪二十年(1894)朝廷开"恩科会试",张謇本对功名已心灰意冷,但年近八旬的父亲仍执意要儿子金榜题名,光宗耀祖。张謇勉强从命,赶到京城考场,匆匆借了友人的笔具应试。出人意外地取中第六十名贡士,复试中了第十名,殿试中了一甲第一名。张謇的《柳西草堂日记》在当天记载道:"栖门海鸟,本无钟鼓之心;伏枥辕驹,久倦风尘之想。一旦予以非分,事类无端矣。"金榜高中本是士子至高荣耀,几十年梦寐以求的愿望终于实现了,他却有些意兴索然,竟无端生出些许厌倦。不久,因父亲病重,张謇接到电报就立刻回家了。从此张謇走上了实业救

张謇像

国、教育救国的道路,他不但创办了以大生纱厂为龙头的大生集团,还创办了师范学校、伶工学社、图书馆、博物馆、印书局等一大批文化教育机构,为中国近代的文化教育作出了卓越的贡献。

4. "江海交流地,滔滔一气扬"
——抗战时期通师侨校师生读书记

1902年,教育家、实业家张謇在家乡创办了中国第一所民立师范学校——通州民立师范学校(简称"通师"),以实现教育救国的梦想。全面抗日战争爆发,通师的传统薪尽火传。

1938年3月17日,南通城沦陷,通师停办。但2个月后,通师迁校办事处就在金沙镇的一所小学里开始办公,校长于敬之、教导主任顾怡生亲自主持学校搬迁一应事务,事务主任胡履之坐镇办公室处理日常琐事。国家危难、民族存亡之际,教育为百年大计,为国家培养人才,为抗日战争输送人才,这才是教育救国的最好诠释。复校后的校址选在海复镇,张謇当年在那里围垦筑堤,创建通海垦牧公司,居住、交通条件都比较好,镇上还有通师第二附属小学(1922年2月建成,定名为"南通师范附属垦牧乡高等小学校"),再也找不到比这儿更加理想的复校地点了。一切筹备就绪后,学校发函通知每一个教师和学生,9月新学期来临时到海复镇通师第二附属小学报到,学校也称通师"侨校"。

侨校开学后,原来在校的学生绝大部分到学校注册后入学;应届毕业生到校后举行毕业考试,毕业后走向祖国各地的工作岗位;初三学生毕业后升入师范部继续学习,同时招收部分新生,这是侨校招收的第一届师范生;还招收了一届初一新生。学校一切井井有条,恢复了正常的教学秩序。

原在通师工作的大部分教职员工坚持民族气节，深明大义，离开城市到偏远小镇毫无怨言；不辞辛劳、勤勤恳恳地工作，办好学校，培养学生，让同学们有学可上、有书可读，就是他们为抗战贡献的一份力量。教师中除了校长、教务及事务主任，还有尤慎铭、曹君觉、王书樵、赵景周、刘子美、孙湘碧诸位先生，职员有张缉熙、张夏松等，工友有朱兔、邱生等。他们当中很多是学有专长的学者，如于敬之、顾怡生在苏中教育工作会议上被表彰，名列"苏中八老"；曹君觉、顾怡生与顾贶予、徐益修被尊为"通州四才子"；尤慎铭为名师，终生从事教育；刘子美是著名画家，培养了许多艺术人才。

　　复校后的几年时间内，爱国师生们抗日办学，曹君觉先生自编讲义，用历史上志士仁人报效国家、挽救民族于危亡的事例教育、激励学生，并将子侄送往抗日军队，表现出一个知识分子的爱国情怀。学生们开展救亡活动，出壁报，发表抗日救亡文章，还有部分学生离开学校，加入共产党。1940年下半年，新四军东进，学生们更加活跃，建立了秘密党支部。1941年9月，海启行署主任兼海门县长顾尔钥、南通县长梁灵光关心侨校建设，经常到学校看望师生，宣传共产党的抗日救国主张，并鼓励同学们用功读书，毕业后为抗战出力，同时要老先生们注意保重身体；顾尔钥还赋诗一首："江海交流地，滔滔一气扬；群魔胡扰攘，诸老尚康强。风雨愁边过，人情劫后长；黄花开四野，明日是重阳。"行署还派孙卜菁到学校任教，开设"公民课"，实际上是教时事政治，讲抗战的情况和革命的道理。校学生会还邀请孙卜菁和行署文教科科长江树峰等人作专题讲座，讲东北抗日联军的战斗故事及中国抗日战场和世界反法西斯战场的形势。

　　通师许多师生思想进步，倾向新四军、共产党，追随抗日民主政府。新四军在马塘许家楼邱陞中学举办暑假文教研究会，通师许多老师莅会；新四军在盐城三沧河举办学生夏令营，通师也有20多名学生参加。许多学生参加了共产党，学生党员在学校附近的合兴镇租了一间朝东的小房子，名义上是学生租赁的校外宿舍，实际上是学校党支部的活动场所。党在学生中有很高的威信和影响，党通过学生会组织进步学生编辑墙报、壁报，成立戏剧、歌咏兴趣小组，宣传抗日思想。新四军也派文艺家沈亚威、涂克、田克等人到学校辅导学生开展进步文艺活动。

1942年2月，粟裕率新四军一师师部进驻海复镇，师部驻扎在通海垦牧公司，有一个教导队住在通师第二附属小学。顾尔钥和梁灵光经常到学校作报告，还和学生一起打球，和师生们建立了友好的关系。第二年五四青年节，新四军和学校师生一起开联欢会，大家演唱抗战歌曲，表演抗战活报剧，使全校师生受到了极大的教育和鼓舞。通师创办四十周年开校庆大会，邀请粟裕参加。校长于敬之主持大会；教导主任顾怡生讲话，他要求同学们在国难当头时，不怕艰苦，认真读书，毕业后报效国家；苏中行署主任季方发言，他引用学校创办人张謇的话"天下一家，中国一人"，要求全体同学团结起来，中国军队、各阶层人民团结起来，万众一心打败日本帝国主义；粟裕最后致辞，他称赞张謇教育救国的精神，表扬侨校坚持办学，坚持抗战教育，继承了先贤的遗志，也为抗战培养了人才，和前线将士一样为抗战作出了贡献。粟裕的讲话感动了全体师生，于敬之、顾怡生激动不已，陪同粟裕、季方等人参观了校史展览，还当场赋诗，用工楷书写。晚上，学校举行庆祝文艺晚会，粟裕、季方一行出席观看，新四军文艺团队还和师生们一起参加演出。校庆办成了抗战宣传会、鼓动会，师生和新四军的联欢会。

1942年，敌伪向解放区大规模进攻，开展"清乡"。抗日民主政府和新四军要暂时撤退，为了防止一些高大建筑被敌人占领为据点，粟裕、季方等亲往通师，和于敬之、顾怡生等学校负责人商量，拆除垦牧公司一些主要建筑，但要保证侨校办学用房，保留了通师第二附属小学的全部校舍。敌伪"扫荡"占据海复镇后果然洗劫通师，将学校图书馆包括《四部备要》和《二十四史》等在内的所有图书全部焚毁。学校遭到破坏无法上课，为了给抗战输送人才，避免学生辍学，侨校老师们冒着危险，在校外借民房办所谓"私塾"。侨校原师范部定名为尊素（张謇的堂名）学塾，原初中部定名为具孺（张謇三兄张詧的堂名）学塾，坚持教学。为了避人耳目，学校师生也一律分散居住在老百姓家中。有一次走漏了风声，敌人把尤慎铭、胡履之、施芋男等5位老师抓走。日军审问尤慎铭说："你们学校为什么要办到共产党统治的地方来？"尤慎铭冷静地回答："我们在南通三元桥畔有很大的学校，有十多万册图书，仪器设备齐全，但是你们来了，什么都没有了，这里是学校的附属小学，在这儿复课很正常。"敌人知道他曾在日本早稻田大学留学，让他出任海复镇维持会会长，他以年老力衰为由不肯应允。在敌人押解他们时，远处突然传来密集的枪声，日军仓皇撤离。他们乘机躲进庄稼地，夜晚躲到农民家里，第二天上午才回到学校。

  这些老师逃回学校后仍然继续上课，他们的精神感动了所有师生。外面血雨腥风，学塾内书声琅琅，老师认真执教，学生认真读书，师生们都抱着为抗战服务、为抗战学习的决心。侨校有两届学生都是在学塾里读书，通过考试毕业的，这些事迹在通师校史上留下了辉煌的一页。

  这一时期学校经费困难，师生生活极为艰苦。年轻老师每月只能拿到元麦（麦粞）或玉米籽（玉米粞）1石，资深老师家中人口多，但也只能拿到2石。尤慎铭向学校租了几亩田，率全家耕种，还用秫秸、芦苇盖了几间草房。吃饭时他会吟诵"一箪食，一瓢饮，在陋巷，人不堪其忧，回也不改其乐"，鼓励大家安于清贫生活。师生们同甘共苦，教学与生活，其乐融融。师生们晚上备课、做作业，起初用煤油灯，后来用蜡烛，最后这两样东西都买不到了，只好点棉籽油灯，甚至从已经很少的菜油中节省出一些用来照明。师生们在萤火虫般的油灯下，批改作业、备课、读书、做功课，孜孜矻矻，开朗乐观，充满信心。师生们还赋诗抒怀，有"他日欢聚在濠堂"句，对抗战抱必胜信念，坚信学校一定能迁回南通。

1944年秋季开学时，抗日民主政府派人送来两张奖状和一封慰问信，即颁发给校长于敬之、教导主任顾怡生的"苏中八老"奖和致全校师生的慰问信，表彰侨校全体师生坚持抗战办学，为抗战输送人才，成绩卓著。送奖状和慰问信的就是侨校毕业生，他毕业后进入抗日民主政府工作。

侨校的办学始终受到党和抗日民主政府的关怀和支持。学校经费原先由垦牧公司地租供给，实现减租减息后，由行署拨款补足；行署还拨公粮给学校，以维持办学的基本需求。实行土改后，为了照顾教师生活，所有教师及其家属，每人都获得和农民一样的一份土地。侨校也恪尽职守，关心爱护每一位贫困学生，支持学生进步活动。有些学生加入共产党，在校外遭到敌人搜捕，顾怡生名义上在点名簿上把学生名字划掉，实际上让这些同学到校上课，保护他们；有的学生父母加入新四军，无法联系，无钱交学费，学校就免去他们的学杂费；有的学生贫穷，学校不但免收学费，还借钱给他们维持生活。凡是贫困但学习勤奋、思想进步的学生，学校都尽力给予关心和支持。至今许多校友在文章中回忆那段日子时仍充满感情。但在侨校期间，于敬之、顾怡生、尤慎铭三位先生都遭受了丧子之痛，他们的儿女或牺牲，或病逝，或夭折，他们压抑着悲痛，坚守教书育人职责。顾怡生在课堂上朗读《后出师表》，念到"鞠躬尽瘁，死而后已"时,泣不成声,学生们无不动容。顾怡生和曹君觉两位先生还分别写了《风波民滨海诗册》《风波侣徂东诗草》抒情咏怀,中有"兵戎几扰乱,忧患亦寻常。飞梦家犹近,哀时身可忘"(曹君觉诗),"临溪合补梅三百,岁岁春来树树花""学生努力各有造,家邦真正生英豪"(顾怡生诗)等句。这些诗洋溢着爱国主义的精神和对抗战必胜的信念,对青年学生产生了深刻的影响。侨校绝大多数同学走上了进步的道路,为抗战的胜利,为后来的新中国建设贡献了自己的力量。(陆文蔚《抗日战争中的南通师范侨校》)

顾怡生《风波民滨海诗册》书影　　曹君觉《风波侣徂东诗草》书影

5. "音韵学"考100分的魏建功

中国哲学史家、宗教学家、曾任北京图书馆（后更名为国家图书馆）馆长的任继愈在一次发言中提到，20世纪30年代他在北大哲学系读书时，选修沈兼士先生的"音韵学"课程，因为沈先生严谨、严格，他考了60多分，仍感觉很满意，沈先生却说："你们考这分数算什么，魏建功上我的课时，他考一百分！"

魏建功，1901年出生于南通如皋西场镇（现属海安市）的一个读书人家，祖父是秀才，他三四岁时就跟着祖父背诵唐诗，学写字、算术。5岁开始读小学，成绩优异，后来进入如皋师范学校（简称"如师"）附属小学读高小。附属小学在如师校园内，课程由师范老师兼授，当时如师名师如云，教过魏建功的有沙元炳、沈文瀚（进士）、仲民新（魏建功舅父）、冒兴（举人）、王福基（贡生）、宗孝忱、黄七五、缪文功、刘之润（留日学生），还有黄炎培的学生管劲丞、陈问涛等，他们授课认真，对年少聪慧的魏建功赞赏有加，细心培养，使魏建功接受了很好的教育。魏建功13岁时考入江苏省立七中（南通中学），当时的校长缪文功是南通师范的高才生，曾被派往日本留学。他曾在如师教授国文，魏建功在教室窗外偷听过他的课。七中以教育质量优异闻名，高中数理化课程使用英文教材。教师中有许多有成就的学者，如孙锦标是语言学家，专攻训诂学，著有《南通方言疏证》《南通乡音字汇》《通俗常言疏证》等；徐昂研究国学，著述颇丰，后有《徐氏全书》问世；濮进（翻译家）、蔡观明（文史学者）也都各有建树。魏建功能在小学和中学阶段遇到这么多一流的教师，实在难得，这为他一生的学业打下了坚实的基础。孙锦标曾送给魏建功一本《南通方言疏证》，魏建功阅读后发现如皋和南通的方言有许多相关的地方，这引起了他的学习兴趣，他曾暗暗下定决心，研究那些有音无字的如皋方言。徐昂以《说文·部首》讲解"文字源流"，对魏建功的启发、影响很大，魏建功读了段注《说文解字》后，在老师的鼓励下，把自己今后研究的方向定为文字学。魏建功刚入七中时作了一首《索寒衣》诗："昨夜西风忽送凉，梧桐叶上有新霜。今朝儿觉单衣冷，乞检寒衣送紫琅。"

　　魏建功作为江苏省立七中的高才生顺利地考入北京大学预科俄文班，但因生病未去报到。第二年又考入北大预科英文班，两年后毕业转入国文系学习。毕业时因学业优秀，他被老师称赞为该学年"状元"。

　　国文系组织读书会，魏建功被选为干事。读书会经常组织学生提出研究题目和读书问题，请老师指导，并举办读书报告会和学术讲座，增进师生交流，联络感情，探讨学问，发表研究成果，等等。因此，魏建功便有机会接触更多的教授。北大开展歌谣征集活动，他参加了歌谣研究会并参与《歌谣》周刊的工作。他从小在家乡就熟悉许多本地山歌和民间歌谣、故事，他把搜集、研究这些歌谣同文字语言的研究结合起来，乐此不疲，提出了很多新的观念和思想。比如他提出搜录歌谣应注音并标语调的观点，用家乡山歌"日落西山黄叶黄"作为实例，用国际音标和汉字、9个调号一起配合使用。这种方法得到了学术界的广泛认可，许多语言学家如赵元任、李方桂、袁家骅、马学良等在研究中都沿用了这种方法。胡适说到《歌谣》的编辑最出力的，"是常惠先生，顾颉刚先生，魏建功先生，董作宾先生一班朋友"（胡适《复刊词》）；顾颉刚也在回忆中说："尤其是魏建功同志，是够得上一个诤友的，他对我的错误或该商榷的地方，从不轻易放过。"（顾颉刚《我和歌谣》）这一时期，魏建功追随鲁迅、钱玄同、刘半农等人，积极参加新文化运动的各种活动。他在《猛进》《语丝》《京报副刊》《晨报副刊》《国学周刊》《北大学生周刊》等报刊上发表了不少杂感、随笔、诗、小说等作品。

因为学有余力，他还帮助老师做了许多事情。他协助鲁迅编《唐宋传奇集》，校勘《太平广记》中的几篇文章，鲁迅写信说："这样的热天做这样的麻烦事，实在不胜感谢。"（鲁迅《鲁迅书信集》上卷）

魏建功思想进步，他和同在北大的英语系学生范鸿劼是好友。李大钊在北京成立共产主义小组，范鸿劼参加，并成为中国最早的共产党员之一。后来范鸿劼和李大钊一起就义，魏建功写诗纪念，有"任他沉沦千百劫，污泥洗却血留红"句。魏建功深受他们影响，天津学生游行，周恩来、郭隆真等人被捕，魏建功参加北京学生的游行示威，还写了诗；北大学生在五一国际劳动节散发传单遭捕，魏建功也写诗声援；列宁逝世两周年，北京各界召开纪念大会，魏建功详细记录了大会的全过程和讲话，写成《列宁逝世两周年纪念大会纪事》一文，留下了一份完整的宝贵档案。

1927年，魏建功应聘赴汉城帝国大学担任中国语讲师，还为北京图书馆在朝鲜访购中文典籍。他记述说："每从鲜人书廛访其书册"，朝鲜"官书活字印版而外，类多写本，所经见者，皆百年以上物"。（谢小彬、杨璐《谢国桢全集》第2册）因此除了为北京图书馆购买，他自己也买了至少200部古籍。不久他回到北京，任"国语统一筹备委员会"常委，编辑会刊《国语旬刊》，从此终生从事语言工作，成为中国著名的语言学家。

他写的《古音系研究》是在北大国文系讲授古音韵学的讲稿,也是他多年来读书和研究思考的重要成果。他在"自序"中讲到了在如皋、南通读书时老师对他的影响:"南通孙伯龙(锦标)师接着教我们。他专攻训诂,既著成《南通方言疏证》,时正辑《通俗常言疏证》,平日讲解更乐道'小学'……我又从他得著(着)《南通方言疏证》的书,看了有许多与我们县里的话相关的,趣味格外亲切。由此我仿佛就有志想探求有音无字的家乡话,读书的时候往往以秘书己意揣度于文语之间。南通中学的高年级国文由徐亦轩(昂)师教授。先生于文字形音义兼贯融通,授诸生《文字源流》,就用《说文·部首》。我读段注《说文》,实在此时,迄至中学毕业,我决定学文字学,亦轩师教诲之力最大且深。"

抗战全面爆发,魏建功到西南联大任教,后应教育部之邀到国立编译馆工作,负责编选《大学国文选》,并编辑国家韵书《中华韵书》。编译馆设在四川江津的白沙镇,陈独秀获释后居住在江津的鹤山坪。陈独秀和魏建功有师生之谊,陈独秀撰写《小学识字教本》,两人都从事文字语言研究工作,自然成了切磋学问、探讨文字音韵的文友。除了书信来往,魏建功还常常乘3小时船到鹤山坪拜访陈独秀。他为陈独秀校勘《小学识字教本》《古音阴阳入互用例表》,并为《古音阴阳入互用例表》作序。他还和陈独秀一起整理、校对乡贤、清进士杨鲁丞遗著,撰写了《江津杨鲁丞钦士先生遗著五种》跋语。

值得一提的是魏建功还热衷于篆刻艺术。1928年,他和几位年轻教师成立"圆台印社",从此乐此不疲,抗战时他在西南联大蒙自分校任教,开创了以藤刻印之术。1939年7月7日,为纪念全面抗战两周年,联大教授举行书法义卖,魏建功刻了百余枚藤印义卖，还为这一批藤印专门辑成一册《义卖藤印存》。他还辑有《独后来堂印存》《何必金玉印谱》。魏建功先生百年诞辰时，这三册印谱合编成《天行山鬼印蜕》，收印作400余方。其中绝大多数为其师友、同事所刻，包括蔡元培、周作人、蒋梦麟、沈兼士、钱玄同、陈寅恪、刘半农、顾颉刚、傅斯年、郭绍虞、冰心等，可见他的刻印深得师友的喜爱。（管继平《天行山鬼的藤印》）

抗战胜利后，人们终于能返回家园，魏建功却被派往台湾地区推行国语。日本侵占台湾后，强制实行奴化教育，许多台湾地区民众只会讲日语，而不懂自己的母语。要对台湾行使主权，首先要推广"国语"，废止日语。魏建功作为台湾地区"国语"推行委员会主任委员，责无旁贷，毅然赴台工作。他首先在广播电台开设"国语"讲座，发表通俗学术演讲《国语运动在台湾的意义》，创办《国语通讯》杂志，撰写发刊词，还陆续在《国语副刊》上发表了一系列文章，使国语推广运动有学习、交流、研究及指导的园地。他还提出以台湾方言与"国语"的对应规律来帮助台湾地区民众掌握国语，帮助中小学教师备课，教育青少年及幼年儿童学习国语。这些都是很有见地而行之有效的办法。许多年后，老舍走访台湾地区后在《乡音灌耳》中感慨地说："全岛2000万人全说北京音的'国语'，真是一大奇迹"，"语言，在这儿，出人意料地，成了海峡两岸统一的坚强的纽带；而语言学家则是祖国统一这一伟大实践的天然的先行者"，"这群杰出语言学家的领袖一开始是魏建功和何容先生"。

新中国成立后，魏建功被中国科学院聘为专门委员，任新华辞书社社长，主持编撰《新华字典》。1953年，《新华字典》由人民教育出版社出版，魏建功题写了书名。张贵驰在《魏建功与〈新华字典〉》一文中说，该字典"以其对字、词注音的准确，释义的精当，义项取舍的合理，得到了广大语文工作者的高度评价与赞扬，同时以其检字的方便，内容的通俗与实用，亦得到了全国最广大的渴求提高文化知识水平的基层人民群众的热烈欢迎"。曹先擢在《魏建功先生对〈新华字典〉的历史性贡献》一文中提到，"现代汉语词书的发展，是一个渐进的过程。《新华字典》具有里程碑的意义：在它以前没有一部能称得上完全合格的现代汉语字典，在它以后的现代汉语字典，是沿着它开辟的道路而不断改进的"。魏建功还参加了《汉字简化方案》的制订及修订工作，发表了《汉字发展史上简体字的地位》《汉字简化的历史意义和汉字简化方案的历史基础》等相关论文。1955年他当选为中国科学院哲学社会科学学部委员，还被聘为语言研究所学术委员。1959年他在北大主持古典文献专业的建设和教学，还亲自带研究生，至"文革"停办前，他培养的多届本科生和研究生，大多成了古籍整理出版研究和高校有关专业的业务骨干，为我国的古籍整理、研究、出版工作作出了许多贡献。

魏建功病逝于1980年，享年79岁。2001年，五卷本《魏建功文集》出版，基本包括了他一生的主要著述。

魏建功1962年在北大燕东园寓所

6."明窗数编在，长与物华新"
——王铃和《中国科学技术史》

　　李约瑟在《中国科学技术史》第一卷第一章"序言"里这样评价王铃："假如没有这样一位合作者的友谊，本书即使能出版，也将推迟很久，而且可能会出现比现在更多的错误。""首先，他在中国史学研究方面的专业训练，在我们日常的讨论中，一直起着很大的作用。由本书第一次译成英文的中国文献，其英文初稿十之七八是他翻译的，然后我们两人一同来详细讨论校核，往往经过多次修改才最后定稿。别人的译文，我们两人必须核对中文原书后才加以采用。王铃先生还花费许多时间去查找、选取和浏览各种原先认为有用的材料，从这样的探究中往往又发掘出一些资料，对这些资料我们再从科学史的观点仔细地审查，然后确定它的价值。许多烦琐的图书馆工作，如各种索引和编目工作，都由他负责。"《中国科学技术史》的出版在世界上引起震动，美国耶鲁大学科学史教授普赖斯说，在"两种文明之间架设桥梁，这种工作从来没有人尝试过"（王钱国忠《李约瑟画传》）。显然这部巨著的完成没有中国学者的参与是不可想象的，王铃最早协助李约瑟进行《中国科学技术史》的中国史学研究和写作，开创了李约瑟和中国学者成功合作的范例，筚路蓝缕，为以后更多中国学者和科学家协助李约瑟最终完成《中国科学技术史》的写作作出了杰出的贡献。

李庄遇李约瑟，留学剑桥

王铃1917年出生于南通城内朝阳楼巷。祖父虽不富裕，家中却藏有许多古籍，王铃从小就跟随祖父熟读这些藏书，这为他以后的古文造诣和从事历史研究打下了扎实的根柢。1936年他从南通中学毕业后考入中央大学历史系。王铃大学毕业后能进入傅斯年主持的历史语言研究所绝非偶然，曾有人向傅斯年推荐燕京大学毕业生，傅斯年以燕京历史系无称职教授而拒绝，可见他对人选的严格。王铃不但学业优秀，而且关心国家前途和命运，他和陶大镛等人曾在重庆组织"中苏问题研究会"，聆听周恩来的演讲，表现了青年学子追求理想和进步的热忱；他积极参加爱国人士和民主党派的各项活动，反对国民政府的专制独裁。1946年2月重庆发生较场口事件，郭沫若、李公朴等60多人被国民党特务打伤，王铃挺身而出与特务斗争，使郭沫若记住了这个正义、勇敢的青年。新中国成立后，郭沫若任中国科学院院长，两次写信邀请王铃回国组建中国科学院自然科学史研究所和写作《中国科学技术史》，并分别寄去2000英镑作为路费。因为种种原因，王铃未能成行，他对此一直表示深深的歉疚。

1943年6月，李约瑟到迁至四川李庄的中央研究院历史语言研究所参观时，与所长傅斯年首次会面。在讨论中国科学史时，傅斯年向李约瑟介绍了所里的助理研究员王铃。李约瑟很赏识年轻而才华横溢、博闻强记的王铃；王铃则对大名鼎鼎、精通中西文化、学识渊博的李约瑟非常敬佩。李约瑟在剑桥大学任生物化学教授时，中国的生物化学家沈诗章、王应睐、鲁桂珍让他认识到了中国文明在科学技术史上的作用，他开始思考中国古代有这么多辉煌的科技成就，为什么就没有发展出近代科学呢？不久，李约瑟立志要写"一本过去西洋文献中旷古未见的有关中国文化中的科学、技术、医药的历史专书"（张孟闻《李约瑟博士及其〈中国科学技术史〉》），这就是后来震动世界的《中国科学技术史》的初步构想。1943年，李约瑟受英国政府派遣，以"英国文化科学使团"成员的身份考察中国的科学文化；他建议成立了"中英科学合作馆"并被任命为馆长。该馆在抗日战争时期，向300多所中国的大学和科研机构赠送了6700多册科技书刊，并推荐了100多篇中国学者的论文在西方杂志上发表，给战时在颠沛流离中坚持工作的中国学者以极大的支持和鼓舞。李约瑟根据在中国的实际工作经验，提出了战后国际合作和建立国际科学机构的设想，这就是后来联合国教科文组织的由来。

1946年，王铃在李约瑟推荐下，获得英国文化委员会奖学金，赴剑桥大学圣三一学院留学。1948年，李约瑟辞去联合国任职，返回剑桥大学，开始与王铃合作，撰写《中国科学技术史》。李约瑟说，许多中国学者、科学家和他一样，内心感到困惑，为何博大精深的中国古文明消逝在时代的巨轮下，而无法创造出近代的科学技术。这是李约瑟和中国学者、科学家的共同思索，也是他们的精神沟通点和契合处。

协助李约瑟撰写《中国科学技术史》

从1954年始，李约瑟和王铃合作撰写的《中国科学技术史》部分卷册在剑桥大学出版社出版，它们分别是第一卷《导论》，第二卷《科学思想史》（1956），第三卷《数学、天学和地学》（1959）、《天钟：中世纪中国的大天文钟》（1960），第四卷《物理学及相关技术·第一分册·物理学》（1962）、《物理学及相关技术·第二分册·机械工程》

(1965)、《中国与西方的学者和工匠》(1970)、《物理学和相关技术·第三分册·土木工程与航海技术》(1971),第五卷《化学及相关技术·第七分册·军事技术:火药的史诗》(1986);在王铃去世的1994年,还出版了第五卷《化学及相关技术·第六分册·军事技术:投射器和攻守城技术》。其间还发表论文《中古时期中国的植物地理研究》《中国数学中霍纳法:它在汉代开方程序中的起源》《中国的天文钟》等。

如此巨大的研究和写作工作却是在异常艰难的条件下进行的。李约瑟一面在基兹学院讲授生物化学,一面利用业余时间进行研究。王铃迫于生计,在澳大利亚谋得一教职,在1957年离开剑桥。但他们的合作并未中断,他们一起为《中国科学技术史》的写作付出了毕生的精力。

1988年8月,在第五届国际中国科学史会议上,美国华人协会为表彰王铃、鲁桂珍、李约瑟合作撰著《中国科学技术史》的功绩,分别授予他们三人"为公奖金"。从1982年起,国际中国科学史会议先后在美、英、澳、比、中等国家和地区召开过六届,以一个国家科技史为主题,定期召开国际讨论会,至今只有中国科技史。

为祖国领土安全作出贡献

王铃还为维护国家领土安全作出过贡献。1962年,为了捍卫祖国领土完整,我国人民进行了中印边境自卫反击战。王铃当时身在澳大利亚,他记得在英国时曾在图书馆看到前英驻印度总督测绘的印度地图,其中的中印边界线和中国政府划分的边界线基本符合。为了给祖国提供有力的证据,他专程从澳大利亚赶往英国。在伦敦图书馆的书库里,翻检查阅封存多年的英国殖民政府绘制的印度地图,复制后送交中国驻英机构。1962年11月20日,中国《人民日报》刊出了5幅英文版《印度地图》。其中1862年印度加尔各答测量局办公室出版的《英属印度斯坦北部边境》图上,中印西段边界标明在喀喇昆仑山脉,与中印边界传统习惯线大体一致。另一幅1917年印度测量局出版的《西藏及邻国》图上,中印东段边界线同中印边界传统习惯线大体一致,而不是非法的"麦克马洪线"。还有1929年《大英百科全书》(第十四版)中"中国"全图的一部分,对印度东北部同中国西藏之间边界的画法,仍然同中印东段边界传统习惯线大体一致,并没有出现非法的"麦克马洪线"。中国政府依据这些事实驳斥了印度政府的无理要求,维护了祖国的领土完整和利益,赢得了世界各国舆论的广泛支持。

和李约瑟的终生友谊

对于王铃来说,与李约瑟结识是他一生的转折点,是《中国科学技术史》的写作和写作过程中对中国科学技术史的研究把他们两人紧紧地联系在一起。王铃为李约瑟所器重,王铃对李约瑟恭敬地执弟子礼。王铃在中国科学史讨论会上的演讲中对李约瑟推崇备至:他能整页整页地浏览不带标点的中国古文,并且一眼就找出要找的技术术语及文字说明。有一次谈到中国雨量表的历史记载,李约瑟突然起身去查找元朝时的数学书,那里恰巧有一段关于第一只雨量表的文字,从而证明制造了世界上第一只雨量表的是中国人。李约瑟同时精通历史学科与自然学科,而且还有一种在短期内精通一门崭新学科的天才。

他们的研究和写作工作卓有成效。没有经费,他们兼职授课;时间紧张,王铃常常是边工作边吃早餐,笔记本中竟然粘着用餐时掉落的肉屑。就连外出,两人也是一边开车一边讨论问题。乃至有一次，车门没有关好，疾驰的汽车在拐弯时竟把坐在一边的王铃抛出车外，幸好没有受重伤。虽然后来迫于生计，王铃去澳大利亚，但他们仍然合作取得了丰硕的成果。

1989年9月李约瑟和鲁桂珍结婚，王铃寄赠了条幅："科史万端付后论，留痕三七坐春风。而今克士堂前愿，和合东西企世同。约瑟老师桂珍师母宴尔新婚。"（章树山《南通濠河文化》）有一张晚年李约瑟和王铃的照片：李约瑟坐在书桌前，伸出右臂揽住王铃；王铃站在他身旁，右手紧握李约瑟揽他的右手，左手搭在李约瑟肩上。拳拳之忱，令人动容。1992年，王铃为庆贺李约瑟92岁寿辰作了一首七绝，其时王铃也已75岁了。诗云："添筹海屋祝希尼，'二美''四难'绩益奇。绛帐康桥克士院，深情剑水无终期。"

王铃在诗后写了很长的注。"二美"指李约瑟的先后两位妻子兼助手李大斐和鲁桂珍。"四难"说李约瑟集科学、人文院士于一身；1943年李约瑟任中英科学合作馆馆长时，不辞辛劳，为中国购赠大批科学仪器和书籍；1967年后李约瑟任基兹学院院长时，以学者风范，平易待人，教授、门房一视同仁；《中国科学技术史》出版饮誉世界，政界、学界力主提名李约瑟为诺贝尔和平奖、文学奖候选人的不乏其人。四件常人难以做到的事情李约瑟都做到了。

1992年11月，在北京第四届国际科学与和平周上，中国国际友人研究会等团体举行"《李约瑟与中国》出版暨李约瑟博士事迹座谈会"，江泽民主席为会议题词："明窗数编在，长与物华新。录陆游诗句贺李约瑟博士在中国科技史方面的卓越贡献。"高度评价了李约瑟撰写《中国科学技术史》的功绩。《中国科学技术史》这部旷世巨制的研究和撰写是李约瑟和许多中国一流学者及科学家合作的结晶，其中包括了王铃。

王铃和李约瑟工作照

李约瑟《中国科学技术史·科学思想史》书影

1992年王铃和李约瑟

7."诚知学术渊无底,挖到深层自及泉"
——数学家李大潜

李大潜出生在南通一个知识分子家庭,父亲李焕镜是中学物理老师,学识渊博,教学认真,很受学生的尊重。抗战烽火岁月,父母抱着褓襁中的李大潜到上海租界逃难。李大潜2岁时,母亲就开始教他读书识字,大约是启蒙早,先天又聪慧,他的认字和算术能力比同龄儿童强得多。当他4岁回到家乡时,父母送他到大王庙小学(现城中小学)读书,很顺利地和比他大几岁的同学一起学习,而且成绩优秀,读到五年级时还跳了一级,考入商益中学(现启秀中学)读初中一年级。这一年他9岁,自然少年心事当拏云,但一件事情的发生至今让他念念不忘。当年他自恃聪明,数学好,做题快,为了虚荣心,在一次数学测验中抢交头卷,结果只得了18分。李大潜仍清楚记得那次的教训:"我自小争胜好强,测验时也总是逞能地抢交头卷。那次测验我故态复萌,题目来了以后,没有仔细想清楚,就抢着第一个交卷。由于对题目理解不深入,又不仔细检查,结果只得了18分。当时教我算术的老师非常严格,规定60分及格,决不迁就,达不到60分,少一分打一记手心,我才18分该打多少记手心呵,而且用的是戒尺!我那时刚跳级升入初中,从来没有经历过这种阵势,当然就号啕大哭了。"这下还引来了许多没有跳级仍然留在六年级读书的同学的幸灾乐祸,他们挖苦地编了顺口溜传唱："李大潜，中学生，算术考了个18分。"（方正怡、方鸿辉《院士怎样做人与做事》）羞得李大潜满脸通红，无地自容。知耻近乎勇，这件事也深深地激励了李大潜，凡事不能图快，要认真，不能急于求成，要静心涤虑，细致严谨。父亲也因势利导，循循善诱，在他书桌的竹制笔筒上，亲手刻上"自强不息"四个字。李大潜多年后接受采访时仍谦虚地说："18分说明我并不是一位天生的数学家，我之所以能在数学上取得一些成绩，只不过我对数学有着浓厚的兴趣，有幸得到恩师的栽培，自己又肯为数学付出较多努力而已。"（方正怡、方鸿辉《院士怎样做人与做事》）这努力使他正确地对待自己，对待挫折和困难，及时吸取经验、教训，更加勤奋地学习。19岁时，李大潜在复旦大学以全优成绩毕业，由于他在数学方面具有扎实的基础知识和研究能力，因此得到苏步青教授的赏识，亲自提名他留校任教。

　　李大潜说，在他的人生长河中，"自强不息"一直是主旋律，"不息"是一个时间尺度，"自强"便是人生道路上自己绘制出的灿烂的图画。李大潜"不息"的读书精神不仅表现在他不满足于考试分数，还表现在课余阅读了大量感兴趣的图书。他喜爱文学，小时候母亲给他讲的许多古今中外的文学故事让他着迷，他阅读的苏联科普作家别莱利曼编写的《趣味几何学》《趣味代数学》等书中，有许多是引自马克·吐温、儒勒·凡尔纳所写的小说的情节，这些数学案例来自文学名著，自然格外生动。"比如，在荒无人烟的地方，用太阳和手表测出经度、纬度；再比如，河对面有一棵树，不过河却能测出树的高度……这些都是数学问题。我觉得数学特别活，使我产生兴趣，令我着迷。"李大潜说。他对数学的兴趣和钻研与老师的指点是分不开的。他说在中学时代，先后教过他数学课的老师，在商益中学念初中时，有达思耕老师，在南通中学读高中时，有施汉章、颜如愚、陆颂石、冯德吾、徐质夫等老师。作为他的数学启蒙老师,他们对指导他打好初等数学基础,加强他在数学方面的训练以及培养他对数学学习的兴趣方面,都曾给过很大帮助和教益。李大潜说他永远对他们怀有感激之情。他说陆颂石老师在上课时要言不烦,善于点拨,常引发他智慧的火花;冯德吾老师对学生关爱备至,解题的娴熟和神速,令学生无不叹服;上徐质夫老师的课,简直是一种享受,再难的内容,经他一讲,也会觉得自然、亲切,得益良多。李大潜说,这些好老师,从来不机械单纯地向学生灌输解题的要领和步骤,更不传授什么解题诀窍,布置难题和怪题。但从他们教的课中,却能真正学到数学课的精髓,并能得心应手地加以运用,领悟学好数学的两个基本要求,那就是理解与熟练。李大潜还说,这些中学里的数学老师,对他后来逐步形成自己数学教学与科研上的作风及风格,有着不可忽略的影响。

在复旦求学期间,李大潜得到著名数学家苏步青、陈建功、杨武之、谷超豪等人的教诲和严格训练。1960年,谷超豪从苏联获得博士学位回国后,率李大潜等一批青年助教开展以高速飞行为目的的拟线性双曲型方程组的理论及应用研究。李大潜作为骨干,努力钻研,顽强攻关,很快取得突破。第二年,谷超豪教授将参加全国首届微分方程学术会议作上述研究成果学术报告的任务交给李大潜,年仅23岁的他登上全国数学界的讲坛,并在该领域接过谷超豪的接力棒,开始了自己的系统研究。后来,他又在苏步青和谷超豪的鼓励和支持下,赴法国法兰西学院做访问学者,在法国现代应用数学学派创始人里翁斯院士的指导下刻苦攻读。

李大潜母校南通中学有一座教学楼名"诚恒",这是他信奉的座右铭。他说,"诚"是做人的基本要求,读书人应该成为诚实的典范,老老实实做人、做事、做学问;"恒"是成功的基本保证,聪明和才能都要靠知识积累,没有恒心,三心二意，不可能有所成就。"文革"时，他被下放到闵行的上海电机厂和上海汽轮机厂锻炼。他铭记毕业时苏步青教授给他的"贵在坚持"的赠言，没有沉沦，而是在和工人及技术人员的接触中，发现了许多迫切需要解决的生产实际问题，而这些技术难题的背后实际上都有数学问题。他利用这个机会自学大学力学、工程类课程，一门一门地钻研，认真思考数学怎样联系实际，努力用数学方法解决生产中的难题，这使他走进了应用数学的研究领域。他解决了我国石油开发中至关重要的判断石油层位置和储量的问题；他撰写的《有限元素法在电法测井中的应用》一书成为中国测井界的经典著作，其主要内容被收入中国石油高校测井专业教材。后来他还将此研究成果写成专著《等值面边值问题和电阻率测井》在英国出版。李大潜的许多研究成果得到国际数学界高度评价。他与人合作的《拟线性双曲组的边值问题》出版后，美国数学家评价说："他们以如此的功力和尽善尽美的方式来处理这一主题……将其推进到超过我原来想象可以达到的程度。"他的《拟线性双曲组的整体经典解》在法国出版，数学界认为李大潜"得到了气体动力学中好几个经典问题解的结构，这些结构多年来一直只是猜测，而李大潜却严密地证实了这一点"。与他人合作的《非线性发展方程的整体经典解》在英国出版，国际数学界评论该书"无疑将成为这项高难度研究中的一个里程碑"；里翁斯院士则认为，关于非线性波动方程，"李大潜教授成功地超越了所有这些成果，因而在这一非常重要而又深入的领域中成为极少数几个处于世界领先地位的带头人中的一个"。（方正怡、方鸿辉《院士怎样做人与做事》）

李大潜从来认为数学不仅是一门博大精深的科学，更是一种文化，至今他仍注重对人文学养的汲取，爱读历史和武侠小说。他认为练武和数学有许多相通的地方，不拘泥于一招一式,不死背数学公式和定理,挥洒自如、随心所欲、物我两忘是练武和数学共通的最高境界。他能和深谙古诗词的苏步青老师唱和。赴法前,苏步青写了一首七律送他,有"此日登临嗟我老,他年驰骋待君还"(苏步青《神奇的符号》)句,寄托了对弟子的殷殷期望。李大潜在法也有诗寄老师:"犹忆临行深嘱咐,岂甘落后应加鞭。诚知学术渊无底,挖到深层自及泉。"(黎洪等《华夏正气篇》)

2005年11月,早已是中国科学院院士的李大潜回故乡省亲时访问了南通市图书馆,查询文献,还捐赠了其叔父、著名文史学家王焕镳的著作《墨子集诂》《因巢轩诗文录存》。

目前,李大潜在自己挚爱的数学领域里不断地探索前行,他正为在中国建立世界一流的数学研究基地而努力。

青年时期的李大潜

李大潜和他的老师苏步青(右)、谷超豪(中)

8.少年就能背诵千首古诗的范曾

范曾在南通城里寺街的一所老宅里长大。宅院的北面紧依静静流淌的濠河,东面隔墙是天宁寺,唐代修筑的光孝塔巍巍耸立,风吹过,传来悠悠的塔铃声。和寺连接的是清末状元张謇办的一所中学,学生们的读书声、出操声给这宁静的深巷小院带来生气。范家的院子里有一口古井,几百年来井水依然清冽,见证了这个家庭的历史。范家是诗文世家,有史书记载可考的,从明嘉靖时范曾的十二世祖范应龙算起,到范曾的父亲范子愚,十二代人中出了数以百计的诗人、文学家、画家。范曾的曾祖父范伯子是中国文学史上"同光体"(清同治、光绪时期的诗歌流派)的代表诗人,他和同时代的大诗人陈散原结下儿女亲家,近代大画家陈师曾是他的女婿。范子愚一生从事教育,在中学教授语文、历史、美术、外文,是个学识渊博的学者,能诗善文。范曾的母亲缪镜心知书明礼,贤淑温婉,热心小学教育,当了一辈子小学校长。

范曾出生于烽火连天的抗战时期。1938年夏,他在全家避难的乡村呱呱降生,等回到城里,家中稍值钱的东西都已被人盗卖一空。本已清贫的家更是雪上加霜,只有几间残破的老屋和几千册老书。但清贫的家庭在精神上却是富足的,父母的言传身教是给儿女们最宝贵的财富。范曾4岁上学,因为学习成绩好,范子愚便教他画画。范子愚毕业于上海美术专科学校，家中有画册和画具，范曾横涂竖抹，临摹丰子恺和张乐平的漫画，小小年纪爱画画就到了如痴如醉的地步，还每天悬腕临字。父亲教他学习古典文学；他和大哥范恒、二哥范临一起作诗和联语，常常以燃香计时。两位兄长比范曾大十多岁，大哥时有佳句，二哥也常夺头标，唯范曾年少天真，常有怪诗奇句，令父兄开怀大笑。在这嬉笑中，孩童时的范曾受到了古典诗词的良好启蒙和熏陶。范曾7岁就能作诗。有一天，父亲的朋友张梅安先生来，要考考范曾，便指着院中的鸡冠花，叫范曾作诗。范曾随口吟出"绿羽顶红冠，花开处处啼"。张先生惊诧不已，连声说："此子有厚望焉。"（范曾《文章四家·范曾》）范曾少年时就能背诵屈原《离骚》、归庄《万古愁曲》、杨小坡《套曲》，以及《诗经》、唐诗、宋词中的名篇。父亲平时喜欢写诗，一首诗成，则俯吟仰唱，声调铿锵激越。父亲还喜欢为儿女们吟诗，朗诵鲍照的《芜城赋》、归庄的《万古愁曲》，那苍劲悲凉的声音令人泣下，对千古兴亡的思索也深深地印在儿女们的脑海里。少年范曾耳濡目染，能背诵出千余首古诗词曲，背诵和阅读成了他生活中的重要内容。

范曾11岁考上南通中学后，和袁运生、顾乐夫成了全市著名的小画家，13岁他就成了南通市美术家协会最小的会员。他的记忆力很好，三遍成诵，过目不忘，因此他没有凭自己的兴趣读美术院校，而是按照父亲的意愿，中学毕业后考上南开大学历史系，这一年范曾17岁。当时南开大学的教授多是著名学者，范曾在那里用功读书，打下了深厚的史学基础。两年后，中央美术学院设立美术史系，范曾寄了几篇文章给院长江丰，学校很快同意他的转校申请，愿意接收他到美术史继续求学。当时的南开大学教授吴廷璆曾惋惜地说："中国可能少了一个优秀的史学家，而会多一个优秀的画家。"（范曾《范曾自述》）

反右派斗争开始后,许多教授、学者被打成"右派",美术史系办不下去了,范曾转到中国画系学习。中国画系集中了一批当代杰出画家,如蒋兆和、李苦禅、李可染等,他们以深邃的艺术思想和精湛的艺术技巧培养学生。基础扎实、天性颖悟的范曾很快就崭露头角。在1962年毕业时他画了一幅《文姬归汉》图,创作此画的灵感来源于观看北京人艺上演的郭沫若新编历史剧《蔡文姬》,他将画送去给郭沫若看。郭沫若极为赞赏,并诗兴大发,用毛笔在画上题写了一首二十四韵四十八句的五言古风:"汉家失统驭,四海繁兵马。千里不闻鸡,兽多人转寡。我蒙贤王救,寄身穹庐下。……"(光明日报文艺部《〈东风〉旧体诗词选》)郭沫若的诗很快在《光明日报》上发表,但范曾却因此事受到学校批评,理由是追名逐利。范曾十分生气,回到南通老家等待分配。这时他想到老师刘凌沧先生曾说沈从文先生很喜欢《文姬归汉》这幅画,说许多服饰画得很准确,沈从文先生主编《中国古代服饰史资料》,亟须精于线描的人当助手。于是范曾给沈从文写了一封信,请同学送到沈从文家里,表示愿意到中国历史博物馆在沈从文麾下从事古代服饰的绘图工作。沈从文爱惜人才,毫不犹豫地留下范曾,为他办理了调动手续。于是,范曾毕业后被分配到中国历史博物馆工作。1962—1964年,社会上并不太平,历史博物馆的沈从文工作室里却静悄无声,沈从文和范曾这一老一少似乎与外界隔绝,埋头苦干。沈从文编撰的《中国古代服饰史资料》进展顺利,范曾潜心绘画,为该书配画插图,一些精细的图画全部由他绘制完成。

为了工作方便,范曾住在天安门西阙门边上的平房里,因为那里到历史博物馆只隔着一条马路,可以尽可能缩短上下班时间。尽管外面喧嚣,那简陋的平房却是他的天堂,给了他可以自由驰骋的一方天地。除了上班,他就在平房里潜心绘画，诵读诗文，创作、临摹了数以千计的图画，背诵了数以千计的诗词。逢到星期天，他常常是打一份咸菜，买几个馒头，一进平房就再不出来。他自己说："大学毕业之后，我每天只花三角多钱。"就是指这一时期的生活。他在一首述怀诗中写道："作画平生万万千，抽筋折骨亦堪怜。"（范曾《范曾自述》）因常年的伏案用功、读书作画，他20岁时，胸骨和脊椎骨就变形了。1977年，范曾生了一场大病，他唯恐就此不起，下决心强忍病痛做一件不辜负自己的大事。数十年孜孜以求，焚膏继晷，雨夜霜晨，练就了一身绘画本事，岂能付诸东流。鲁迅是他最敬佩的作家，他决心创作《鲁迅小说插图集》。他要动手术，卧床挂盐水，就让医生把静脉输液的针扎到脚上，好腾出手来画画。他将一只小案几放置在床上，排除杂念，一心绘画。病愈出院时，一本插图集、几十幅图画也完成了，鲁迅笔下的社会人物、风光、景物，活灵活现地展现在人们面前。隔壁病房的作家严文井喜欢和范曾聊天，但每次从窗口看到范曾在全神贯注地画画，便不忍打扰。他后来感慨地说，平生所看到用功的人很多，但最勤奋的要算沈从文和范曾。

　　范曾的绘画艺术日臻佳境，诗文创作也思如涌泉。范曾自述"偶为辞章，颇抒己怀"，早年写过新诗，后来主要写题画诗。他在《历下吟草·序》中说："阅世渐深，诗癖益甚，中心每有勃郁，句随韵出，发而为诗，……世人咸以诗人视我，实'无心插柳柳成行'也。"他的诗文厚积薄发，佳作迭出，诗人、画家齐名。他的诗文仅收入《南通范氏诗文世家》中的就有《老庄心解》《庄子显灵记》，诗、词、曲332首，题画233则，随笔、散文、序跋100余篇。范曾的创作和用功读书分不开，他在南通的几次讲演中都讲到了他的读书生活，至今仍然保持黎明即起的习惯，每天早上四五点起床，作画、写字、读书。他是南开大学教授楼里每天最早开灯和最晚关灯的人。成功的光环下其实是数十年如一日的艰辛努力，百分之一的天赋加百分之九十九的勤奋才是成功的不二法门，诚哉斯言！

范曾画作

范曾在南通市图书馆演讲

9. 好书未看有负债感

———辛丰年的读书生活

辛丰年出生在一个旧军阀家庭。小时候居住在上海，父亲虽然没有多少文化，但买了很多书，他五六岁时，就在父亲的指导下读《三字经》《千字文》《论语》《金刚经》《心经》等书。他回忆说，家里请了光华大学教授王蘧常教他和哥哥念书，每日上半天课，念《论语》《孟子》，对对子，作文言文，习字。因为有一次先生讲了《儒林外史》中的故事，他和哥哥趁机向父亲要求买小说看，从四马路（今福州路）书店里买回来一大堆旧小说，《儒林外史》《三国》《水浒》《红楼梦》《说岳》《说唐》《东周列国》《杨家将》，还有《孟丽君》《粉妆楼》等，使他较早地阅览了古典白话小说。后来辛丰年要回故乡南通去，王蘧常先生还送给他一本线装本的《江南二仲诗》，是先生与友人钱仲联的诗合集。

辛丰年12岁小学毕业后考入南通商业中学。七七事变后，学校迁到乡下后解散了，辛丰年读到初三，从此失学。辛丰年一家迁往上海，因为家住三马路，和书店集中的四马路只隔了一条马路，他每天都到书店看书。他后来回忆说："我在上海时读了许多书，主要在四马路上的开明书店和生活书店。开明书店人很少，看书很清静。生活书店的书是摊放在桌上让人随便翻的，也有一些进步的书。我没有钱，很少买书。有次买了本书带进生活书店，看着看着，出来的时候竟挟带了一本，无意中偷了本书。还有个基督教青年会图书馆，我在那里看过一本对我有很多启发的书，就是华岗的《中国大革命史》，里面有一句话'老狗吴稚晖在大革命中如何如何'，我很震动。在原来的脑子里，觉得吴稚晖还是可以的。这帮助我了解革命史、当代史，打破了原先的很多糊涂的地方。另外，还有个申报图书馆，里面有很多很多书。我常常是在青年图书馆借一本书，在申报图书馆借一本书，一天读两本书。还听说商务印书馆的东方图书馆（当然是新建的，旧的已被炸掉了）书很多，就是不外借。"有一次他在报上看到留在上海的文化人中有夏丏尊，就在开明书店楼上，于是写了一封信请店员转交，还收到了回信，这让他喜出望外。

可惜不久，辛丰年一家又迁回南通。南通是江北小城，书店自然大不如上海，辛丰年只能在家闭门读书，偶尔外出租书买书。他回忆说："东大街有租书店，不过都是些武侠小说、鸳蝴小说。偶尔也租了看过一些。南大街有许多家小书店，有的也有进步书籍，比如郑振铎的《文学大纲》，还有《鲁迅三十年集》……"

作家章品镇回忆说，辛丰年从上海回到南通后，本来就少熟人，加之性好孤独，闭门读书，偶尔外出，两目直视，挟书疾走，绝不旁观，人称严二文人。其实辛丰年是位有正义感的热血青年，从1943年开始，他在《江北日报》副刊、《北极》半月刊上发表进步文章和译文，并协助章品镇编辑共产党控制的《江北日报》副刊《诗歌线》，写了许多诗。章品镇在《关于〈诗歌线〉》一文中回忆："动起手来了，主要给我助力的是严顺晞（辛丰年）。他几乎每天都孵在我那里。""在敌占的南通城区，铺开了这一块得到这地区不少文艺青年信任的用武之地，好些人原似止水的创作欲竟给唤醒了。特别是严顺晞，从上海回来本来闭门不出，后来给从坡（曹从坡，新中国成立后任南通市委宣传部部长）等拉出来参加些戏剧活动，也只在不出面的后台，这时却一首首写出诗来了。"辛丰年还经常到徐惊百（烈士）家借书和唱片。

也就在这一时期，辛丰年开始迷上音乐，他回忆道："说来可笑，诱我到古典音乐大世界门口去探头探脑的，是一篇关于《月光曲》的假报道，编造这篇迷人故事的是一位诗人，自从有了他这篇故事，被误导的乐迷不知有多少。然而，许多人（包括我在内）又不得不感激他将自己领上了乐迷之路。""当年，这篇故事深深触动了我的求知欲。人世间当真有如此神奇美妙、如诗赛画的音乐？于是乎所谓《月光曲》便成了我乐迷生涯中听到的第一首古典音乐名曲。"

1945年8月，辛丰年和章品镇绕道上海，乘小船至青龙港，到达苏中解放区，从此走上了革命道路。辛丰年将本名严顺晞改为严格，以示脱胎换骨之意。1949年，辛丰年随部队南下，后任军区《解放前线》报社编辑、记者，"文革"中被撤销一切职务回南通原籍监督劳动，在一个窑厂工作。他的儿子严锋回忆那一段生活时说："到了晚上，如果没有夜班的话，就会读鲁迅和《英语学习》之类的书。从福州带到乡下的竟然也有两三百本。看书看得吃力了，就会拿出小提琴来拉上几段……"父亲还和他"合作翻译"了两大厚本俄文版的苏联电影作品选集，"他口述，我记录。第一部翻译的就是《夏伯阳》"。（严晓星《辛丰年先生》）辛丰年只读到初中，之后完全靠自学，但他能通读俄文，精于英文。

"文革"结束后，辛丰年获得平反，但他提出在家乡退休。当时他寄居于南通市图书馆内的一位友人家中，近水楼台，他看了许多图书馆藏书。辛丰年还拿着扁担到新华书店买书，用补发的工资买回《马克思恩格斯全集》、鲁迅著作以及当时能买到的所有中外古今文史哲书籍。他对生活无所求，却嗜书如命，只要到上海去，他就会带着长长的书单，再带一只大帆布旅行包，从福州路各大书店转到绍兴路出版社的门市部，同行的年轻人替他提着装了大半包书的帆布包累得满头大汗，他还在看书单想补齐要买的书。

辛丰年是书痴，他为能读到两部厚厚的英文原版书——古德曼著《莫扎特传》（900页）和托德著《门德尔松音乐传记》（700页）而激动："短短一年中竟有偌大眼福，对一个渴望新知然又无书可借的乐迷兼书迷来说真是交了好运！"又因儿时读过伍光建译本《克阑弗》，后来读到英文原版，而希望再读到他译的《孤女飘零记》（《简·爱》，为茅盾所激赏）、《狭路冤家》（《咆哮山庄》），又发现至今还没人译过《洛雪小姐游学记》（同样是勃朗特之作）。他在给友人的信中写道："眼又坏了，看书很慢，买来的好书积压未看或未细看的不少，使人着急，有负债感乃至负罪感。"（严晓星《辛丰年先生》）这种书痴心境，现在真是很少见到了。

他对曾经读过的书怀有真情，《赵家璧文集》收有他从前读过的伊林的《五年计划的故事》和《室内旅行记》，他便找朋友去借。他看到一本书里写到捷克画家兹德内克·米莱尔1957年的成名作《鼹鼠做裤子》，引起了他的回忆，马上托友人去买此书的新版本。他的许多文章里，写下了他的书之情、之思、之忆、之盼、之满足或不满。他读书范围很广，有一次他在电话里和友人谈到《热河日记》，竟使对方听得一头雾水，这是乾隆时期朝鲜汉学家朴趾源到中国后用文言文写的中国观感。后来他和其子严锋合著的《和而不同》中收有他写的《对话无声却有情——读〈热河日记〉》，他送书给友人，对方才补上了这一课。

他不止一次说："我有那么多书来不及读！盛世听乐，乱世读史，我应该读史。"（严晓星《辛丰年先生》）他晚年的读书计划仍很庞大，主要读历史方面的书，他还想把《鲁迅全集》再读一遍。他晚年的文章，集中于一个题目——历史中的声音，他写梁启超、李叔同、丘吉尔、梁武帝、夏丏尊、陈歌辛、苏东坡、张岱……

辛丰年出了很多书，在报刊上发表了很多文章，名气越来越大，但他却越来越"细心"，他给刊物的编辑写信说："今后再用我稿，务恳把它放到后面去，切勿占重要位置。我作为老撰稿人，写的又不是最新报道，安在靠后的地方是合情合理的，如果有人愿看，这也并无妨碍。"（辛丰年《书信·随笔》）他想请上海的友人帮忙，到上海交响乐园听排练；但维也纳爱乐、费城管弦等四大名团到北京演出，吴祖强先生代中国对外演出公司总经理张宇写信，邀请辛丰年去北京亲逢其盛，他却以不适应长途旅行而婉拒。他曾向朋友吐露，他"不愿揩油"。

有朋友寄来一部厚达1000多页的原版《牛津乐友》，书是借的要限期归还，辛丰年就边读边抄，写中文比写英文快，他就读英文，写中文，废寝忘食地在最短时间里把这部书完整地阅读及摘译了一遍。辛丰年还复印了英文原版《西方文明中的音乐》全书，仔细研读，此书后来译成中文出版，有120万字。

这位勤奋的老人，僻居南通，靠他的天赋和才学，阅读了大量他能寻找到的最

辛丰年《乱弹琴》书影

好的、最有价值的书和音乐,还用自学时的英语摘录、翻译,结合自己的生命体验和艺术感悟,静心思考,认真构思,仔细推敲,用最通俗简洁的文字将其中最精彩的章节,娓娓道来,推荐、介绍给广大的读者。这就是辛丰年驰誉书林乐界的《乐迷闲话》《如是我闻》《辛丰年音乐笔记》《请赴音乐的盛宴》《音乐笔记》《乱弹琴》等音乐随笔集产生的背景。

辛丰年《如是我闻》书影

10.走进联合国国际法院的法学家施觉怀

荷兰海牙市中心的和平宫,一座宏伟的两边有钟楼和尖塔、用红砖砌成的斜坡顶建筑,门前是宽阔的草坪,周围被苍翠欲滴的树林环抱,从大门通往楼前的汽车道用沙砾铺成,和环境融为一体,因而显得更加肃穆而静谧,举世闻名的联合国国际法院就设立在这里。1985年2月6日下午3时30分,大法庭里正举行着隆重而简洁的新任法官宣誓仪式,新当选的国际法院法官倪征噢和他的中国同行出席了这个历史性的仪式。倪征噢很简略地记载了就职时的情形:"是日下午,我和凤桢以及施、谷两位都提早出发。和平宫内大法庭熙熙攘攘,挤满一堂。"(倪征噢《淡泊从容莅海牙》)凤桢是张凤桢博士,倪征噢的夫人;施为施觉怀,谷为谷向愚,两人担任倪征噢的助手和秘书。倪征噢已年近八十,施觉怀作为他的助手,实际承担了大量事务性工作。

这是新中国成立后中国法官第一次走进国际法院,也是中国法官首次参加国际法院法官竞选并当选,中国国际法学会在倪征噢赴任前举行招待会,时任外交部部长吴学谦亲临会议并致词。

少年时读遍外公的线装书

施觉怀1930年出生于南通。南通的姜灶港镇南有庭院深深的沈家大院,主人是南通最大的土布商沈燮均,当年鼎力相助张謇筹办大生纱厂。施觉怀的外祖父沈鹿芩是沈燮均的长子,沈鹿芩的女儿沈雁如毕业于南通女子师范,嫁给海门人、电讯工程师施仲阳,施觉怀是他们的长子。父亲搞工程,经常在各地奔走,母亲便经常带着儿女回姜灶港娘家居住。施觉怀的童年和少年时期是在姜灶港度过的。外祖父有一间书房,书房内有许多大书橱,放满了各种线装的经、史、子、集刻本古籍。施觉怀生来和书有缘,小小年纪就能静静地在书房里看书,一坐半天。外祖父嗜书如命,不准其他小孩儿进入他的书房,却对这个长外孙例外。施觉怀后来说,他几乎看遍了外公所有的藏书。也就是在那个时候,他对深厚的中国传统文化产生了浓厚的兴趣。

施觉怀1947年从南通中学考入东吴大学法学院,1952年毕业时,新中国成立3年了,东吴毕业生需到华东人民革命大学作短期培训,然后分配到各地参加社会主义建设。施觉怀先后在上海市高级人民法院、普陀区政府、上海市科技编辑部、市科技情报所、上海市科技文献出版社工作。施觉怀学的是法律,他热爱法律事业,但他在那时只能利用外语的特长做一些翻译文献的工作。即便如此,他仍然撰写了《论诗的翻译》《论史诗英译及英诗中译》等论文。他一向认为他的学养和愿望在中国文史哲研究方面,法律涉及的是一时一事,而文化则有千年影响,他向往从事文史工作。1980年他调入华东政法学院,迎来了人生的春天,这一年他50岁。

随倪征𣳻国际大法官赴海牙上任,撰写《国际法院》

倪征𣳻1928年毕业于东吴大学法学院,不知是因为施觉怀同样毕业于东吴大学法学院,还是因为施觉怀已在国内、国际法学界小有名气,以严谨著称的倪征𣳻挑选了施觉怀做他的助手。倪征燠当选后，国际法院将许多案例带到中国交给施觉怀，这些案例不仅有正待处理的，还有过去已判决的，因为判新的案子要将过去类似判例中确定的原则作为参考。倪征燠历来一丝不苟，他要求施觉怀仔细阅读这些材料，不仅要从诉讼双方的长篇大论中细析其争执要点所在，还要考虑其来龙去脉和历史、地理上的种种背景，并一再嘱咐说：国际案件性质复杂，虽说审判者是依法办事，但诉讼双方都有政治背景和企图，有的在诉讼之外。对此不能不看深一些，从表面证据上，看出隐藏在其背后的文章。

倪征燠还同施觉怀谈到1946年至1948年远东国际军事法庭对东条英机等日本战犯的审判，当时法庭由中、苏、英、美、法等十一个国家的代表组成，他任检察官首席顾问。因为实行英美法的程序限定，要判主要被告有罪，必须由检察官一方提出确切证据，没有确切证据，即作无罪推定。比如日本军队在中国"杀人放火，无恶不作"，这是谁都知道的事实，但要定罪必须拿出确凿证据来。当时国民政府准备不足，返回国内重新搜集证据时间又不允许，倪征燠和他的同事们只能考虑"就地取材"，从卷帙浩繁的日本陆军省和外交部档案中查找蛛丝马迹。他们坚信日方不可能将所有证据销毁干净，经过几个月的艰苦努力，终于找出许多极有价值的材料，提交了有70条证据的控告书，给企图逃避罪责的日本元凶以致命的打击，利用日方的证据将日本战犯东条英机、板垣征四郎、土肥原贤二、松井石根等送上了绞刑架。

施觉怀后来撰写了《国际法院》，全书10万多字，从解决国际争端的沿革，到国际法院的组成、管辖，审理案件适用的法律和原则，起诉的程序规定，判决、解释和复核，以及咨询意见，是一本兼具学术性的介绍国际法院的专业书。他在"后记"中说，倪征燠在海牙时，张友渔请他写一本介绍《国际法院》的书,倪征𣈶嘱咐施觉怀写,提纲由他审定,完稿后张友渔要求由一位专家审定,结果倪征𣈶和李浩培两位法学界前辈都写了序。李浩培在序中说:"本书是著者对上述《国际法院规约》和《国际法院规则》以及国际法院判决和咨询意见进行多年研究而得到的成果。著者不仅广泛地搜集有关资料,细心地予以分析,正确地作出结论,而且由于他于1985至1986年曾在国际法院所在地海牙工作,有机会实地观察该院的诉讼程序和咨询程序实际进行的情况,故将观察所得也写入本书。所以,这是在国际法方面的一本有一定价值的书。"

倪征𣈶赏识、提携施觉怀,他们的师生情维系了终生。施觉怀没有辜负老师,他在海牙协助老师尽心履职,还完成了《国际法院》的写作;1993年倪征𣈶去世,施觉怀和倪征𣈶的女儿倪乃先编辑了《倪征𣈶法学文集》。

写《韩非评传》

施觉怀在《韩非评传·自序》中说:"我在少年时代,由于家庭环境,有机会诵读'四书'、'五经'及《史记》等,培养了对祖国古典文化的兴趣。进入东吴大学法学院读书后,自然对中国法家的典型著作《商君书》和《韩非子》作进一步研究。"施觉怀1952年在华东人民革命大学学习时,听了当时任副校长的匡亚明作的报告,会后去办公室找匡校长请教,正好在路上遇到,彼此留下深刻的印象。20世纪80年代中期,已是知名法学家的施觉怀,到南京的江苏省法学会做讲座,会后去拜访匡校长,讲到编辑《中国思想家评传丛书》时,两人有着深深的默契。匡校长认为中国文化博大精深,源远流长,毛主席讲从孔夫子到孙中山应当给予总结,学界应当拿出精力和魄力编这样一套书。施觉怀觉得从事国际法学及经济贸易工作所涉及的是一时一事,中国传统文化才是经国之大业,不朽之盛事,他甚至想辞去工作,专门从事中国文史哲研究。两人会谈的结果是施觉怀承担了《韩非评传》的撰写工作。

这本书断断续续写了六七年,这是施觉怀在繁忙的本职工作外,强加给自己的工作,浸透了他对韩非和《韩非子》一书的研究心得。他认为韩非是中国古代思想发展到黄金时代的最后一位有独特见解的思想家,韩非的学说对秦王朝统一中国曾有过积极的影响,但也为维护封建地主阶级的统治和封建伦理关系,为极端的独裁和暴政提供了理论依据,对中国的历史发展和思想发展造成了阻滞。他认为韩非思想中有不少应予肯定的、独到的观点,如对历史进化的认识,对空谈的否定,主张"至治之国,有赏罚而无喜怒"(韩非《韩非子》卷八),"诚有功则虽疏贱必赏,诚有过则虽近爱必诛","万事必有弛张,国家必有文武,官治必有赏罚",(韩非《韩非子》卷一)"宰相必起于州部,猛将必发于卒伍"(韩非《韩非子》卷十九),等等,一些思想深刻的寓言,如"矛盾""买椟还珠""负薪救火""守株待兔""远水不救近火"等,都为中国古代思想和文学宝库留下了可贵的遗产。他还认为韩非思想的独特之处在于对《老子》哲学的吸收和运用,道家主张"无为",韩非实行"有为",《韩非子》有《解老》《喻老》等涉及道家思想的篇章,体现了韩非思想的逐步发展和复杂性。秦以后的统治者根据其需要,用国家力量提倡将诸家学说中有利于自己的思想,使其成为社会的意识形态。所以从总体上说,诸家学说是融合的而不是互相排斥的。

不知道研究国际法学的专家还有谁像施觉怀这样对韩非和《韩非子》下过深厚的功夫,施觉怀没有辜负匡亚明校长的期望,交出了一部学术性强、新意迭出的30多万字的书稿。匡亚明审读了书稿，还有最后几章没有看完，却因脑出血而溘然去世。施觉怀说"泰山其颓，哲人其萎"，匡校长是以身殉职的。2014年11月，《中国思想家评传丛书》工作领导小组组长，江苏省委原常委、宣传部长王霞林一行到南通市图书馆，赠送了全套200册的《中国思想家评传丛书》。匡亚明主编的《中国思想家评传丛书》和施觉怀撰写的《韩非评传》，留下了师生合作的佳话。

施觉怀和倪征𣊷（左）在荷兰海牙

施觉怀《韩非评传》书影

11. "白发书生百战身，落纸不言倚马成"
—— 作家龚德

启秀路上梧桐森森的南通市图书馆大门口，经常有一位骑着自行车、头发花白的老先生进进出出，人们知道他是抗战时期参加革命的老干部，担任过南通市文联主席，但他衣着朴素，平易近人，像邻家老伯伯，他就是作家龚德。平日里龚德只知道跑图书馆借书、读书、写书。他家的客厅兼书房的门正对着楼道，人们上上下下经过，总看到他坐在书桌旁读书、写作，数十年如一日，像是电影中定格的画面。

正阳桥书店

龚德在初中二年级就参加了抗日队伍，在新四军苏中台北独立团当文工队员和文化教员，随部队行军打仗。抗战胜利后龚德才读到解放区翻译出版的《钢铁是怎样炼成的》《恐惧和无畏》《日日夜夜》等苏联小说。部队在河南解放了一些县城，缴获了一些新文艺书刊，他如获至宝；部队天天行军作战，行装越轻越好，他却背着这些沉重的书籍，一到宿营地就如饥似渴地阅读，还模仿着写起新诗来。这些图书给了年轻的龚德最初的文学启蒙。1948年，部队北渡黄河，在河南濮阳休整数月，驻扎在郊区，龚德经常步行几十里到城里新华书店书柜前站着看书。那时每月只发几角钱的津贴，只能买些刷牙用的牙粉之类的物品，他却省下来买几本薄一点、价格也便宜的书。龚德随部队参加鲁西南运动战、豫东战役、淮海战役、渡江战役，一直打到上海。先后担任师报记者和团政治处宣教干事的他，进入上海后休息时，首先找到书店买书读。后来随部队调防昆山，在为准备解放台湾练习游泳时感染上血吸虫病，住院治疗三个月。他利用这段空闲，不顾药物反应造成的强烈不适，天天偷偷跑去火车站边上的正阳桥书店看书，一站就是半天。他在那里读了许多解放区出版的赵树理、刘白羽、华山、杨朔、西虹等作家的作品，如《小二黑结婚》《李有才板话》《洋铁桶的故事》《无敌三勇士》《踏破辽河千里雪》《在零下四十度》《红石山》《北黑线》等，似蜜蜂飞进鲜花盛开的百花园。他像着了魔、忘记了病痛一样，一本接一本地拼命看书，吮吸着革命文学的养分。渐渐地，他萌生了自己写一篇小说的想法。出院后，他走了几十里路去采访熟悉的一位老炊事员杜殿文，创作了他生平第一篇短篇小说《老杜与宝》，发表在解放军第九兵团主办的《长江报》上。紧接着，他又写了一篇5万多字的中篇小说，冒昧投寄给大名鼎鼎的作家冯雪峰。谁知一周后就收到冯先生的复信，说已编入他主编的"文艺创作丛书"，书名定为《向敌后出击》，即将由新华书店华东总分店出版。这个意外之喜让龚德激动不已，因为这套书的编辑委员是巴金、于伶、王统照、夏征农、魏金枝、胡风、李俊民、夏衍、陈白尘等著名作家。龚德随志愿军赴朝作战，两年后回国，家里人告诉他，冯雪峰寄来稿费225万元（后来的225元）。冯雪峰是怎么知道龚德家地址的，至今仍是一个谜，但他对龚德作品的赏识，坚定了龚德在充满艰辛的文学创作道路上走下去的信念。在正阳桥书店，龚德还购买了艾芜的《文学手册》和以群的《文学的基础知识》。这两本书教给了他有关文学理论的基础知识，他放在枕边天天阅读，提高自己的文学素养,思考文学的特性,学习如何提高语言的表达能力及积累词汇,如何构思小说结构及开头和结尾,等等。可以说正阳桥书店是龚德的大学,他在那里接受了文学知识及创作的基本训练,写出了第一篇小说,出版了第一本书。1956年,龚德赴北京出席全国青年创作者会议,去冯雪峰先生家中拜访他,才第一次见到了他久仰的老作家。

就在前几年,龚德又回到这个让他情牵梦绕的地方,正阳桥早已不复当年,高楼林立,车水马龙,只有那条大河仍如从前,水量依然充沛,浩荡流向东方。

1958年至1976年,龚德任《解放军报》记者、编辑,依托报社的图书室,他的读书条件大为改善,但主要读政治理论书籍,这不仅有益于做好新闻工作,同时对他的文学创作也大有裨益。龚德的读书和写作紧密结合,他说写作也要热身,读书就是写作最好的热身。他是多产的作家,因此保持了每天读书的习惯。还在20世纪50年代,他看到杂志上发表的中央文学讲习所开列的文学必读书目后,就照着阅读。不用说,他的津贴全部用来购买了图书,还有就是到图书馆、资料室借书读。他阅读了所能买到、借到的古今中外的文学名著,读书成了他生活中最重要的部分。20世纪70年代后期,龚德转业到南通市任文化局副局长,后任南通市文联主席,1980年到江苏省作家协会进行专业创作,又进入了一个苦读、精读中外文学名著的阶段。他认为搞创作必须提高文学修养,而名著正是我们取之不尽、用之不竭的宝库;他还注意阅读诺贝尔文学奖获得者的代表作品,他说学习、借鉴和抄袭、模仿是完全不同的两回事,作家不应忌讳读别人的书、学习别人的长处。

多年来,龚德在创作173万余字的系列长篇小说《扬子百年记》四部曲(《大脚雾》《大脚风》《大脚潮》《大脚雷》)时,在图书馆阅读了大量文献资料,包括通州、海门、崇明、启东、太仓、宝山、上海、嘉定等地的各种版本的志书,以及

龚德《扬子百年记》书影

关于太平天国、曾国藩及湘军、张謇、清代厘捐制度、上海第三次工人武装起义等大量文史资料及图书；写作反映华工血泪史的长篇小说《梦留安第斯》时，又阅读了中译本《秘鲁》《南美洲民族史》等一系列资料；构思《绣坛奇女》时，阅读了20世纪30年代出版的张孝若著《南通张季直先生传记》、余觉著《余觉沈寿痛史》和沈寿著《雪宦绣谱》等民国文献……龚德骑着旧自行车到图书馆读书，成了当时的一道风景。他曾通读《现代汉语词典》，他说，当一个作家，言语贫乏是致命伤，他要增强语言表达能力，让语言更富有文采，因此他下了"笨"功夫读词典，一页页读下来，对许多词语作了笔记。他说，曾有人问郑振铎最爱看什么书，郑振铎回答说是《辞海》，《辞海》也是他几十年反复认真读的书。他说，读书使人摆脱愚蠢和孤独，让人富有、有智慧，延年益寿。"读书破万卷，下笔如有神"是他读书的原动力；读以致用，用得多的书，会多读几遍；浏览要宽广，但重要的是读经典。

《三百万颗民族心》的出版

1988年，曾任中共苏中区第四地方委员会（简称"苏中四地委"）副书记的洪泽同志在给老同志的信中倡议，要把苏中四分区抗日反"清乡"斗争这一重大历史题材，用文艺形式拍一部电视剧并编一本地方史。1992年，当年参加反"清乡"斗争的颜辉、石言、江行三位老同志响应洪泽倡议，动员江苏省专业作家龚德写这部纪实作品，富有创作经验的著名军旅作家石言提示龚德要"大胆写，放开写"。龚德把这场斗争放在二战大背景下进行思考，多方位、多角度、全景式地描摹这一历史事件，写到陈毅、粟裕、陶勇、姬鹏飞等我方领导，写到裕仁天皇、畑俊六、影佐、小林信男等日本高层，写到汪精卫、陈璧君夫妇和李士群、汪曼云、张北生等大汉奸，把反"清乡"斗争完全置于抗日战争中敌我双方决策层纵横捭阖、斗智斗勇的大环境下展现出来。

为写这部作品，龚德到南通市图书馆、档案馆阅读了大量文献史料，去上海、南京等地采访一批老同志。全书写出提纲后，由本书主编之一的颜辉向姬鹏飞同志当面汇报请示，当年领导这场斗争的姬鹏飞给予热情支持，为这本书亲笔题写书名《三百万颗民族心》，还介绍了当年"汤团行动"的有关情况。成书后，曾任苏中区司令员、后任全国人大常委会副委员长的叶飞为此书作序（刊登于《新华日报》《解放日报》头版）。粟裕夫人楚青同志讲道，粟裕同志生前说过，苏中知识分子多，应当用文艺形式多写反映苏中抗日战争的篇章，但实际上写出来的作品太少，多少年来他一直为此而感到遗憾。她说读了《三百万颗民族心》，心里很高兴。新华社1994年5月3日，以《战士·记者·作家——部队转业干部枫亚速写》（枫亚是龚德的笔名）为题，发出电讯稿，其中评介说："一部描写50年前新四军抗日反'清乡'斗争的《三百万颗民族心》引起多方关注，这部20万字的长篇纪实文学，讴歌了苏中四分区300万人民发扬爱国主义精神和同仇敌忾的英雄气概，为抗战胜利立下的丰功伟绩。有关方面评价：这是全面描述反'清乡'斗争的第一部力作。"中共江苏省委宣传部等9个单位联合发文，向全省青少年推荐百种爱国主义图书，《三百万颗民族心》名列其中。此书1993年初版后的10年内，又再版了两次。2015年，中国新四军研究会将《三百万颗民族心》收入《新四军全书》。当年参加反"清乡"斗争的作家海笑在读后感中说道:"过去写抗日战争的文艺作品大都写一个战役,写一支部队,写几个英雄人物,而《三百万颗民族心》全面地写了通如海启四分区的反'清乡'斗争,从敌我双方的高级将领,及至一个连队、一个乡、一个村的战士、民兵,从公开的武装斗争到秘密的地下斗争,从党员到群众,几乎无所不包,无所不在,读完这本书就等于读了一部苏中四分区军民反'清乡'斗争的历史书。"(龚德《三百万颗民族心》)

一部反映南通抗日战场敌军工作的纪实小说——《远方的云》

龚德在写作和阅读中发现,抗日战争中南通有一个朝鲜人叫程叶文,任新四军一师三旅敌工科科长和苏中四地委敌工部部长,还兼任海启县委敌工部部长。程叶文随部队转战南通地区,从事着秘密的对敌工作,他感化教育日军俘虏,使深受军国主义毒害的冥顽的日本兵松野觉等转变为反法西斯战士,他们成立反战同盟,对日军开展分化瓦解工作,散发宣传资料,阵前喊话劝降,为抗日战争胜利作出了贡献。龚德认为,作家有责任把这一段历史记录下来。龚德曾赴朝鲜参加抗美援朝战争,在程叶文的家乡(咸境北道)打击侵略者;程叶文在龚德的家乡(南通地区)参加抗日战争,还和南通姑娘宋雅影结为伉俪。因此龚德和程叶文有了一层亲密的因缘。龚德在《三百万颗民族心》中写到了程叶文的事迹。2009年中华人民共和国成立六十周年时,江苏省遴选出"五十位为新中国成立作出突出贡献的江苏英雄模范人物",其中有反战同盟苏中支部的日本人松野觉,这更激发了龚德的创作欲望。

在《远方的云》一书中,龚德写道,郑义文(书中人物,原型程叶文)因反日入狱,越狱后到中国参加革命,抗战时他任新四军一师三旅敌工科科长,他知识渊博,熟悉日本人的心理及思想。日俘松野觉做船厂工人时受到监工欺侮,被征入伍后又屡遭长官打骂,负伤后军医要枪杀他,因为军纪规定士兵不能活着当俘虏,军医在来不及救治时可以开枪将伤员杀死,是新四军击毙军医后俘虏了他,这些遭遇使他眼光里"潜藏着一种反抗乃至复仇的光",也为后来的"转化"提供了合理的依据。郑义文会讲日文,是"新四军不小的长官",却为受伤的松野觉倒便桶,船遇风暴时,又不顾自身安危将仅有的救生葫芦系在他身上;郑义文给他们介绍日本小说《蟹工船》,给他们讲解俄国小说《复活》中的故事及人性的复归;还让他们阅读揭露南京大屠杀的书《日寇暴行录》,使他们认识到日本侵略者对中国人民犯下的滔天罪行。精诚所至,金石为开,松野觉等人终于在郑义文的感召下转变了思想。他们被转化的成果是反战同盟苏中支部的成立,粟裕亲临会议并发表讲话,成为苏中抗战值得记录的一页。松野觉不辱使命,出生入死,在车桥战役中,他主动勇敢地冲到最前线,对日军劝降,不幸以身殉职。苏中军民为纪念他,召开了"松野觉烈士追悼会",《苏中报》编辑了"悼念反法西斯战士松野觉烈士"专刊,中共领导人叶剑英在延安接见中外记者参观团时,向中外记者介绍了松野觉的事迹。

　　反战同盟的建立是中国抗日战场,也是世界反法西斯战场对敌斗争的一个创举,反战同盟苏中支部的工作是全国反战同盟工作的重要组成部分,为苏中地区的抗战胜利作出了不可磨灭的贡献。一个朝鲜人、国际主义战士程叶文把冥顽的日本兵感化、改造成反法西斯战士;一些深受武士道精神毒害的日本兵,在新四军的教育下,一旦明白事理,就义无反顾地帮助中国进行抗战,有的人甚至献出生命。龚德用他的笔抒写了一曲发生在南通抗日战场上的、无比壮美的、为和平和正义而战的歌。

龚德是多产的作家,著有中篇小说《向敌后出击》(1951)、《北汉江两岸》(1955)、《不可侵犯的人们》(1957)、《军营之春》(1958);短篇小说集《边防军的眼睛》(1959)、《江海乡土情》(1990);散文集《小路情深》(1989)、《一路走来》(上、下册,2014);长篇小说《绣坛奇女》(合作,1991)、《飘零的归宿》(1994)、《扬子百年记》(2004,同年获江苏省"五个一工程"奖)、《梦留安第斯》(2005)、《梧桐叶落》(2005);长篇纪实文学《三百万颗民族心》(1993);长篇纪实小说《滩龙女》(合作,2005)、《周恩来在万隆》(合作,2007)、《激流岁月》(2007)、《远方的云》(又名《敌工风云》,2011)。龚德说:我"写作每一本书,一般都和阅读结合起来,往往边写,边阅读有关图书,作为参考,并受到启发,这和原创并无矛盾,借鉴是为了更好地创作。"诗人沙白赠诗龚德:"白发书生百战身,落纸不言倚马成。梦里依稀汉江水,扬子春潮笔底生。"这是对作家精彩人生的最好诠释。

龚德《向敌后出击》书影

晚年的龚德

12.徐铁生和《中华姓氏源流大辞典》

徐铁生先生被戏称是南通市图书馆的"功勋"读者,因为他和图书馆的每一个工作人员都认识,并且和几任馆长都熟悉。数十年来,他几乎每天从家中步行约3站路(公交车),在开馆时准时到达图书馆,中午休息时才回去,下午又来,直到晚上闭馆离开,比钟表还准时。几十年来,他致力于姓氏研究,几乎到了痴迷的程度:他和其他到馆检索资料的读者谈论的是姓氏问题;他和馆员们讨论的仍然是某本重要的姓氏图籍的缺藏,或者是新出版的某种姓氏图书图书馆应藏而没有购买;他捐赠给图书馆的书也是他使用过的一些姓氏书籍及地方志。姓氏研究是他生活的全部,他的家中,除了一台旧电脑,满书架的书和床底下纸箱里的书,只有几样简单的旧家具。好在夫人贤惠,默默地照料一应生活起居,使他能心无旁骛地从事研究。中国知识分子取得的成绩背后,往往有妻儿家人的辛劳,"军功章"实在有她(他)们的一半。

徐铁生1937年出生在南通市海门县的四甲乡,家中藏有一本《百家姓》,徐铁生小时候就把这本书读得熟透,至今仍能背诵其中许多段落。穷苦人家先要解决生计,徐铁生在海门中学初中毕业后考上了苏州工业学校。1955年毕业后,被分配到第二机械工业部第一设计院,从事采暖通风工程设备的研究、设计工作。他在苏州工业学校读书时,已显示出语言方面的才华和天赋,他把中国的人名和地名翻译成俄文,写成文章发表在《俄文学习》上。60年后,他竟然在南通市图书馆的"电子图书馆"中找到了这篇文章。当年他青春昂扬,踌躇满志,要大展身手从事他热爱的研究,却被错打成右派,遣送老家务农。本是农家子弟的他挑担就挑担,开河就开河,样样重活不在话下,还有了更多自由的时间读书。他每天吃过午饭就步行到离家近2公里的镇上书店看书,下午上工迟,他能有2个小时的阅读时间,然后再赶回生产队劳动。晚上回到家,无论寒冬酷暑,他坚持在油灯下读书到深夜。这一时期的读书生活让他打下了深厚的语言及文史知识基础,他自学了日语、朝鲜语、越南语及世界语,研究汉语音韵学、汉语方言学,参加汉语拼音方案讨论,还设计了一种新的拼音方案。"文革"十年,他在家里过着"耕读"生活,乡里人不懂政治,也不知道什么右派、"左"派,只知道徐铁生是一个肯做事、爱读书的老实人。这十年,也是他潜心读书的十年。1978年,他借到一本《康熙字典》,发现里面有许多《百家姓》中没有的姓氏,就摘抄下来。他开始查阅一些图书,如《路史》《通志》《续通志》《续文献通考》《十三经注疏姓氏》等,凡当时能找到的书,他都认真读过,发现有新的姓氏就记录下来。1980年,徐铁生获得平反后在石家庄工作,看到街头巷尾贴出的选民名单,其中有许多平时看不到的姓氏,他利用星期天,走街串巷到处找选民榜看,摘录那些新发现的姓氏。1982年他被调回南通工作,南通市图书馆的丰富藏书让他欣喜不已,他一头扎进了图书馆。图书馆收藏的古代文献、金石印玺碑帖等各种类别的图书数以千计,让徐铁生感受到祖国优秀文化的深邃博大,他钻进了书的海洋,寻觅检索,每一个新姓氏的发现都会带给他无比的乐趣。图书馆藏有明、清、民国时期的数百部地方志,志书中的"职官""名宦""人物""选举""宦迹"等卷中往往记载了许多姓名,他几乎每一部都翻阅过。他甚至还查阅了图书馆订的《全国报刊索引》,因为后面有"作者人名索引",他能从中发现许多姓名的信息。图书馆丰富的藏书使徐铁生如鱼得水,他如饥似渴,几乎读遍了所有相关的书。他自己说:"趁着休息天去南通市图书馆,以后又在上海图书馆、苏州方志馆等地方查阅资料。据不完全统计,我查阅过的各类参考书有3530本(其中包括元、明、清、民国时期地方志462种,新编地方志1187种),报刊论文有524篇,网络文献有57篇,合计4111种。姓氏的总数达到31684个。"

"为了获得更多的姓氏资料,我把收集的范围扩大到国学经典、二十五史、别史、杂史、笔记,以及甲骨卜辞、商周青铜器铭、帛书、简书、战国与秦汉印章、历代石刻碑铭、古文书(如敦煌文书、吐鲁番墓出土文书)等文献。"

1995年徐铁生退休后,更是全身心地扑到了他的姓氏研究上。有一次他在上海亲戚家住了一个半月,天天跑图书馆查阅抄录图书,还复印了数百种地方志文献资料带回南通。

徐铁生认为许多姓氏研究者不注重运用现代科研成果,许多考古学的新发现,新出土的帛书、竹简,以及古文字学、金石学的新研究中,都会出现许多新的姓氏。因此他利用自己深厚的古文字功底,对商周鼎彝、甲骨卜辞、印玺碑铭等图籍,凡能在图书馆找到的,都进行了认真的查阅,从中搜集到的姓氏往往是其他姓氏词典较少关注或失收的。他对少数民族的姓氏制度也进行了深入的研究,对蒙、满、藏、彝等少数民族姓氏的历史演变进行了梳理。他认为"连名制"是许多少数民族使用过或至今仍在使用的姓名制度。"由于许多民族只称名不称姓,许多人往往误以为这些民族根本没有姓氏;还有人往往将这些民族的人名任意割裂,以人名的第一个字或前边的两、三个字当作姓氏。"(徐铁生

《中华姓氏源流大辞典》）为了了解台湾地区的姓氏情况，他专门查阅了《台湾人口之姓氏分布》《台湾区姓氏堂号考》等文献，还在网络上检索了《台闽地区姓氏统计》。不轻率下结论，依据文献说话，一丝不苟，这是他几十年读书研究的不二法门。随着检索、查阅到的文献资料的增多和研究的深入，他发现即使在经典古籍中，许多姓氏也会有误写、误读和误解之处，近年来出版的姓氏辞典，往往汇编资料，不加鉴别取舍。近代历史学家、考古工作者和古文字学家对姓氏的起源、古代姓氏制度的研究卓有成就，但大多没有在姓氏辞典中反映出来。这就使徐铁生萌生了用全新的观点编写一本大型姓氏辞典的念头，同时借此将搜集到的上万个以往姓氏辞典没有收录的姓氏披露出来。

徐铁生的研究渐为人所知，他应邀为《海门县志》撰写了"方言"一节，为《南通地区方言研究》编著"四甲方言"，为第二轮修《南通市志》著"姓氏"一章。他在有关杂志上发表了一些论文，并受复旦大学教授许宝华邀请，多次参加国际、国内的语言学研讨会。1999年，南通市图书馆将"为徐铁生撰写《万家姓典》提供专题服务"列为服务成果，申报"江苏省第一届公共图书馆服务成果奖"，被评为三等奖。《南通日报》也对他进行采访，刊发了长篇通讯报道。

但他念兹在兹的是编纂一部搜罗宏富、能大致包容所有中华姓氏，别择精严、能反映姓氏源与流及正与讹的姓氏辞典。为此，他以惊人的毅力，排除了一切娱乐和休闲，数十年如一日地奔走在图书馆和家的两点一线上，在浩如烟海的文献中烛幽抉微，钩沉辑佚，抄录排比，伏案著述。板凳要坐几十年冷，那非专业出身受人冷嘲时的思索，那枯坐一日毫无所获的茫然，反倒不断激励着他完成中学时就暗暗立下的要成为一名语言学家或翻译家的梦想。

2014年1月，徐铁生编著的《中华姓氏源流大辞典》在中华书局出版。全书350万字，收录姓氏条目31953条，释文包括源出、郡望、堂号、衍变、分布、人物等主要内容，不易归类的采用综述形式，并附录"姓氏备考""增广百家姓""姓氏郡望地域简介""姓氏配套词一览表""当代常用姓氏排行表""16省、市、自治区百家大姓""当代中国姓氏（汉姓）一览表""各地稀姓录"，以及"太昊·伏羲·少昊""炎帝""黄帝""唐尧""虞舜""夏禹""成汤""后稷""祝融""越国""中山国"世系，参考和征引文献4000余种，"姓氏笔画索引"有80页。该书是目前收录姓氏条目最多的通用型姓氏文化辞典，其中有1050个姓氏用字未见于《康熙字典》和《汉语大字典》，比已出版的《中国姓氏大辞典》多收8140个，其中收汉姓（汉族姓氏及少数民族使用的汉式姓氏）条目10600条，译姓（根据少数民族语言翻译成汉文的姓氏）条目21255条，译姓演变为汉姓的姓氏条目98条，（此段数据与《中华姓氏源流大辞典》序言中的数据有出入，经徐铁生核实，此处为真实数据，故采纳之）较完整、科学地记录了中国各民族历史上曾经记载于典籍中的姓氏，抢救记录了那些濒临消亡的稀姓和个别独创而稍纵即逝的姓氏，是第一部中国姓氏源流文化详解型辞典，为中国姓氏学的研究及应用作了总结，是该领域的代表性著作。该书对姓氏的源流、演变、分布及重要人物等进行了条分缕析的勾勒，从姓氏学的角度，对中国历代典籍中出现过的各民族姓氏的发展脉络作了清晰的梳理，为推进姓氏学研究的发展作出了有益的探索。上海社会科学院研究员、传统中国研究中心主任虞万里先生在序中说："真正能够细大不捐，囊括大量方志甚至数千种典籍与研究专著中姓氏而辑为一编的，是徐铁生先生的《中华姓氏源流大辞典》。"

二、读书篇：锦心绣口读书人

徐铁生近影

徐铁生《中华姓氏源流大辞典》书影

13. 他写的传记经得起学者的引用
—— 作家陈学勇

20世纪80年代末，陈学勇在南通师范专科学校任教时，学校复校不久，图书馆资料很少，只要没有课，他便骑车到南通市图书馆。他研究的课题也很特别——民国女作家。他在古籍、参考咨询部检索民国报纸和书目，查阅一切可以找到的馆藏文献，并注意新近出版的书籍和期刊。他要找的书、要看的资料太多了，只好把图书馆当作书房，一有空就扎在那里。

陈学勇1963年从上海卢湾中学考入北京大学。他是幸运的，那时候的北大中文系名师如林，他能朝夕聆听老师教诲，亲承謦咳，更和吴小如结下了终生的师生谊；北大图书馆藏书丰富，他在图书馆读书得到著名图书馆学家梁思庄的指导；学生和名人的沟通也很容易，他曾作为学生代表到冰心家邀请她来校做演讲。"文革"开始，陈学勇已完成中文系三年学业，这为他以后的学术生涯打下了坚实的基础。

这些年来，林徽因、凌叔华这些名字从即使行内都很少有人知道到逐渐"热"起来，讲述林徽因等人的电视剧《人间四月天》一经播出，便广受欢迎；十多种林徽因传记相继出版；徐志摩、陆小曼等人物传记中也有关于她们的情节；还有许多论述她们的文章见于报刊。陈学勇却心无旁骛,孜孜于他的学问,专注于史料的发掘和考辨,陆续出版了《林徽因文存》(三卷)、《凌叔华文存》(二卷)、《九十九度中》、《林徽因作品新编》、《才女的世界》、《林徽因寻真——林徽因生平创作丛考》,2万多字的《林徽因年谱》在《新文学史料》上刊出,散见各报刊的考证评论文章难以统计。大约因为这些成果的面世,人民文学出版社邀约他写林徽因、凌叔华传记。

陈学勇是耐得住寂寞的,他是国内最早研究林徽因的几位专家之一,2008年出版的《莲灯微光里的梦:林徽因的一生》是学术界公认的关于林徽因最好的一部传记,经得起学者的引用。他写过一篇《林徽因传记述评》,对已出版的十多部林徽因传一一评论,坦诚、委婉、厚道、饱含善意,本应树大招风,却至今未看到有反驳的文章,可见他为文的严谨。他诚恳地说:"谱写人物传记,最好由研究传主的专家执笔。如果其他作者想要涉入,至少他应在成为半个专家之后方可执笔。"可惜这话少有人听得进。作为研究林徽因的专家,陈学勇埋首纷繁的民国史料中,走访林氏家属、朋友,钩沉索隐,辨析考证,以资料取胜,论从史出,不发无源之水,不立无本之木,不轻易拘泥于成说,而是依据史料实事求是地提出自己的见解。因此,和已有的10多部林徽因传相比,他写的林徽因传具有不可替代的学术性和规范性。传主林徽因诗歌、小说、散文、剧本各种体裁无所不能,却少而零碎。陈学勇于现代文学当行出色,探赜索隐,编成《林徽因文存》,几近全编,对林徽因文学成就的评价自然洵为至论。何况行文凝练,像随笔散文,看似散淡,却精心构思推敲;时插议论,言简意赅,妥切到位,见出深厚的学养。《莲灯微光里的梦:林徽因的一生》一书的责任编辑王一珂说:"陈先生平日散文很重精神,从来都是恬淡可人,涩中有味。《老萌随笔》如此,《旧痕新影说文人》如此,这本林徽因传记也不例外。你读此书,是在读故事,读人生,同时还在读美文。"

不久,陈学勇又写出《高门巨族的兰花:凌叔华的一生》,给当下热闹的传记热注入了一股清新的活力。陈学勇以丰富的史实,精确的描述,客观的分析,为我们还原了又一位民国才女的一生。泰戈尔曾说"她(凌叔华)比(林)徽因有过之而无不及",大约因为北京画界邀请泰戈尔假座凌府,凌叔华得以在家里款待诗翁,并和他交流画艺,显示了女作家的绘画才能和理论修养,这位杰出的知识女性不仅能文还擅长绘画,给泰戈尔留下了深刻印象。但写凌叔华传比林徽因传难得多,这不仅是因为凌叔华大半生生活在国外,史料难得,更因为绕不过去几件事,她的丈夫陈西滢和鲁迅的笔战,她和朱利安的恋情,等等。要给予客观准确的叙述和评价,对著者提出的要求不仅在笔力方面。

"三一八"惨案后,鲁迅指责陈西滢和"现代评论派"是刽子手的辩护士。陈学勇却认为,"如果正视历史,全面些,客观些,事情怕不是如此简单的,是从耻辱柱上放下陈西滢的时候了"。因为在鲁迅发表《纪念刘和珍君》的前两日,陈西滢先已发表了抨击当局的文章《闲话》:"……我想他们还没有胆量干出这种惨酷残暴的行动来。这主谋的是谁,下令的是谁,行凶的是谁?他们都负有杀人的罪,一个都不能轻轻放过。我们希望特别法庭即日成立,彻底的调查案情,严正的执行各罪犯应得的惩罚……"如果不看引文出处,我们看不出和鲁迅的文章有什么差别,不过是受西方民主思想教育的陈西滢崇尚法制,希望建立特别法庭而已。陈学勇还进一步说明,不仅是这篇《闲话》,"《现代评论》周刊以最快的时间发表了一组相关文章","依次还有署名'记者'的《悼三月十八日的牺牲者》、王世杰的《论三月十八日惨剧》、陈翰生的《三月十八日的惨案目击记》、及泉的《三月十八日》、许仕廉的《首都流血与军学阶级战争》。其篇幅占了薄薄一册周刊的大半,不啻是一期声讨'三一八'惨案的特辑"。可见陈西滢和鲁迅只是见仁见智。

因为写凌叔华,厘正了一桩历史公案。尽管史料并不难得,考证也不繁复,只是谁也不愿多事写这样的文章。因为鲁迅和"现代评论派"的笔战在学界尽人皆知,学者有必要写出背后的真相。李四光当年回大陆遇到危险,因台湾当局要李四光公开发表声明反对大陆政权,否则将扣留甚至暗杀他。陈西滢因身居官位而获知消息,立即给在伦敦的凌叔华发电报,要她迅速通知李四光。应该说李四光成功回到大陆有陈西滢的一份功劳,作为国民党官员,他是冒了身家性命的危险通知的。而李四光曾经也是"现代评论派"的干将,为陈西滢助力,和鲁迅论战。历史的真相就是这样错综复杂。

写凌叔华的一生,不能不提及她和英国诗人朱利安的一段感情纠葛,但"与凌叔华同时代的知情者不约而同地集体缄默",陈学勇只能从凌叔华女儿陈小滢的文章以及一些国外的文献中去梳理、抉摘。朱利安在给他母亲的信中,"报告他在中国的艳遇、乃至提到性事细节",凌叔华看到其中关于自己的一段,大光其火要和他断绝关系。这些材料踏破铁鞋难觅,但陈学勇却冷静地认为:"朱利安书信固然为后人研究提供了难得的文档,可是他生来的种族、性别歧视,还有当事人的局限及他夸张的个性,必定造成事实的局部走样或歪曲,这显然于凌叔华不公。描述他们的情事,自当竭力透过朱利安的文字雾障,与真相贴得更近。"引用材料证明易,做客观辩证分析难,这是作家和学者的区别。陈学勇在后记中说:"纪实文体的可信与可读,倘一时不可得兼,宁取前者而舍其后。"这需要学识和自信。

凌叔华作为国民党官员的夫人,却想去朝鲜为志愿军当翻译,还想为创作中国抗战小说《战争与和平》收集素材。

1959年凌叔华经香港回到大陆,和张奚若、邓以蛰等老朋友会面宴饮。1975年在常书鸿夫妇陪同下游览敦煌,写了《敦煌礼赞》赞扬人民公社。而陈学勇却写道:"去大陆,有点蓄意谋划,争取她的人生归宿。台湾是她的另一条船,她要跨着两头。"短短一句结论,需要阅读多少资料,经过多少思索,才能得出。

  陈学勇已是海内外著名的研究林徽因、凌叔华的专家,依然经常到图书馆读书查资料,依然埋头于他挚爱的中国现代文学的研究和写作。有学者评论说,陈学勇"以求实的态度写人论事,其文字不是学术性的高头典章,却也并非纯粹的抒情性散文,他的文字虽然具备一种随兴挥洒的个人意趣,但在思想意识的关键之处,却也总能以三言两语切中肯綮。陈先生是一位细心人,他不仅甘愿埋首故纸堆中,从浩繁的文史资料中发掘出那些很容易被后人忽略的细节,而且,他还从这些细节中发现时代空气的变换,以之弥补文学史的不足,丰富文学史的内容,并最大可能地还原那些民国文人的本来面目"。他的研究并未局限于林徽因和凌叔华,他为《文汇报》"故纸札记"专栏撰写文章,在许多文史、读书类报刊上发表文章,出版了《书海浅酌》、《老萌夜读》、《旧痕旧影说文人》、《海上闲话》(和顾农合著)等著作。他还热情地为图书馆主持"读书沙龙",在图书馆举办的"静海讲坛"做演讲。他说,一个学者使用图书馆,受惠于图书馆很多,理应为图书馆做点事作为回报,这是他应尽的义务,也是他最高兴做的事情。

二、读书篇：锦心绣口读书人

陈学勇近影

陈学勇《高门巨族的兰花：凌叔华的一生》书影

14. 他用笔名勾画中国现代文学全史
——中国现代文学研究专家钦鸿

钦鸿在《书韵依旧》自序中说:"我自幼喜爱读书,学生时代常节约自己的伙食费以购买各种书籍,参加工作后,每到一地都要去书店选购。又在长年读书写作、以文会友中,收藏了大量书籍。但我不是收藏家,也无意于收藏,在我眼里,这些并不是所谓藏品,而只是我的好友而已。既是我喜爱之物,每每在摩挲翻阅之际,自有知性的启迪和无穷的乐趣;而当遇到什么疑惑之时,我也习惯徜徉于书海,从中寻求自己需要的答案。由此,书成了我须臾不可离开之物,我也与书结下了此生难解之缘。"

1988年《中国现代文学作者笔名录》出版,该书113万字,收入6000多位作者的3万多个笔名,是迄今为止收录现代文学作者笔名最多的一部工具书。该书主要作者是当时在南通纺织工业学校任教的钦鸿。钦鸿原是上海复旦附中1966届高中毕业生,上山下乡到黑龙江生产建设兵团,经历了不少磨难,恢复高考后上了黑龙江当地一所师范院校。因为热爱文学,尤其对民国时期的作家作品有浓厚兴趣,所以萌发了收集和研究现代文学作者笔名的念头。在黑龙江克山县任教期间,他就向各地作家发出过数百封笔名调查函。后来这一工作被中国社会科学院文学研究所纳入国家科研项目,更鼓舞了他的工作热情。在长达八年的时间里,他先后寄出了数千封调查征集函,并利用探亲、出差的机会,从北到南,沿路去东三省、北京、上海等地图书馆,检索查阅大量作家在民国时期报刊上发表的文章,这是作家们用笔名最多、最复杂的地方。他自己说:"翻开建国前的书报杂志,那浩如烟海、变幻莫测的笔名,实在令人眼花缭乱,叹为观止。多年来,我就在这样的文海中游弋,深尝了其中的甘苦。"考证和研究笔名往往需要文学、历史、社会、语言等多领域的学科知识,钦鸿曾举例说:"如'冯虚女士'(茅盾)、'欧阳镜蓉(巴金)'、'安娜'(郭沫若)等'男扮女装'的笔名,在黑暗的年代里曾迷惑了敌人的眼睛,而如果缺乏对中国历史的了解,现在的读者同样会莫名其妙。"(钦鸿《文坛话旧续集》)钦鸿的勤奋是同行尽知的。他是图书馆几十年如一日的老读者,常常到馆检索资料,枯坐读书,直到闭馆和馆员们一起离开。笔名研究同样要占有大量第一手资料,不但需要花费大量的时间和精力到浩如烟海的文献中去检索搜寻,需要阅读大量的书籍来拓展自己的知识面,同时还需要尽可能地向尚健在的老作家们进行调查采访。因此,他在去各地图书馆查阅资料的同时,还四处奔波,登门向那些作家当面请教,从而及时抢救了大量宝贵的史料。

　　文海钩沉,其乐无穷。别人视为畏途苦差,他却能从中不断发掘出湮没的"珠宝"。他曾考证出鲁迅译作《月季旅行》中的回末诗,是鲁迅模仿我国传统章回体小说结语而进行的创作,丰富了鲁迅诗歌创作的数量和形式。他通过笔名"冰季",考证出其人为冰心三弟谢为楫,是一位有成就的小说家,曾受到沈从文等人的推崇,"反右"运动中遭厄运下放大西北。冰心对钦鸿的考证非常感谢,得知他介绍冰季的文章时"感极而涕"。贾植芳在《中国现代文学作者笔名录》序中说:这是"用笔名形式勾画出来的一部中国现代文学全史,它对于开阔我们的文学视野,开掘研究工作的广度和深度,都是一个值得称道的重大贡献"。

《中国现代文学作者笔名录》的出版,激励钦鸿沿着现代文学研究的道路走下去。他借用施蛰存先生的话,谈到自己从20世纪80年代以来在文学研究上开了三扇窗户:中国现代文学和鲁迅研究、世界华文文学研究、南通现代文坛研究。

第一扇窗户可谓风景独好,他先后出版了《现代文学散论》《文海钩沉》《文坛话旧》《文坛话旧续集》《书韵依旧》等著作。仅《文坛话旧》及其续集就有77万余字、144篇学术文章,分"文人交往""作家风采""文苑散叶""文坛风云""文朋诗友""文海钩沉""文坛内外""文苑漫笔""鲁海偶拾"等9个栏目。钦鸿编纂笔名录时和作家通了数千封信,发现了许多宝贵的文学史料,而这些人和事都是长期为历史风尘所湮没并为学界所鲜知的,因而对于全面书写中国现代文学史以及地方的文学史,自然有着重要的价值。如果不是钦鸿去发掘和撰写,这些人、事就会如过眼烟云,悄然逝去,留下永久的缺憾。一部现代文学史缺失一些非主流作家,不为无当;但披沙拣金,挖掘出一些不该被遗忘的人和事,自有其可贵之处。对于钦鸿来说,学术文章是他编撰笔名录的副产品,但这副产品不是自然生成的,而是在发现线索的基础上,进一步爬罗剔抉,辨析考证,"探明了事实的真相和来龙去脉,从而形诸文字的"。并且钦鸿"还要求自己努力做到一个'新'字,即提供给读者的应该是新的内容"。(钦鸿《书坛话旧》)他说:"研究中国现代文学,不仅要关注知名的大作家,也应重视千千万万活跃于文坛的中小作家乃至文学作品,而因为后者特别容易被人疏忽,因此笔名录如果在这方面下些功夫的话,将大大提高它的学术价值和使用价值。"可以说,对"中小作家乃至文学作品"的研究,是他中国现代文学研究的一个显著特色。

第二扇窗户硕果累累，他出版了研究文集《海天集——我看新马华文文学》《遥望集——东南亚华文文学漫评》《一凡微型小说及其赏析》，主编了《华铃诗文集》《世界华文女作家微型小说选》《香港微型小说选》《回家——马来西亚华文微型小说选》等多种图书。20世纪90年代，钦鸿应邀赴马来西亚访问，在五大城市巡回讲演，马来西亚的《南洋日报》《星洲日报》等报纸对此作了追踪报道，称他为"大陆著名评论家"。马来西亚还为他出版了一本评论集《海天集》，马来西亚华人作家协会顾问云里风指出："这是第一本研究马华文学的专集，意义重大。"1997年，钦鸿去菲律宾参加菲律宾华人文学国际研讨会，会上作了题为《菲华文学中的中华情结》的发言，菲律宾文学界称他为"专家中的专家""沟通国际文坛的一个桥梁"。每次出访或开会归来，他都带回盈尺的文稿和许多书籍，回国后还不断收到寄来的书，很多还是作者的签名本。后来仅钦鸿捐赠给南通市图书馆的海外华文文学图书就有1200本。他真的成了"著名评论家"。他没有辜负送他图书的朋友，认真阅读研究这些作品，写了大量评论文章在海内外报刊上发表，还出版了评论集，编辑了许多文集，为推动海外华文文学研究作出了突出的贡献。

第三扇窗户也颇有建树，他写出了《濠南集——南通现代文坛漫笔》，主编了《划破夜空的流星——江村纪念文集》《生活的血迹——顾仲起诗文集》《春的旅人——李素伯诗词散文文论集》等近十种图书。南通大学教授徐应佩为《濠南集》作序说："综观钦鸿历来的著作，完全可以在《濠南集》的基础上，再编撰一部《南通现代文学史》，成为《江苏文艺志》《南通市志》之外一部别具一格的地方断代文学史。"钦鸿于南通是外乡人，原来并不熟谙南通地方文史，但作为学者的文化自觉和担当意识，使他不辞辛劳地"在浩如烟海的原始资料海洋里钩沉提炼",他深信"虽然这些素材,不过是中国现代文学史这股历史洪流中的一些细流甚至泡沫,但它们也都是构成中国现代文学这座宏伟的大厦的砖瓦木石"。(贾植芳《现代文学散论》)20世纪20年代末,南通青年顾仲起在郑振铎主编的《小说月报》上发表作品,在上海滩名噪一时;他和茅盾也有交往,茅盾介绍他考入黄埔军校,为他的诗集写过序文。顾仲起在创作上成就斐然,是著名的文学团体太阳社的成员。这样一位青年作家,只因辞世已久,早已淡出人们的视野。钦鸿则为他编出43万余字的诗文集《生活的血迹——顾仲起诗文集》,包括1部长篇,4部中篇,19部短篇,还有7首诗歌及杂论,将他的作品收罗殆尽,还编制了"年表",写了评论。一次次跑沪、宁等地图书馆的折腾,检索尘封多年的老旧书刊的繁难,寻访旧居亲属的种种不便,钦鸿对此却始终甘之如饴,因为他知道,如果现在不抓紧做,以后的人做起来会更难。于是,他说:"这些年来,我对上世纪三四十年代在上海文坛上露过头角的南通作家如李素伯、郑康伯、尤其彬、于一平、顾巴彦、丁图等,对旅居台湾的南通作家如师范、沙漠、邵僩、水晶、张明等,都下过一定的功夫,发掘了不少鲜为人知的资料。"(钦鸿《濠南集——南通现代文坛漫笔》)钦鸿的这些成果,无疑为南通地方文化及文学史的研究作出了独特的贡献。长期在南通文化界、文联工作的季茂之先生撰文说:钦鸿"具有广阔的视野",他的研究,"意义远远超过南通这个区域范围",他"清晰地点明南通文学艺术活动,既是全国文学艺术活动的一个组成部分,又是对全国文学艺术事业所作的贡献","从钦鸿的著作中探寻出来的作家、艺术家的创作,与原属本乡本土所产生又为本乡本土人们所熟知的作品相结合,才构成了广阔而绚丽的南通文学艺术的全景"。

前两年，北京有家著名的出版社准备将钦鸿的《中国现代文学作者笔名录》列入"中国现代文学研究丛书"再版，但钦鸿坚持认为，再版就要修订增补，不能照原样出。20多年来，他始终坚持做笔名录的增补工作，据说已有百万余字的收获，在研究中又不断有新的发现，新的写作题目。他读书、写书痴情不移，生命之树常青，学术之树常新。

晚年的钦鸿

钦鸿《书韵依旧》书影

15. "应是南通风土好,江河洗笔写新篇"
——"江苏十大藏书家"之一的沈文冲

沈文冲喜欢读书、藏书,他骑的自行车篓子里总装着一两本刚买来的新书或旧书,见到同好,还往往迫不及待地炫耀。他的家里满满当当,到处塞满了书,好在儿子一家在国外,夫人贤惠温婉,即使嘴上说说,心里还是敬重书和知识,任由丈夫把家里变成了书库。

沈文冲出生于海门三星镇,高中毕业后当过农民,做过乡文书和县广播站新闻干事。1977年考入南京大学中文系,毕业后被分配到南通地区公署机关。那时大学生稀缺,以他的才气和勤奋,"仕途"应风光无限。但喜欢读书的他发现"官场原来不读书",和他的理想大相径庭,第二年就请求调到电视台。他采访、写稿、拍摄虽然辛苦,但工作灵活自由,有了自己可以掌握的时间和读书、买书的便利,因而乐此不疲,一直做到现在。

2008年,南京图书馆举办"江苏十大藏书家"评选活动。这次评选,除了对藏书数量、质量有要求,更要求藏书家们有利用藏书进行研究和著述的学术成果。南京图书馆聘请南京大学教授徐雁一行,亲临藏书家家中实地考察,摄像记录,再经江苏省专家评委会评审确定。沈文冲藏书2万余册,出版了《梦阳小品》《毛边书情调》《民国书刊鉴藏录》等著作,被评选为"江苏十大藏书家"之一。这不仅是他的荣誉,也是南通的荣誉。

　　沈文冲经常到图书馆,除读书,找书,了解一些出版行情外,还建议举办、策划图书馆的一些读书活动。他认识一位书友,家藏1500余册作家签名本图书,便"怂恿"书友拿出来展览,还和图书馆工作人员一起到上海奉贤的书友家里,商定具体事项,选定展出书籍。南通市图书馆配合"世界读书日"宣传,举办了"随想草堂(书友斋名)藏当代名人著作签名本暨手札展览",展出了巴金、王元化、贾植芳、杜宣等50位作家的签名本及手札,还制作了其他签名本的展板,满足了广大读者亲见名家手迹的愿望。图书馆还和收藏家协会联合召开座谈会,书友金峰讲述了他和名家交往与获得签名本的故事。这些活动,对读者、对书迷、对藏友都起到了很好的拉近彼此关系的作用。

　　读书、藏书是沈文冲的生活,写作是他生活的重要组成部分。2006年他编著的《毛边书情调》被收入傅璇琮、徐雁主编的《书林清话文库》,并由河北教育出版社出版,"《毛边书情调》首发品评会"召开,宋词、顾农、徐雁、陈子善、王稼句、薛冰、陈学勇、钦鸿等作家、教授齐集南通。沈文冲还和图书馆一起策划,邀请徐雁、陈子善在"静海讲坛"分别主讲"江南旧书文化"和"我的读书、教学和藏书"。演讲结束后主讲人还和读者互动,回答了有关阅读的问题,并为书迷们带来的他们的著作签名,读者和作者面对面,书迷多了,也能见出图书馆读书活动的成效。

　　姜德明先生在《毛边书情调·代序》中说:"他能从早期新文学书刊中搜集到那么多关于毛边书的佚文,不知要费去多少精力。他还编制了百年来毛边书知见录,更见他的雅兴。无疑这是一本未有前例的书,于我国出版文化的研究和建设有促进作用。"陈学勇先生也写序说:"当下出版界一片浮躁,相似、重复的图书堆积如山,而《毛边书情调》是无可替代的。不是文冲先生的这一番钩沉,有些资料可能淹没了。"姜德明和陈学勇都是有建树的学者,他们的评价是诚恳的。也许是受到大家的鼓励,沈文冲不久又写成《百年毛边书刊鉴藏录》。《毛边书情调》附录"中国百年毛边书刊知见录"收录了448种毛边书刊目录,而在这本"鉴藏录"里,他从历年收藏的毛边书里选择了270多种,一一撰文介绍,还配有书影,列出搜得时间、参考时价、版本来源、装帧品相、实际尺寸。如其中第一篇介绍《域外小说集》,他写道:"周树人(鲁迅)、周作人纂译","东京神田印刷所1909年……印行"。除了版权页上的内容,还列出第1册7篇和第2册9篇小说的目录,摘录了鲁迅所写的强调毛边书装帧特色的略例,"装订均从新式,三面任其自然,不施切削;……且纸之四周,皆极广博"。写到这里介绍已经很完整了,他却又说:"它是我国毛边本图书的滥觞","本书1921年上海群益书社、1936年12月中华书局出版时,均署周作人译,并增加了鲁迅1920年3月以周作人的名义与口吻新写的序,篇幅也从16篇增为37篇,合并为一册"。把这本书的沿革及在出版史上的意义都写清楚了。这需要知识的积累,绝不是"剪刀加糨糊"就能做到的。许多文字也不限于介绍书,还介绍作者,生动雅趣,写出了读书人的另一面。如说到白化文著《承泽副墨》,沈文冲写道:"书名'承泽'是北京大学宿舍承泽园,老北京的名园,'副墨'是指文字、诗文。"并记载了一段逸事:"当日在北京西北郊的大片新公寓房群落中找到白先生时,我由于乘公交车到达的时间比预约的迟多了,害得老先生在已近正午的大太阳下,头戴草帽在院落里徘徊,边除草边等我,生怕我迷路,令我现在想到还为白先生的举止而感动不已。"不仅如此,白老先生还在沈文冲带来的书上题签:"您买的书,还是毛边本,叫我签名,惭愧之至!多指导吧。白化文,二〇〇五、七、廿九。"年届古稀的著名学者,谦和温润,礼数周全,令人感慨不已。一些作者题识签名的书也藏着许多趣事,《浅酌书海》题:"呈毛边党人沈文冲先生指正。党外陈学勇,2001秋。"《金陵书话》题:"沈文冲先生酷好毛边书,著有《毛边书话》。拙著虽偶有做毛边者,多不规范,此册亦被切成光头,有憾而贻笑大方了。薛冰,甲申(2004)二月初二于南通。"一位自称不是毛边党人,却特地做了毛边书赠送给毛边书研究者;一位"偶做毛边"去"附庸风雅",不料却"切成光头",只好先来一番自嘲。这都是毛边书史上的佳话。

沈文冲在《百年毛边书刊鉴藏录》附录"中国百年毛边书刊版本知见书目"里,列出了1600多种毛边书刊,还说"实际并不完全,恳切期待海内外有识之士不吝有以教我"。这要他花费相当多精力,看来他还要继续研究下去。果然,2012年沈文冲的《中国毛边书史话》出版。这本书的写作颇有新意,分为上、下两辑。上辑从毛边书是东西方书文化交流的产物、开山之作《域外小说集》、鲁迅及周作人和毛边书的关系、毛边书的全盛期、抗日根据地和解放区的毛边书、新中国成立后30年的毛边书、精品迭出的20世纪八九十年代、百花齐放的新世纪十二年等专题入手,把毛边书的历史梳理得十分清晰;再以毛边书的四美,毛边书与书籍的开本、规格及装订形式,鲁迅裁读毛边书及红木裁纸刀的制作等作为补充。下辑从清末(1880年)曾纪泽《出使英法俄国日记》中最早记载毛边书记述到2012年关于毛边书的记载,是有关毛边书的书人、书事、书录的编年录。

至此,沈文冲完成了他的毛边书研究三部曲:《毛边书情调》《百年毛边书刊鉴藏录》《中国毛边书史话》。他的用心和勤奋终于获得了丰硕的成果。陈辽教授说:"南通的藏书家、阅读学家沈文冲先生以数年之力,悉心研究毛边书刊,著书立说,终于卓然成家,成为我国毛边书研究第一人。"学者高信说:"这是筚路蓝缕,开创性的一部书,虽然标为'史话',其在出版史阅读史上的意义和贡献,却是不能小觑的。"钟叔河先生以诗为贺:"沈郎书史话毛边,一卷琳琅满目鲜。应是南通风土好,江河洗笔写新篇。"

除了毛边书专著,沈文冲还分别在2007年、2010年出版了《民国书刊鉴藏录》和《民国书刊鉴藏录续集》,从自己藏书中选出450余种,配有书的封面及版权页书影,精心撰写文字,如数家珍,娓娓道来,如同带领读者在自己的"海星书屋"访了一回书。他在《民国书刊鉴藏录续集》跋语中说:"对书中介绍的每一种书刊,都本着从该书或该刊自身的实际出发,从书刊本身的事实出发,靠船下篙,尽可能把相关的事实或信息传达给读者","撰写本书,最困难的是,要从自己收藏的民国旧书刊中遴选出值得介绍的那一部分来,常常需费时费力,翻箱倒柜地把旧藏捡出,即便如此,也常有捉襟见肘的尴尬"。可见沈文冲的认真,他要从数万册图书中挑选出最好的最有价值的与读者分享。他在《民国书刊鉴藏录·自序》中不经意地透露了他的辛劳:"畅怀抒写了一整夜的我,……我会轻轻地熄灭书桌上陪伴了我一宿的台灯,推开窗户,情不自禁地深呼吸起来,……就这样,为了把我珍藏的百余种民国书刊公诸同好,我送走了一百多个这样的不眠之夜。"那么续集的写作量翻倍,他又是经历了多少个彻夜伏案写作的日子才完成的呢。

沈文冲当年的毅然抉择,使读书界多了"一位有趣的人"(黄裳语),"为学勤奋,嘉惠学林匪浅"(丁景唐语),他撰写了六七本著作,且正当盛年,"以文冲的才气和精力,当更另有一番作为的"(陈学勇语),他的学术路会走得更远。

沈文冲近影

沈文冲《中国毛边书史话》书影

二、读书篇：锦心绣口读书人

江海文化丛书

书香南通

三、著书篇：世有宿儒著书多

引言：人文蔚起，代闻名著

北宋景祐元年（1034），后来被称为"宋学的开山"的著名学者胡瑗从如皋渡江而南，应同科进士范仲淹的邀请出任苏州府学第一任教授。苏州府学是宋代历史上第一个规模较大的地方学府，被称为"东南学宫"之首。道光《苏州府志》（卷二十四）记载："吴郡有学起范文正公，而学有教法，起胡安定先生。""庆历兴学"，各州县兴起办学热潮，京城设太学，胡瑗又奉召主持太学。江北一隅的小城却为苏州乃至全国贡献了一位成就卓著的教育家，为天下人才的培养作出了巨大的贡献。胡瑗教书讲授时，被学生们记录整理下来的"口义"有《周易口义》《洪范口义》《论语说》《春秋说》等，还有许多散佚的经学、音乐、教育著作。

通州、如皋毗连，宋代以后，书院林立，名师教学，学生众多。《如皋县志》（卷十七）记载，通州在南宋淳熙十年（1183）建贡院，在清雍正二年（1724）建试院，从雍正六年（1728）开始供士子考试，到光绪三十二年（1906）废止科举，据不完全统计，有5000余人在通州取得秀才功名。从宋至清，仅如皋一地就出了75名进士，176名举人，其中还有1名状元。

书院众多、尊文重教的环境孕育、培养了许多学者和作家，更重要的是，良好的读书氛围培养了人们的读书习惯，促进了社会良好风尚的形成，提高了百姓的文化素质和高雅的生活品位，也提高了人们对阅读的需求。

明代邵潜著《州乘资》(卷二)，记载了当时通州的30多位作家、60多位诗人及其作品，光绪《通州直隶州志》则记载了宋以来通州数百位作家的900多部著作。这些作家和著作至今许多已经湮没无闻。明代彭大翼的《山堂肆考》，是全国著名的类书，编撰时间长达30多年，蕴含了作者无数心血；陈实功著《外科正宗》以"列症最详、论治最精"名闻天下；明末清初文学家冒襄避居水绘园，一时名士来聚，参与文会者先后数百人，留下唱和诗词数千首，编成《六十年师友诗文同人集》；同时期的文学家、戏曲家李渔写出《闲情偶记》，提出了一套完整的戏剧理论体系，成为中国古代戏剧史上的丰碑；清初诗人徐述夔著有诗集六卷，因文字狱株连九族，酿成清代四大文字狱之一的"一柱楼诗案"；乾嘉时期饮誉全国的扬州八怪之一李方膺除了画事，还在山东任上考察水利，著有《山东水利管窥略》；名满天下的"江南江北个道人"丁有煜，他的书遭到禁毁，却保存下来2册《个道人诗》(稿本)，诗流传固不易，书法艺术更令人叹为观止；道光时徐宗幹任台湾道台，"任重事烦"，仍著有《斯未信斋文编》；同治时周懋琦(后寓居南通)任台湾知府，撰《全台图说》，记载了属于台湾的钓鱼岛；冯云鹏、冯云鹓兄弟辨析考证，著书立说，"三年而竣，凡三十余万言"，写成在中国金石研究史上占有重要地位的《金石索》；金榜、徐缙的《海曲拾遗续补》和徐缙、杨廷的《崇川咫闻录》著录了丰富的地方史料；《五山耆旧集》《崇川各家诗钞汇存》《东皋诗存》《东皋诗余》《师山诗存》等则辑录宋元以来地方乡贤的诗文。现代南通文人也是声名卓著，诗人卞之琳，语言学家魏建功，文学家陆侃如，小说家李俊民、顾仲起，琵琶演奏家沈肇周，经学家徐昂，古琴家徐立孙，学者王铃，电影表演艺术家赵丹，画家王个簃、尤无曲……他们的作品为中国学术史增添了光彩，因为他们，中国乃至世界知道了南通。南通李氏、范氏诗文世家，延绵至少10世，世有诗人并有诗文传世，是中国文学史上的奇迹。范氏诗文世家的三个高峰期代表人物，明代的范凤翼、范国禄父子，晚清同光诗坛领袖范伯子，当代画家范曾，均堪与同时代一流诗人比肩。

当代南通也是人才济济，出现了30多位中国科学院和中国工程院院士。作家著作迭出，在中国现当代文学史上写下了精彩的一笔。南通画坛也独树一帜，蔚为大观。明、清以来，知名的书画家有数百人之多，书画著作有60余部，与其一脉相承，当代中国南通美术成就令海内外瞩目，出现了一批饮誉海内外的南通籍著名画家。

张謇在《为图书馆征求乡先生遗著启》中说："吾邑世有宿儒，代闻名著，自明迄今，垂五百年，未辍里中弦诵之声……"（李明勋、尤世玮《张謇全集》第5册）南通地得江海钟灵，代有人文蔚起，文风之盛，当不让一江之隔的江南文化地。

1. 典籍之武库，学士之书橱

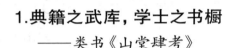
——类书《山堂肆考》

南通和类书的编纂有不解之缘：明成祖朱棣在永乐年间先后命解缙、姚广孝等主持编纂《永乐大典》，并曾经派人到如皋冒氏"万卷藏书楼"征集藏书。受皇家影响，明代出现私家编撰类书的文化现象，万历年间，通州学者曹大同汇辑《艺林华烛》一百六十卷，彭大翼辑《山堂肆考》二百四十卷，《艺林华烛》早已亡佚，《山堂肆考》历经沧桑，流传至今。

我国类书的编纂有悠久的历史，最早的类书始于魏文帝时的《皇览》，以后历代都有编纂，但多亡佚。保留下来且较著名的有唐代的《北堂书钞》《艺文类聚》《初学记》，宋代的《太平御览》《册府元龟》，明代的《永乐大典》，清代的《古今图书集成》，等等。古代类书辑录的文献，往往不是单门、单类的专题性质，而是赅括自然界和人类社会一切知识的，所谓"区分胪列，靡所不载"（嵇璜《续文献通考》卷一百八十六）；"凡在六合之内，巨细毕举"（陈梦雷《松鹤山房集存》文集卷二）。因此，古代类书是"百科全书"和"资料汇编"的综合体，所谓"方以类聚，物以群分"（《周易》卷七）；"事类相从，聚之义也"（皇甫谧《甲乙经》）。古代类书不仅可以作为了解古代知识全貌的一种工具，而且也是古代文献资料的渊薮。许多古文献已经散佚，类书却保存了很多零篇单句,可供人们辑佚考证。

彭大翼(1552—1643),字云举、一鹤,吕四(现启东市吕四港镇)人。他自幼聪颖,勤奋好学,据说16岁就考上了秀才,但后来却屡试不第,"顾冠军诸生者廿有余年,竟不获一登贤书"。科场失意更激励他埋首学问,悉心于博览群书,凡"汲冢之奇文""石室之秘典""坟史渔猎稗官",无不涉猎,博闻强记,手抄笔录,10余年不辍。后来到广西、云南任官20余年,见闻越多,学识更广,"于是考订旧辑,附益新闻","历三十余祀,北走燕冀,南越苍梧,食以为饴,息以为枕,未尝一日废卷","凡耳之所闻、目之所见、口之所诵、心之所惟,无不类分而胪列之,集而成编,总之二百四十卷,名曰山堂肆考"。(彭大翼《山堂肆考》)

《山堂肆考》洋洋260余万字,实为鸿篇巨制,在我国古代私家撰述的众多类书中确实出类拔萃。该书采集宏富,内容浩博,门类繁杂。经史子集、释道仙方、谷果蔬树、花鸟虫鱼,无所不及。全书分宫、商、角、徵、羽5集49个门类:宫集为天文6卷、时令8卷、地理17卷、君道6卷、帝属4卷、臣职7卷;商集为臣职31卷、仕进3卷、科第3卷、学校1卷、政事4卷、亲属6卷;角集为亲属4卷、人品12卷、形貌2卷、性行6卷、文学12卷、字学1卷、谥法2卷、人事6卷、诞育2卷、农家1卷;徵集为释教3卷、道教1卷、神祇1卷、仙人1卷、鬼怪1卷、典礼7卷、音乐5卷、技艺6卷、宫室5卷、器用9卷、珍宝3卷、币帛1卷、衣服3卷、饮食2卷;羽集为饮食2卷、百谷1卷、蔬菜1卷、花品5卷、草卉2卷、果品5卷、树木2卷、羽虫6卷、毛虫6卷、鳞虫2卷、甲虫1卷、昆虫3卷、补遗12卷。每门又分子目若干,每一子目有小序一篇,述其内容、范围、沿革等,下录引文,或标书名,浅显易懂。如宫集中时令8卷,从"岁(附月)""日(附时)"到"朔晦""弦望""闰""五行""阴阳",从"立春""春""正月"到"冬至""腊日(附蜡)"

"除夕",共分为47个有关子目,详细备至。

清乾隆年间,《山堂肆考》被收进《钦定四库全书》。《四库全书总目》(卷一百三十六)对此书作了客观的评价:"所收虽多掇拾群籍,不尽采自本书,而网罗繁富,存之亦足备参考焉。"彭大翼对文献的选辑并非照搬。他推崇《颜氏家训》,多有摘录,但经过他缩写,更显精致、准确。试举一例,《颜氏家训·治家篇》原文有:"邺下有一领军,贪积已甚,家童八百,誓满一千,朝夕肴膳,以十五钱为率,遇有客旅,更无以兼。后坐事伏法,籍其家产,麻鞋一屋,弊衣数库,其余财宝,不可胜言。"彭大翼缩写为:"邺下一领军,贪甚,家僮八百。后坐事伏法,籍其家产,麻鞋一屋,其余财宝,不可胜言。"

"宅绕水竹三弓地,家藏山堂肆考书",这是彭大翼为自己在家乡的著书立说之处"犹贤轩"自撰的一副对联。他一生勤奋,得享高寿,他的著述除《山堂肆考》外,还有《一鹤斋稿》《明时席珍》等。明隆庆至万历年间,他和其他几位学有所成、德高望重之士被誉为"通邑六先生"。

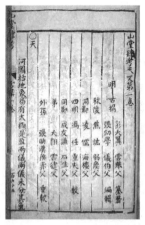

彭大翼《山堂肆考》书影

2.陈实功和《外科正宗》

我国历史上有很多伟大的医学家,如扁鹊、华佗、李时珍、张仲景、孙思邈等,在外科学上贡献最大的是陈实功。

陈实功(1555—1636)是明代名闻全国的外科专家,他的家就在通州城南长桥边上。长桥并不长,之所以名"长桥",是因为有人送给陈实功"医德长存"的牌匾,是他医德高尚的见证。传说苏州有位巡抚的母亲生了重病,被陈实功医治好了,巡抚拿出许多银子和丝绸感谢,陈实功不收,说:"行医是行善积德,不为钱财,你为官能为百姓做好事也是行善积德。"后来巡抚打听到通州南门的木桥破烂不堪,陈实功出诊经常要从桥上走过,就捐钱请人建造了一座石桥,并名为"长桥"。

陈实功有两个外号:一个叫"陈半仙",说他医术"神";一个叫"陈半升",说他虽为名医,却生活节俭,买米一次只买半升。他一生为人治病,钻研外科医学。

万历四十五年(1617),陈实功62岁时,写成《外科正宗》,该书是中医外科学划时代的著作,为我国中医外科学的发展作出了重大贡献。这本书是他借鉴明以前历代外科医学的成就,结合自己40多年的临床实践和经验,系统整理总结而写成的。全书分为4卷157类,对各种外科病症的病因、病理、症状、诊断、治疗、药方、手术方法都写得清清楚楚，还附有治疗案例和图示。全书脉络清晰，叙述精辟。陈实功在书中主张外科病以消、托、补三法治疗，内服药物与外用手术相结合，由此形成了以他为代表的明代外科的"正宗派"。《外科正宗》中有许多创新的治疗方法和器械，如采用枯痔散、挂线等治疗痔漏，用火针、枯瘤法等治疗瘰疬、肿瘤等，对皮肤病和肿瘤的描述也相当准确，书中所说鼻息肉器与现代使用的鼻息肉圈断器基本相同，等等。《外科正宗》问世后成为人们学习中医外科的必读书，并且流传到海外许多国家，为中国医学赢得了荣誉。

　　陈实功在《外科正宗》里阐述了"医者仁术"的思想，提出了医生的"五戒十要"。"五戒"就是行医的五个不准：不论病人贫富，要急人所急，不得拖延，不论"药金""轻重有无"，都要全力救治，尽到医家的责任；对待妇女、寡妇、尼僧病人，"倘傍无伴，不可自看"，要有陪伴，才能诊视；不准向病家索要财物，欺骗病人，如需"珠珀"等珍贵药材入药，可请病家"自制入之"，以避"疑谤"；不准在行医时游山玩水，饮酒作乐，不可"片时离去家中"，"凡有抱病至者，必当亲视"，开出药方要规范，不要让人疑难而诘问；为娼妓及"私伙家"看病，也要一视同仁，对"贫窘者"不收药金。"十要"是对医生提出的要求：要学习经典医学图书，且"旦夕手不释卷，一一参明融化机变，印之在心，慧之于目"，临床看病时才能"自无差谬"；选买药品要正宗，开药既要有依据，也要"因病随时加减"，"汤散宜近备，丸丹须预制，膏药愈久愈灵，线药越陈越异"，要不吝啬好药，一切为病人着想；要尊重同行，"不可轻侮傲慢"，"要谦和谨慎"，要向有学问的人学习，要帮助学问不及自己的人；"治家与治病同"，人如丧元气，自会百病丛生，治家"若不固根本"，追求"奢华"，就会陷入"贫窘"；"人之受命于天，不可负天之命"，要尊重自然规律，顺从自然规律，才能"轻利远害"；人情来往要简单,馈赠礼品"不可求奇",不要攀比,餐饮"一鱼一菜"即可,"广求不如俭用";对"贫窭"病人不但要免去药钱,还要"微赠"钱财,不然他虽然病有药治,但没有饭吃,也会饿死,医者仁术就成了空话;"不可收买玩器及不紧物件","不可做入银会酒会",洁身自爱,才能远离是非;医药用品器械"要精备齐整,不得临时缺少",前贤经典医籍和最近名家新刻医学著述,一定要找来参考阅读,以便增进学问;"官衙所请"(如疫情),"必要速去,无得怠缓",要竭尽忠诚,"告明病源,开具方药",不得贪图虚名,"图求匾礼",要遵纪守法。这些实实在在都是医生的本分!陈实功考虑周全,对病人无微不至,对医生严格要求,这些"戒"和"要"至今仍是医家必须遵循的原则,对当今社会加强医德教育和处理医患纠纷也有着重要的借鉴意义。"五戒十要"被美国乔治顿大学主编的《生物伦理学大百科全书》称为"世界上最早成文的医学道德法典"。

南通博物苑里收藏着陈实功碾药用过的钵头,濠河畔矗立着陈实功的塑像,陈实功的著作《外科正宗》一版再版,他还留给我们一首《山后闲步》诗:"游山不问径,历险自攀跻。憩足坐危石,探奇走曲溪。鸟声村落外,树影夕阳西。席地共长啸,烟霞满袖携。"(杨廷《五山耆旧集今集》卷八)这是他不畏艰难,探险涉奇,在医学领域不断攀登高峰的写照。人们永远纪念这位一生为人民解除病痛的伟大医学家。

南通长桥边的陈实功雕像

3.邵潜和《州乘资》

邵潜（1581—1665），字潜夫，自号五岳外臣，是明末清初文学家、史学家。他自幼聪慧，爱好读书，却无意科举，因性情狷介，与时人不合，以布衣终其一生。明清易代之际，他只带了一些书籍和一烧饭老妪，僻居如皋。也就在这个时候，他写成《州乘资》，在序中仍以明朝流亡政权的年号纪年，写"弘光乙酉二月芳春节，五岳外臣邵潜书于如皋寓公庐之蜉蝣寄"，表明了他的气节。他在自序中还说，他从年轻时就着意要写一部志书，发现应该记载下来的事件、人物，时代远的就去查找图籍考证，时代近的就去咨询那些老先生，日积月累，将写成的文稿珍藏起来，最后集成杂识、艺文、宦迹、人物等4卷，共38个条目，成一家之言，名为《州乘资》，或许可以供给以后编撰方志的人作为资料。《州乘资》虽为私家所撰，但考证精核，叙述简括，填补了明万历初到明亡这70余年间通州州志的空白，具有重要的参考价值。

明代倭寇屡犯通州境，《州乘资·杂识·武备》记载："时则有狼山巡检尹奈，率弓兵御倭于南门之外，被禽，怒骂不已，遂遇害。又有吕四场官李政，率灶民逐倭，获首级八十一颗。此两人小官耳，乃能国尔忘身若此，使武弁皆若而人，又何患乎夷寇之入犯哉。"这些基层官兵的事迹未必能进入史志记载，但《州乘资》却记录下来，成为今天的珍贵史料。

一些记载人物的篇章也非常难得。《州乘资·人物》记明代著名外科专家陈实功,不但医术高明,还热衷公益:为贫穷乡亲,建"义宅",置"义田",施"棺及地",使他们生有所养,死有所葬;对僧寺道观也"施以田",以使僧人能获得修葺庙宇的费用。因此陈实功逝世时,"通人无少长,靡不陨涕"。《州乘资续》记"包壮行",为明末进士,明清易代时隐居不仕,"生平他无所好,独所好书,书一读辄不忘",写的诗文"空灵变幻,磊砢多奇,如海气楼台,观之无倦,海内人士,翕然传诵"。还记述了他几样本事:一是善书画,"又善书法,尤善画梅画石",深得时人喜爱,所以"购者踵相接";二是会造假山,"又善叠石为山,叠已,一不惬,则更叠之,终岁罔辍",不但会造,还精心构思;三是做花灯,"又以意裁蛇蜕为灯,花鸟树石,随手而成,极其工巧,人谓之包灯"。结合其他文献记载,包壮行这个人物形象便非常清晰,跃然于纸上。南通学者管劲丞《江淮集》中《谈包灯》篇提到,如皋文人冒襄有一次夜宴,请客观赏灯彩,有诗赞曰:"兰笑石边莲笑池,枇杷桃杏纷葳蕤。"描述了灯彩中有花、果、树、石,和《州乘资》记载完全相符。冒襄赋诗已经称"包灯"了,他在"五狼枕海迥紫涛,乃有厅技如二友"句下自注说:"谓凌友制包灯,白三弹琵琶也。"诗中还有"灯出文人写生手,化人幻巧通蝌蚪"句,说明这些灯彩是出自文人兼画家的包壮行之手。《梵天庐丛录》中还收录了沈机的一首《包灯行》诗。沈机是爱国志士,参加过明唐王的复国运动,他不屑于曾为堂堂明朝工部主事的包壮行,不思复国,却来做这等玩物丧志的营生。他在诗中诘问:"如何包处士,不爱山真爱山假?移取江山作图画,作画为灯供我耍!到今遗法广流传,百巧争先供纨绔!"画画、做灯,造假山并非权贵的专利,包壮行不过借此排忧解郁。因为《州乘资》记载的影响,数百年后,寓居南通的朝鲜学者金泽荣所居与

三、著书篇:世有宿儒著书多

包壮行故居比邻,他在《借树亭记》中记述道:"惟西墙之外有一宅,本明遗民进士包壮行先生之所筑名以石圃者,而宅中女贞树一株,竦立千尺,终日送翠,滴滴如也。"因此金泽荣将自己住处名为"借树亭","而以挹包先生之高风远韵,而亲之于朝夕之间"。

《州乘资·艺文·著述》记载了许多著作,是地方文学史上的重要资料,罗列了陈大科、陈纯、陈大益、宋尧化、朱当世、卢纯臣、卢纯学、柳应芳、凌兰、汤有光、汤不疑、潘景纯、张元芳、范凤翼、马应鸾、凌荪、葛孟初、钱良胤、王醒之、张光缙、白正蒙、马是龙、单思恭、陈澹民、顾国琬、钱岳、袁邦俊、保时、范国禄、卢恒胤和他自己的著作,以及60多位诗人(上述有些作家兼诗人)及其诗作,这些作家、诗人及其作品至今许多已经湮没无闻。仅从著作名称看,张元芳游历了燕(今河北、北京、辽宁南部,有《燕游草》)、秦(今陕西、甘肃,有《秦游草》)、南(江南及南方一带,有《南游草》)、粤(今广东、广西,有《粤游草》)、吴(今江苏、浙江,有《吴游小草》)等地,按照那时的交通条件,要走这些远超过万里的路程,并且还写出这么多作品,即使在今天也不是每个作家都能做到的。

邵潜还有一部重要著作是《皇明印史》。明代文学家、书画家陈继儒(1558—1639)在《皇明印史·序》中说,邵潜曾经想编撰一部明史,但家无藏书,又非史官,无文献可考,只能望洋兴叹,"乃退而著为《皇明印史》。上自开国六王、上公彻侯,以至名臣将相、文学布衣,各刊一印,以寄微尚,盖不衮不钺之春秋,而不传记不编年之实录也","潜夫有史才、史识,欲史而不能史,而以印史。嘻!可悲也而!"邵潜是以治史的态度治印史,他于史学方面极有造诣。因此,《皇明印史》是一部以印写史的专著。

值得一说的是,这些著作都是邵潜在极端穷愁潦倒时所作。自古文人多穷困,但邵潜不愿仕清,不做官就没有俸银,清代文字狱盛行,他的书也很难刊刻出售,他的穷困是肯定的。妻子因嫌其贫老,弃他而去,婢女也为豪势所夺,他只身一人客居如皋。清代著名诗人王士祯在《池北偶谈》(卷十八)中谈到他在如皋访问邵潜的景象:"康熙乙巳,予过皋,访之。茅屋三间,黝黑如漆。邵筋骨如铁,白发鬖鬖被领,双眸炯然。具果蔌(蔌)留予饮,尚尽数觞,与修禊冒氏洗钵池,尚能与予辈赋诗。陈其年(维崧)云,古今文人多穷,然未有如邵先生者。"这时邵潜虽年届耄耋,却精神矍铄,穷且益坚,依然不坠青云之志,不但能饮酒待客,还能和冒辟疆、王士祯等朋友们聚于水绘园,曲水流觞,诗词唱和。

邵潜《皇明印史》书影

4.冯氏兄弟和《金石索》

冯云鹏(1765—1835)、冯云鹓(1779—1875)兄弟是清代通州的重要作家,他们精诗文,工书法篆刻,擅鉴赏收藏。冯云鹏多次乡试未中,但他多才多艺,研究戏曲和金石书画。冯云鹓考中进士,在山东任知县。为了探讨学问,他请兄长长期在嶧阳县任所居住,公务之暇,和兄长探访孔孟故里,游览曲阜、泰山、任城、元城等地。齐鲁大地自古乃文化之邦,自然"古碑林立,彝器会萃",他们访寻古迹,搜集鼎彝古器、金石瓦当,"罗列满几,以相与赏晰",一些文友也"时以拓本相持赠"。"宵深人静",兄弟二人开始辨析考证,著书立说,"三年而竣,凡三十余万言"(冯云鹏、冯云鹓《金石索》)。这就是在中国金石研究史上占有重要地位的著作《金石索》。

冯氏兄弟是收藏家,收藏的目的是保护,著书立说,传之后人。赵怀玉在《金石索·序》中说,他的一位友人李申耆在一次游览中看到有一个古鼎千疮百孔,但有一段几十字的铭文尚可辨识,第二天凑够钱去购买时,却被告知已和其他朽坏残器一起回炉冶炼了。可想而知,冯氏兄弟在搜集古器的同时,亦抢救了很多国家珍宝。鲍勋茂在《金石索》另一篇序中对《金石索》作了很恰当的概括和评论:"金索自钟鼎以逮镜鉴,石索自碑碣以逮瓦砖,靡不赅备。自三皇以至有元，自中土以至外国，靡不综采，陆离斑驳，开卷烂然，又皆手自摹写，详加厘订，……洵'文海之珠船，艺林之宝鉴矣'。"景庆也作了一篇序，其中写道："其间或购之贾肆，或得自赠遗，或搜罗于深山邃谷之中，蔓草荒祠之内，……凡属先代所留传，前贤之手泽，铭词足据文献有征，无不厘然具备。其考核之精详，论驳之确当，实有发前贤之未发，为唐宋诸儒拾遗补缺者。又手自勾摹，工细曲肖，不知几经岁月，萃精会神，而后成此不朽之盛业也。"

《金石索》十二卷，其中金索、石索各六卷。金索卷一著录商至元代的彝鼎；卷二著录商至后梁时期的古兵器及秦至元代的度量衡器具；卷三著录汉至元代的杂器；卷四著录秦至元代的钱币，附外国古代钱币；卷五著录秦至元代的印玺；卷六著录汉至元代的铜镜，附日本铜镜多种。石索卷一至卷五著录商至元代的碑碣，卷六著录周至唐代的砖和瓦当。每件著录物件均有绘图及文字说明，并加以考订。如在一尊彝器图像旁有文字曰："此彝形制甚古，色亦斑斓，腹外俱作斜方文，有乳突出，两耳作虎首形，与考古图所载虎彝、博古图所载乳彝相似，真周器也。"冯氏兄弟不但考证，还讲了其来历："壬辰春暮，有自任城来售者，予极爱之而力不能得。孔伯海储公以百缗得之，……可为闾里增一宝玩矣。"（冯云鹏、冯云鹓《金石索》金索一）对古砖、瓦当，他们也一一加以说明，如一块名为"长乐未央"的瓦，图旁注释道："此长乐宫瓦，考三辅黄图，长乐宫本秦之兴乐宫。高皇帝始居栎阳，七年，长乐宫成，徙居长安城。三辅旧事，宫殿疏皆曰兴乐宫，秦始皇造，汉修之，周回二十里也。"（冯云鹏、冯云鹓《金石索》石索六）

所以序中说作者"考订精当，信而有征，不独古器与铭赖以不朽，其开益学者亦不少也"。冯氏兄弟除了这部书，还著有《崇川金石志》《济宁金石志》《扫红亭吟稿》《红雪词》等。民国时范费九编《南通书画大观》还收录了冯云鹏的篆书和隶书各一幅。

冯云鹏、冯云鹓《金石索》书影

5.徐昂和《徐氏全书》

徐昂（1877—1953）出生于通州的书香世家。6岁时开始在父亲指导下读书，转益多师；16岁时已读四书五经等典籍，还学习了诗赋，背诵古文、唐诗；曾受教于如皋管仲谦，通州孙敬铭、孙伯龙、范伯子诸名家。1898年，他在州试、岁试中都考取第一名，被江苏学政瞿鸿機赏识招至江阴南菁书院深造，与丁福葆、蒋维乔等是同窗，后来这几个人都成为著名学者。他在书院读书，常恨自己用心不专，心有旁骛，就在身上私藏一把尖锥，一旦读书分心，思绪纷扰，便取出锥子朝自己左手虎口猛刺，因为锥刺多了，手上伤口溃烂久久不能愈合，但也使他的心绪逐渐安定、专注。为了锻炼自己的专注力，他日夜攻读三典（康熙字典、英文字典、日文字典），持之以恒，熟读背诵，人称"三典先生"。后来，他还师从著名诗人范伯子读书，深得范氏赞誉，说他"文沉挚而博茂"。

毕业后的徐昂在师范学校和中学任国文及日文教师，还被南通县教育会推举为评议员。出于对传统文化的热爱，课余时间，他和友人结成诗社，常和文友雅集，诗词唱和。近代诗人陈衍在《石遗室诗话》里对徐昂的诗作了较高的评价，但徐昂并不满足于此，热衷于国学研究及著述。他从30多岁开始，数十年间写出了《易林勘复》《京氏易传笺》《释郑氏爻辰补》《周易虞氏学》《周易对象通释》《音学四种》

《休复斋杂志》《诗经形释》等30余种国学专著。他的音韵学成就,得到了著名学者黄侃的肯定。徐昂对易学和音学的研究没有师承,全靠自学,不但问学的老师没有,连要看的书都找不到,"乃殚思竭虑,研索推求,坐卧眠食,舟车旅寓,随时随地,神思系焉"(徐昂《徐氏全书》),自学的艰难自不待言。他曾说:"学问难,我无奈它何;我不怕难,它亦无奈我何。"(徐昂《音学四种》)徐昂自学的刻苦和决心可见一斑。他30多岁时得过一次痔疮,医生用铁针穿线自左臀刺入,绕及腰部,前达胯际,非常疼痛,但他仍"强记默育,忘其疾苦",为读书完全忘了病痛。后来他还患过"湿瘟",有生命危险,他却"挂念著稿,它无所系"。(徐昂《自述》)忘我的治学精神令人动容。19世纪末,张謇、范当世等四人被称为"通州四才子"。20多年后,通州又有新的"四才子"之说,徐昂以其学术成就名列其中。

徐昂的易学类著作有12种。《易经》被誉为"群经之首,大道之源",是中国传统思想文化中自然哲学与伦理实践的根源,对中国文化产生了巨大的影响。西汉时京房著《京氏易传》阐述易经,经过历代亡佚,到宋时文字多缺漏舛误。徐昂著《京氏易传笺》是第一部对《京氏易传》正确注释的专著,他纠正前人误读,讲清前人未明白的道理,揭示了西汉易学的蕴奥,使这部著作重现学术生命。徐昂的《释郑氏爻辰补》也是对易学研究的一大贡献。郑氏郑康成是东汉大儒,他的易注散失很多,清末戴棠著有《郑氏爻辰补》,以汉魏诸家及宋明清诸儒爻辰解易的方法来补充郑氏易注,而徐昂则综合六十四卦所居爻辰解释并订正戴棠所著。徐昂还著有《周易对象通释》,他在该书自序中说:"拙著《周易对象通释》,以归纳为原则。归纳有二点:一归纳周易经传全部对象,研求卦爻之变化,而条分其系统;一归纳周易虞氏义及虞氏消息全部解释,以贯通其义理,证明对象之有所会归。"他精辟全面地归纳易理的种种笺注解释,使各家易经理论的阐述融会贯通,和谐完美。

徐昂的音学类著作有11种。徐昂在《声纽通转》引言中写道:音学分声学和韵学,而"声犹之天也,韵犹之地也,天地相合而成万物,声韵相合而成万籁",但前人对韵学论述很多,"而声位韵之先",更应予以深入的研究,才能搞通声韵。他的《声纽通转》就是关于声学的专著。"古代以诗立教,经传诸子,韵文居多,后人若不通古韵,即不能读古书。"清代音韵学家孔广森分古韵为十八部,章太炎作《成均图》,徐昂著《等韵通转图证》,"取十二韵摄约为八部,阴声阳声各占其半,著《等韵通转图》","研求韵摄之转等与等韵之转摄",并取"古训方言","以资考证"。(徐昂《等韵通转图证》卷一)这是继章太炎之后,综合前人研究成果的很有创见的韵学专著。顾怡生在该书序中说:天下学子"复得此图证者,以简御繁,于博统约,庶几读天下之书,而不感聋哑之苦"。徐昂在古声韵研究取得成果后,又开始做"明经传训诂"的研究。徐昂认为,文字形由音生,义随音变,说文为形书,而声韵系之,不究其音,徒拘于形体以求意义,未见其当。他的《说文音释》对许慎、段玉裁《说文解字》及其注释,依类分释,以究其源,并一一列出所未详或舛误者。《楚辞音》也从声韵学角度对原本错误及注释不清处予以订正,徐昂认为"声音之于人心,盖有潜移默化者焉,楚辞以韵为节,昂曩读离骚经,区为八十一节,……协韵相间,或声韵隔协,皆与诗经同例。爰于诗经声韵谱著成之后,撰楚辞音一卷"。《诗经声韵谱》为研究《诗经》开辟了新的途径,"诗篇三百,被之管弦,应律合节,秦烬以后,乐调亡失,篇章仅存,其声韵犹可钩稽也"。历来人们对《诗经》的研究多重韵脚,但"韵脚外所用之字亦有关于韵学者,而声学攸关者尤多",徐昂探索"而就文字以审音节",

从中寻绎义理,缉成条理,使"韵协声谐,美妙益著,如和风鼓荡,万窍皆应",使《诗经》回归"此乃天然之音籁"的本真。(徐昂《诗经声韵谱》卷一)

徐昂的杂著类著作有10种,涉及面宽广,见出他学识的渊博。他著《马氏文通订误》,对我国第一部用现代语言学理论研究中国语法的著作《马氏文通》逐条订正,还对杨树达的《马氏文通刊误》进行再刊误。他的《文谈》论述历代古文及其写作技巧,"尝语学生云:'尔曹宜务实学,勿以能撰几句诗文,即傲岸满足,自命为文人雅士。须知国文虽为国学基本,而所谓国学者,非仅空文而已也。'""学者如能于他国文字之体制义法音韵,旁通曲达,会心圆融,则其文化之水准,必益臻高峻,或云,欲一国文字深造其极,非通数国文字不可。"(徐昂《文谈》)这些观点都极有见地,至今仍不失实践意义。《休复斋杂志》则记录了他的生平和学术思想。

因为徐昂的学术成就,1934年,杭州之江大学聘他为国文系教授。他和同系讲师夏承焘交往较多,时相过从。1939年秋,他还兼任无锡国学专修学校及京江中学教授。1942年,之江大学因太平洋战争爆发而停课,他回到家乡南通,因为拒绝伪职,全家生活陷入困窘。后来他前往新四军占领的抗日民主根据地,在南通县中学温家桥侨校任教,每月领取公粮养家。他的崇高气节和"饥犹择食"的名言,受到人们的称颂。

新中国成立后,徐昂被聘为江苏省文史馆馆员。他的《徐氏全书》1953年全部出齐,共37种94卷120万字,其中一半是易学著作,奠定了他在易学史上的重要地位。徐昂还是一位成功的教育工作者,他的学生魏建功、陆侃如、王焕镳、任铭善、蒋礼鸿、王个簃、陈从周等后来都成为著名的学者。

三、著书篇：世有宿儒著书多

徐昂著述时的照片及弟子高岳题字

徐昂《京氏易传笺》书影

6.徐立孙和梅庵琴派

在中国传统文化里,古琴的地位是无与伦比的,它的价值不仅在于本身的表现力,还在于它除音乐之外,还有道德、哲学甚至政治、宗教的内涵。南通尊文重教的传统孕育了梅庵琴派。梅庵琴派虽起源于山东,形成于南京,却最终兴盛于南通。在南京高等师范学校(简称"南京高师")梅庵跟王燕卿学琴、跟沈肇洲学琵琶的南通学生徐立孙、邵大苏回到南通,在南通师范学校、南通中学教授琴艺,组织梅庵琴社,随着《梅庵琴谱》《梅庵琵琶谱》的刊印,从20世纪30年代起,梅庵琴派在古琴界渐渐闻名于国内外。

梅庵学琴,展露才华

1916年,徐立孙到南京高师求学,校长江谦延聘了许多名师,教过徐立孙的有胡先骕、柳诒徵、王伯沆、陶行知等,还有李叔同、周铃荪教西乐,王燕卿、沈肇洲在校园内梅庵教古琴、琵琶。徐立孙学习刻苦认真,因用功过度而咯血伤肺回家养病。兄长徐昂认为学习音乐能陶冶身心,强健体质,鼓励他学国乐;他的同学、好友邵大苏爱好古琴,也竭力劝他学琴。于是,徐立孙跟随王燕卿、沈肇洲学古琴、琵琶及三弦。1919年南通南街基督教堂举行音乐晚会时,徐立孙已能上台表演,"由南京高等师范生徐君抚古琴,高下徐疾,动人情性，抚毕掌声雷动，徐君复弹琵琶一阕"（严晓星《高罗佩以前古琴西徂史料概述》）。徐立孙还从兄长徐昂学习乐律学，在北京大学音乐研究会《音乐杂志》上发表《仲吕为变徵说（附转弦换调）》一文。

1920年徐立孙随老师王燕卿到上海参加晨风庐琴会。这是一次高手云集、名家荟萃的全国性古琴演出，徐立孙演奏《搔首问天》《长门怨》，和老师合奏《秋江夜泊》，还与人进行琴学书面问答。这次琴坛盛会使徐立孙大开眼界，也让他的才华得到展现，当时琴坛泰斗杨时百以所著《琴学丛书》持赠，并以学习《幽兰》《流水》相勉励。

成立梅庵琴社

徐立孙毕业回到家乡，在中学和师范学校任生物与音乐教师。许多学生向他学琴，最早的一批学生中有吴宗汉、刘景韶、王新令、黄稼承、黄耀曾、杨泽章、史白等，黄稼承早逝，黄耀曾后来成为中国科学院院士，其他人都学有所成，成为梅庵琴派的中坚。一些社会青年如陈心园、夏沛霖、李宝麟也加入学琴的行列，徐立孙的同事王个簃、兄长徐昂也向他学琴。徐立孙经常在兄长和诗友们的雅集上弹琴，许多诗文描述了古琴的曼妙。学琴在南通一时蔚为风气，形成了一个新的琴人群体和活动中心。在王燕卿嫡传弟子徐立孙、邵大苏的经营下，梅庵琴派很自然地在南通得到了传承和发展。1929年，南通成立了梅庵琴社，随着《梅庵琴谱》《梅庵琵琶谱》的印行，这个流派被琴坛称为"梅庵琴派"。

1935年，徐立孙在上海和张子谦、查阜西、彭祉卿等琴人交流，他们分属北、南两派，琴风悬殊，但谈论却十分投契。徐立孙去函说："北方刚强，当于刚强之中求圆润。南方文弱，当于文弱之中求方健。规矩二字，本兼方圆二者而言，其要在得中也。"查阜西复函说:"前与立孙兄把晤抡音,见彼此方圆悬殊之下,尚能谈言恰合,快慰之余,遂以为天下皆贤,而于二百年来诸谱偏执互攻之迹,竟尔忘怀。"(严晓星《梅庵琴人传》)琴坛门户多见,北派、南派的徐立孙、查阜西互相引为知音实属琴坛佳话。不久查阜西等人发起今虞琴社,邀请梅庵及全国各地琴社、琴人莅会庆贺,徐立孙携杨泽章参加,并在交流中演奏《捣衣》《搔首问天》,还表演了琵琶独奏《飞花点翠》。今虞琴社创办了会刊《今虞琴刊》,徐立孙应邀撰写了《论琴派》《论音节》《梅庵琴社原起》并发表,其中《论琴派》继续探讨他和查阜西在信函中谈及的问题。受徐立孙影响,上海、南京、扬州、南通的古琴流派互相观摩学习,深入交流,切磋技艺,传承、振兴、发扬古琴艺术。

徐立孙的音乐教学也很成功,他著有《作曲大意》一部,谱写了许多歌曲,张謇作《国歌为通州师范作》、徐昂作《南通中学二十五年纪念歌》都由他谱曲。他培养了很多学生,其中有史白和江村,史白创作了许多抗战歌曲和歌剧,江村因在重庆饰演《北京人》中的曾文清成为著名演员。每年在南通师范学校的开学或毕业典礼上,徐立孙的古琴和琵琶演奏总是最受大家喜爱的节目。

战乱岁月,不忘古琴

抗战时期日军轰炸南通,徐立孙携全家避居乡里。他靠行医生活,收入不足,妻儿还捡野菜食用。1939年底通海地区成立抗日民主政府,徐立孙担任副参议长,在滥港桥师范学校教授生物与音乐。学校离家20多里路,他每周到校教课三天,从不迟到。他仍然不忘传播古琴艺术,常常冒着严寒为学生们演奏古琴。《辛丰年音乐笔记》记载了徐立孙的一次演出:"一阵阵掌声敦请这位已下乡投身人民解放事业的民族音乐家来一个节目。随即有人递上了他自用的琵琶。显然有求必应已非一次了。他一边调着弦,一边向听众宣布,他要弹一曲《四合》。出人意料的是他还扼要介绍了这一套琵琶曲如何又有《扬合》与《苏合》之别。我对专家普及严肃音乐的热心肃然起敬!"

抗战时期,梅庵琴人贫病交加,邵大苏、夏沛霖、徐遂、杨泽章先后病逝,徐立孙眼睁睁看着亲人、挚友、弟子逝去,心中留下了永远的痛楚。

内战爆发后,徐立孙为躲避国民党迫害,带了儿子前往上海。今虞琴社的查阜西、张子谦等昔日琴友宴请徐立孙,并且募集资金,捐助徐立孙在上海安定生活。徐立孙在上海见到学生吴宗汉,吴宗汉一直和太太坚持学习古琴,还创办了东南中学,他聘请老师到学校任教。不久,徐立孙还取得了在上海的行医资格,这样就解决了一家人在上海的生计。徐立孙仍倾心于古琴艺术,为吴宗汉夫妇指导琴艺;另一位过去的学生刘景韶从镇江来,朱惜辰也从南通来,跟随徐立孙学习。徐立孙还和在上海的梅庵旧友吴志鲲、王个簃、邓怀农等来往,参加今虞琴社的活动,结识了许多新琴友。梅庵琴派这一时期在上海显示出些许"中兴"的气象。

古曲打谱,饮誉海内

新中国成立后,徐立孙毅然舍弃上海的优裕生活,回到家乡。他仍然任生物教师,加入南通市文联,被选为各界人民代表。他见到了陈心园、李宝麟、徐昌震这些梅庵琴社早年的学生,他们坚持传承和发扬梅庵琴学,梅庵琴社还在,徐立孙又开始为这些学生讲授和指导。不久,徐立孙加入中华医学会,后来又在医院中医科任主任。但徐立孙仍然是公认的音乐家和古琴家、琵琶家，1954年，他经查阜西介绍，加入中国音乐家协会（简称"中国音协"）。

当时中国音协联系各地古琴家协力研究《碣石调·幽兰》，要将这一现存最早的古琴谱弹奏出来。徐立孙收到中央音乐学院寄来的汇总《幽兰》基本资料和初步研究成果的《〈幽兰〉研究实录》第一辑后，就以巨大的热情投入这次译谱活动。徐立孙经过半年多的认真研究，并和琴友查阜西、吴景略、吴振平多次通信，探讨曲意、风格、定调、节奏、音律、指法等诸多问题，终于将全曲弹奏完毕，并且完成录音，成为这一打谱研究中最早成功的古琴家。查阜西编辑的《〈幽兰〉研究实录》第二辑印行，收录徐立孙所撰《学习〈幽兰〉的体会》《〈幽兰〉简谱试译》《〈幽兰〉减字谱试译》，以及讨论《幽兰》打谱的信函多通。可见古琴界对徐立孙《幽兰》打谱研究的认可。接着徐立孙开始《广陵散》的打谱研究，又经过半年，将《广陵散》"初步熟练"，写成《试弹〈广陵散〉的初步体验》及简谱译本，并完成所弹乐谱的录音，民族音乐研究所、北京古琴研究会油印出版了他的打谱专著《〈广陵散〉研究》。

1956年，徐立孙在北京全国第一届音乐周上，弹奏古琴曲《捣衣》，声动琴坛，一时有"全国古琴四大名家"之说，另三人为查阜西、管平湖、吴景略。上海音乐学院开设古琴专业，延聘徐立孙执教。徐立孙的古琴艺术和《幽兰》《广陵散》打谱研究，使以他为首的梅庵琴派饮誉海内。

古琴在中国传统文化里一直占有重要位置，操缦几弄，清茗数盏，诗词应和，琴棋书画，国学精华尽在其中。古琴是"小众"的，一幅《宋徽宗弹琴图》所画听琴者只有两人，古琴更多是弹给自己听的。徐立孙传授的弟子不过百人，多不以音乐为业，王个簃、邓怀农、刘嵩樵是画家，黄耀曾是化学家，冯雄是水利专家、藏书家，徐昂是国学家，史白除音乐外还有美术、戏剧的专长,江村是演员,陈心园是医生,吕德宽是纺织专家,连徐立孙本人也是中医师。但他们将代表中国传统文化的琴学带到祖国各地及各行各业,将古琴艺术推介传播、发扬光大,梅庵琴学还远播欧美。清丽的梅庵琴曲飘逸四方,既有历史传承,更有自家创新,成为祖国艺术大观园里的一束清馨的兰花。

徐立孙在抚琴

徐立孙《梅庵琴谱》书影

徐立孙画作

7.费范九编《南通书画大观》和《南通县金石志》

费范九(1887—1967),名师洪,字知生,自幼聪颖,州试名列榜首,后入江宁法政学堂,毕业后回到南通任张謇秘书,主编《南通报》。他还参与地方修筑公路、建设桥梁、修复古代建筑等事业。修建纪念抗倭英雄曹顶的曹公亭时,他写了《曹公亭记》,还撰了亭联:"遗像千秋,雄心直欲歼全虏;危亭一阁,毅魄犹应恋此乡。"颂扬曹顶保家卫国、奋勇杀敌的英雄气概,激励后人的爱国主义精神。

1928年,费范九应上海商务印书馆之聘,出任编辑,整理出版学术著作,主持影印宋刻《碛砂版大藏经》,但他始终关心家乡文化事业。南通"先民工书画者,自明及清,彬彬称盛,当生活宽纾之暇日,为精神专一之艺事,祖孙相及,师友相承,不炫荣名,不牟利养,故各有特殊之贡献,至今谈者犹引其姓名而尊之"。多少年来,"惟陵谷变迁,公私摧毁,遗作稀如麟凤",费范九"深惧其灭于劫烬之中",决心搜集先贤遗泽,编印成册,永为保存。于是,他向南通文化界人士发出倡议,很快得到了张敬礼、于敬之、李伯韫、费慧茂、徐赓起、吴芳生、徐允斌、丁柏岩、冯贡西、徐策安等先生的积极响应,"各出藏本,欣然相饷",其数量之多,质量之精出人意料。他还和顾怡生、冯瀚飞、瞿镜人、钱笑吾、钱重知、包谦六等文友商讨编印体例款式,选出86位书画家的100幅作品,"寻绎署年,编次总目",按"书之篆隶正草,画之人物山水鸟兽花卉"，"以双层宣纸精印，汇装锦册而成大观"。一册编成，"凡向之欲考求通州作派苦无汇辑材料者，今有资矣；向之欲激发爱乡情绪，苦于先民遗作绝少展览者，今有资矣"。（费范九《影印南通书画大观缘起》）费范九在"缀言"中写了他编书的缘起。他从小就常常听父亲在大暑天曝书画时讲解各种书本的异同；父亲在卧室里挂了好几幅书画，高兴时会眉飞色舞地大谈其中笔墨气韵的生动之处。他跟随父亲浸润其中，深受影响，以后只要看到书籍中涉及地方书画的章节，就会记录下来；看到旧书店或书摊上有乡贤书画出售，他都会设法凑钱买下来。然后加以整理，考订编次，往往雪夜霜晨，焚膏继晷，废寝忘食，乐在其中。渐渐地，他搜集到明清时期126位乡贤书画名家的作品。他认为"人于艺事，创必有因"，如果"前者勿为之传，将莫望后者之恢张弘远，其损失宁不大哉？"不承继前人的成果，后人怎能创新，走得更远呢？于是，他"深惜所藏之本频经世劫，散失已多，兹悉所有以付净缘社，俾集各家藏本，精选精印而成南通书画大观"。

　　通州书画艺术始于唐末宋初，但真迹难寻。有明至清，通州书画家有四五百人之多，且多名家高手。明兵部侍郎顾养谦善用兵，书法也遒劲挺拔；万历进士范凤翼是著名诗人，也善书法；崇祯进士包壮行，不愿仕清，以书画、灯彩、叠石自娱……清康熙年间书画家们结成"五山画社"，"雅集""联吟"数十年，花晨月夕，烹茶品茗，谈诗论文，泼墨绘画。康熙中期至乾隆年间，是南通书画创作的高峰期，除名噪大江南北、饮誉全国的李方膺和丁有煜之外，还有许多画家也足以载入南通美术史册。画家钱大年，工山水，气势深幽，布局严谨，存世作品极少。他在题画诗中说："高山流水净尘缘，松竹清幽辟洞天。万物静观无可羡，溪边闲却小渔船。"他向往的是溪边垂钓，白昼掩门，静心读书的生活。

三、著书篇：世有宿儒著书多

李敩谟善画荷,人称"李荷花",他在画上自题:"世人称我李荷花,绘事名传未足夸。总为廉溪因有癖,挥毫尚忆水之涯。"他性好洁,寓居萧寺。沙声远以画马出名,用墨造型夸张生动,自成一格。陶云骧、朱石甫、李芳梅、白懋初以书法名家;谢谷擅长以枯笔作画;曹星谷书画皆精;姜渭的人物,汤密、周拔的墨竹,皆可圈可点。上述人物的书画作品都被《南通书画大观》收录,使我们得以窥见数百年前南通书画家们的佳构杰作,借此了解南通明、清时期书画艺术的概貌。

南通的石刻文字最早见于五代吴天祚三年(937)姚存在狼山北坡的题名,经过宋、元、明,到清末民初,张謇致力于南通自治,振兴文化教育,"碑刻渐广,撰文书石,多出名手","于是刻勒滋多,彬彬可诵"。但1938年日寇侵占南通,"遍搜寺庙金属法器,又开山凿石资军用,文物摧毁日多"。(费范九《南通县金石志》)费范九和净缘社同人唯恐珍贵文物毁于一旦,秘密筹集资金,悄悄请匠人将碑铭刻石捶拓下来,"九、十年间,拓集其乡之金石而影印","凡一百二十九",其中"五代者一,宋七,元二,明三十一,清四十二,民国四十有六"。(费范九《南通县金石志》)依年编次,辑成《南通县金石志》出版。清代冯云鹏、冯云鹓兄弟编辑《金石索》,虽搜罗广泛,但对地方金石却无专论。南通历来钟灵毓秀,"人才渊薮,意必有玮丽深俊之作","此书一出,当今学者可以欣然无憾,且拓本均摄全形,晴窗展对,如置身名山胜景间","其原物虽遭劫坏,幸得于楮墨间续命之"。(费范九《南通县金石志》)《南通县金石志》的编成,使不久后许多毁损于战乱的碑碣刻石以拓本的形式保存下来。

石刻"何嗣焜宿狼山望海楼题名",是张謇的楷书,"光绪己亥十一月,冬至后一日乙丑,何嗣焜、范肯堂、张謇同游宿望海楼下",寥寥数行字,却蕴藏了一段往事。范肯堂即范伯子,同光朝著名诗人。何嗣焜(1843—1901)曾任南洋公学第一任总理(校长),年轻时避战乱曾到过南通,后入张树声幕府。张树声调署北洋时,清政府应朝鲜国王李熙之请,派军队赴朝平定军乱。何嗣焜协助张树声谋划,调吴长庆率部入朝,张謇作为庆军幕僚随军出征,这是清政府在对外作战中难得的一次胜利,何嗣焜、张树声也从此结下友谊。张謇在日记中记载了"眉孙(何嗣焜字)、肯堂来","与眉孙、肯堂同看大成沙坝。……是夜宿狼山望海楼","游狼山,观塔"。(张謇《柳溪草堂日记》)

张謇致力于地方自治,用儒家情怀看待社会特殊人群和弱势群体,创办贫民工场、济良所、栖流所等慈善机构,贫民工场内还附设恶童(有不良行为的流浪儿童)感化院及游民习艺所。《南通救济院概况·序》中说,对这些人群的救济,目的是"促其自新,扶其自立","故礼义廉耻之诱导,职业技能之训练,较之衣食住所之供给,关系尤重"。《南通栖流所记》碑刻有"土丐则令习一艺而遣焉","流丐则令得食且宿而遣焉",特别是对当地乞丐,不但提供食宿,还为其作长久计,教他们学习一门技艺能自谋生活,较好地诠释了张謇的慈善思想。

曹顶为明嘉靖时抗倭英雄,平潮单家店是英雄死难处,民国时南通规划公路,学者费范九发起在公路旁建曹公亭,并亲撰《曹公亭记》,勒石纪念。日寇侵略南通,亭被毁,但碑刻却因《南通县金石志》的编辑保存了下来。"公忠勇绝伦,当明嘉靖三十三年,应募击倭于江南,先登有功。其明年倭侵通,公率水兵五百御之,杀倭数百人,筑京观城南。三十六年四月,又与倭战于城北五十里,乘胜追奔至单家店,会天雨泥淖,公马蹶于堑,卒遇难。何其痛也!……因筑爽垲,构亭其上,造公横刀立马之像于中,名之曰曹公亭。今世言地方自治矣,自治必先能自卫,如我曹公,可谓能勇于自卫者，吾通之民，其亦憬然闻曹公之风也哉？"短短碑文却抒写了抗倭英雄的壮烈事迹，激励今人的爱国主义情怀，不仅为南通历史增加了光彩，也为中华民族的反侵略历史留下了一份珍贵的记载。建设曹公亭时，费范九还以"曹公亭"为题向全国著名文人学者征集诗文，收到了除张謇外，陈衍、曾熙、柳诒徵、唐文治、陈三立、梁启超等44人的53首诗词稿，编成《南通平潮曹公亭诗》。

江谦撰《白烈士墓志铭》，说白雅雨从小"颖异"，喜读历史上志士豪杰的事迹，"慕北方刚劲气，絜家住天津。辛亥武汉事起，畿辅慑近威，不敢发，君独因红十字会慷慨陈辩数千言"。滦州起义失败被捕，"君瞋目叱曰：'余北方民军参谋部长白某也，何问为？'""归骸南通，会葬者数千人，葬君狼山之阳"。江谦和白雅雨是南洋公学同学，这些记载具重要的史料价值。

《南通县金石志》较完整地保存了南通的碑铭石刻。除上述例子，还有五代吴天祚三年（937）的《姚存狼山题名》；宋代晁端彦、吴询、赵师罿、杨公瑜等人的《狼山题名》及《通州重修学记》；元代《通州儒学重建大成殿记》；清道光冯云鹏篆书《岣嵝碑》；清末学者和教育家吴汝纶撰，张謇楷书的《通州范府君墓碣铭》；近代吴昌硕篆书《磊落矶》，张謇撰《荷兰工程师特莱克君墓表》《世界美术家吴县沈女士灵表》；等等。

费范九还著有《淡远楼诗集》《淡远楼联语》《庸余杂墨》《延旭轩俪语》等。

费范九《南通书画大观》书影

三、著书篇：世有宿儒著书多

费范九《南通县金石志》书影

8.《南通范氏诗文世家》

　　一个地方有家族几代甚至十几代不辍弦诵之声,崇尚文化教育,诗书传家,著述不已,流传于世,是这个地方文化昌盛、文风沛然的重要标志。范氏、李氏、徐氏(兼中医)、尤氏等许多诗文世家,是南通这片广阔、深厚的大地上诞生的累累硕果。2004年,范曾编《南通范氏诗文世家》由河北教育出版社出版,21册26卷500余万字,皇皇巨著,收录了自明末以来范氏21位文人的8491首诗歌、2152篇文章、182件书法、110则日记。南通范氏,从明代范应龙起,到当代艺术家范曾,450余年间连绵13代,代代有诗人,并有诗文传世。有学者说,这在中国文学史乃至世界文学史上都是一个奇迹。季羡林、钱仲联、汤一介等分别题词作序予以高度评价,《南通范氏诗文世家》的出版在学术界和文化界产生了很大影响。

　　范家祖屋有范伯子先生联:"揽辔登车,一世澄清须满志;读书闭户,万家忧乐尽关心。"道出了这个古老诗文世家的祖训。范家经历了明末阉党专权,清代文字狱盛行乃至战乱频仍、颠沛流离的万般磨难和艰辛,特别是发生在如皋的徐述夔"一柱楼诗案",数百人被杀戮,天下诗人谈诗色变,几乎给这个诗文世家带来灭顶之灾,中国诗史上因此缺失许多优秀的诗篇。范曾在《南通范氏诗文世家·序》中说:"五世祖范持信,字静斋,少负才名而独无诗传,更无诗集。其所流传之诗两首,乃咸丰年间寇警,城垂破,期与高祖范如松死，乃口占两绝，曾祖伯子先生犹能背诵，其一云：'七十老翁何所求，要将一死抵封侯。人间乱世飘零尽，赢得先庐作一邱。'其二云：'偃卧归来夜不惊，呻吟愁汝到天明。分明一夕城垂破，又听街头卖饼声。'"历史要感谢范伯子先生，正因为他背诵流传下来这两首诗，才使得这个古今中外罕见的诗文世家诗文不辍，得以延续。

研究晚清、近代诗的著名学者钱仲联也在《南通范氏诗文世家·序》中说："清代惜抱大桐城古文之派，以迄今日厥传未绝，南通范氏其执吟坛牛耳者哉。"范氏诗文世家的三个高峰期，代表诗人堪与同时代一流诗人比肩。第一个高峰期代表为范凤翼、范国禄父子。范凤翼为明万历进士，官至吏部主事，因举荐清流贤才遭魏党排挤，愤而辞官，隐居乡里饮酒赋诗，有《范勋卿诗集》三十二卷、《范勋卿文集》六卷，收诗1570首、词25首、文214篇；另有《楚辞解注》《历代诗选》传世。范凤翼之子范国禄被誉为"江东第一才子"，弱冠即以诗文鸣于海内，著述之丰，堪称邑中之最，视为通州诗文之冠。他和孔尚任、王士祯等著名文人交谊甚厚。但他生不逢时，清初文字狱盛行，在编纂《通州志》时又得罪了官府，只得离乡避祸，浪迹天涯10年。他著有《十山楼诗》、《十山楼文稿》十九卷，收诗3464首、文1163篇。

晚清同光诗坛领袖范伯子是这个诗文世家的第二个高峰期代表，他和范钟、范铠兄弟三人诗文齐名，号称"通州三范"。他以"布衣诗人"名动全国，曾任张之洞、李鸿章幕僚，还被李鸿章聘为西席。他做过观津书院山长、通州东渐书院主讲、三江师范学堂总教习，并和挚友张謇在家乡兴办教育。他一生漂泊，目睹时代巨变，因此他的诗文"合为时而作"，由感而发。这一时期南通范氏诗文世家和安徽桐城姚氏、江西义宁陈氏诗文世家联姻，范、姚、陈三家互相影响、融合，范伯子的诗文也卓有成就。《范伯子诗集》十九卷、

《范伯子文集》十二卷，收诗1151首、文109篇。

范氏诗文世家的第三个高峰期代表非当代画家范曾莫属。范曾自幼濡染于诗文世家之氛围，7岁时以院中鸡冠花为诗，已令父亲范子愚惊讶不已。随着范曾画作渐入化境，诗作也厚积薄发，佳作迭出，诗人、画家齐名。他的哲理散文诗《庄子显灵记》为诗歌题材拓展出一片新天地，从太始、太朴，到中国的老子、庄子、范伯子、陈散原、吴汝纶、弘一，再到外国的柏拉图、亚里士多德、海德格尔、爱因斯坦、毕加索，他虚拟出这些人类精神文化的代表聚集在一起，探讨诸多人们所共同思考而没有解决的问题的情形。范曾的诗学根柢无疑使他对绘画的深入理解和整体把握及刻画更胜人一等，他的诗和画融为一体，他强调画要"以诗为魂"。他是多产的画家，也是多产的诗人，作为诗文世家的第十三代传人，他足可告慰先人，他虽以画名家，但也以许多体裁的诗作，继承、丰富了这个家族的文脉，成为范氏诗文世家中令人瞩目的高峰，并且这个高峰还依然矗立。

遭逢康熙、乾隆时的"文字狱"，范氏诗文世家为保家族平安，不愿出书，或者"述而不作"，诗文散轶不少。乾隆年间，江苏巡抚杨魁向朝廷举报范凤翼《范勋卿集》，此书被列入乾隆《禁书总目》和《违碍书目》，遭禁毁、劈版；出版乾隆《通州志》时，也将已雕版印刷的范凤翼本传和著作目录挖版删节。九世祖范遇有《一陶园诗》，六世祖范崇简有《懒牛诗钞》。八世祖范梦熊、七世祖范兆虞，虽有诗作，却与十二世祖范应龙诗杂处，被后人编为丛稿，只存诗36首。四世祖范如松，有《未信斋稿》，他的诗上承八代诗人之高风，下启范氏诗文鼎盛之局面，且诗教有方，长子范伯子为晚清杰出诗人，次子范钟有《蜂腰馆诗》，三子范铠有《季子诗》，均以诗文名重晚清文坛。范曾祖父范罕有《蜗牛舍诗》，叔祖范况也擅写诗，并著有《中国诗学通论》。范曾父亲范子愚是这个诗文世家"述而不作"的代表,他诗作甚丰,并培养儿子从小作诗,"文革"时为避祸,他将家中旧藏书画烧毁,却悄悄将诗稿保留下来,诗文世家又一次躲过浩劫,使诗脉得以延续。后来范曾为范子愚编有《子愚诗抄》,黄永玉题写了书名。

南通范氏诗文世家历经明、清、民国时期直到新中国成立,数百年的改朝换代、风云变幻、跌宕起伏,历经劫难,却依然绵延不绝,显示了中华民族优秀传统文化的顽强生命力和广博深厚。这一个"文化上的个案",不仅对于南通地方文化及江海地域文化的研究,而且对于中国文化的研究来说,都是值得重视和弥足珍贵的。

范曾《南通范氏诗文世家》书影

范子愚《子愚诗抄》书影

9. 从《南通张季直先生传记》到《张謇全集》

《南通张季直先生传记》和《张季子九录》

胡适在给张孝若所著《南通张季直先生传记》作的序中写道："张季直先生在近代中国史上是一个很伟大的失败的英雄，这是谁都不能否认的。他独立开辟了无数新路，做了三十年的开路先锋，养活了几百万人，造福于一方，而影响及于全国。"张謇先生一生致力于实业、教育和南通的地方自治，并参与了许多重大的历史事件，如甲午战争、戊戌变法、辛亥革命、君主立宪、东南互保等，出身封建士大夫的他，能顺应历史潮流，与时俱进。张謇做事深思熟虑，留下许多文字资料，这些文献浩如烟海，真实地记载了张謇的一生，也是他留给后人最宝贵的精神财富。张謇之子张孝若先生在他父亲逝世之后就用全副精力撰写父亲的传记，费了几年工夫编辑张謇的全部著作，并亲自整理点校。张謇好诗词文赋，遇事必记，自己编有年谱、日记，还有近万封信札，留下的著述文稿无法统计，整理编辑是一项浩大的工程。

1930年9月，上海中华书局出版了张孝若著《南通张季直先生传记》（附年谱年表）。内容分为三编：第一编从张謇出生（1853年）到戊戌变法（1898年），分"导言及先世""诞生""科举""客幕""家居""甲午中日战事及戊戌变政"等6章；第二编从1899年到辛亥革命（1911年），分"创办纱厂及垦牧公司""庚子事变""创办师范学校及地方自治事业""游历日本""筹划助成全国及苏省各事业""治水及改革盐法""立宪运动及咨议局成立""辛亥革命前后"等8章;第三编从民国元年(1912)到张謇逝世(1926年),分"南京政府成立""农商水利及其他政务""经营村落""不忘国家""浚治运河长江及开辟吴淞商埠""棉业统计社会主义税法平等三问题""讲学问及对宗教观念""识见操行""事业的归宿及生荣死哀""优游山林及晚年风趣""住宅及师友亲属""家书""逝世"等13章。

胡适在《南通张季直先生传记·序》中讲了张孝若为父亲做"先传"的"几桩很重要的资格"后说:"有了这几种资格,我们可以相信孝若这篇先传一定可以开儿子做家传的新纪元,可以使我们爱敬季直先生的人添不少的了解和崇敬。"张孝若在《复胡适之先生信》中说:"譬如我父是个文人,但同时有事业,有政见,所以他的著作不是单纯的文集,他的传记也不是单纯的家传。我这回做传记,抱定一个主意,就是对于我父一生主张的变迁,出处的关系,他的人格,他的志事,连他所交的朋友,和游宴的琐事;只要是我父亲口说的话,亲手做的事,只要能表现他的个性,不问他怎样寻常,不管他有无忌讳,我都尽力竭思,信笔直写。总想从各方面衬托放射出一个真的我父,活的我父。我希望读了我父的传记,就好像见了我父其人。"

张孝若在"自序"中说:"我认为凡可以表现一个人的思想主张行事的地方,在他的著作内,都择要的摘录出来,这个方法是编著传记或年谱的一件极精妥极有心得的发明。我更觉得凡后人帮前人编著东西,在时过事后加以追述记载,无论怎样详尽周到,总不如直接引证那位本人当时当事的作品来得妥当,何况我父有许多实在的事业,他一生几乎没有一件事没有一篇文字的。"因此,这本传记"努力做到纪实传真的境界",至今仍经得起学者的考证。

1931年10月,上海中华书局又出版了张孝若编辑的《张季子九录》。张孝若在"例言"中说:"集名张季子九录,先君所自定。曰政文,曰实业,曰教育,曰自治,曰慈善,曰文,曰诗,曰专,曰外。各录内容,条述于次:甲,政文录,凡关政事、经济、农工商行政,及水利计划、盐务改革等项;乙,实业录,凡关手创之纱厂、盐垦事业及其他实业事项;丙,教育录,凡关手创之南通教育事业及其它对于教育文化之议论,演说凡经先君修正者亦载入;丁,自治录,凡关手创之南通地方自治事业及其它对于自治之意见;戊,慈善录,凡关手创之南通慈善事业;己,文录,依体例分为七类,论说记述类、序跋类、赠序类、笺启类、碑传类、哀祭类、词赋铭赞类;庚,诗录,分年编次,歌词附入;辛,专录,凡可成书单行之各著作;壬,外录科举文艺。"张孝若还谈到《张季子九录》的体例:"编法先分录,次编年,凡有关图表概行附入,段句便于读者。"《张季子九录》收录文献200万字,是张謇资料的首次结集出版,因为出版时距张謇逝世仅数年,又是其子张孝若编辑,文献资料翔实、可靠,至今为学界所倚重。

《张謇日记》(影印本)

1962年江苏人民出版社出版了《张謇日记》(影印本)。《张謇日记》手稿起于清同治十二年(1873),张謇20岁,终于1926年,张謇去世,共28册。其中第10册[光绪九年(1883)癸未十一月二十五日至光绪十年(1884)甲申,张謇31岁至32岁]、第15—28册[光绪十八年(1892)壬辰六月一日至民国十五年(1926)丙寅六月二十日,张謇40岁至74岁],曾藏于南通市图书馆。《张謇日记》(影印本)根据南通市图书馆所藏这15册日记手稿影印出版。

新中国成立前夕，南通人王象五（大生公司董事，新中国成立后任南通市政协委员）在上海向张融武（张謇长孙）借《张謇日记》手稿15册（后藏于南通市图书馆的15册）阅读。新中国成立后，张融武在香港，王象五无法归还，将日记带到南通，交给南通市委统战部部长王敏之。王敏之认为这是珍贵史料，便将日记交给南通市委征集革命史料办公室副主任穆烜保管。穆烜认为《张謇日记》是稀见文献，史料价值难以估量，但保管不易，最好的办法是出版出来，供广大研究者和读者使用。于是他向市委写了申请报告，经市委批准，该手稿共15册，在1962年由江苏人民出版社影印出版。穆烜为送手稿到南京，专门请木工量书定做了一个小木匣，将手稿锁在木匣内，到出版社制版。他住招待所，人和木匣形影不离，晚上睡觉也放在枕头边。《张謇日记》出版后，原手稿经有关部门研究决定，仍归还张謇后人保管。当时在南通的张謇孙女张柔武表示，只要给她几套书，自己看及送人，手稿还是给图书馆保藏好。于是，这15册《张謇日记》手稿入藏南通市图书馆。想不到张柔武的这一决定挽救了这批珍贵文献的命运。"文革"时期，张家所有图书字画被烧得片纸不留。直到许多年后，张柔武仍庆幸地说："好在把书送给了图书馆，要不早就烧成灰了。"

《柳溪草堂日记》

《张謇日记》的出版，在香港地区引起了一个人的关注，他就是沈燕谋。沈燕谋是沈敬夫（字燮均，张謇《南通县图志·沈燮均传》记载："謇为人言通纺业之兴归功于燮均，谓与共忧患屡濒危阻而气不馁志不折谋不贰者，燮均一人而已。"）长孙，是张謇赏识的青年才俊。张謇《致沈敬夫旧牍跋》云："燕谋为敬夫长孙，方余与敬夫计厂事时，髫髦之发裁出案上耳。自游美习理化学归，余任以事，而敬夫前逝，不及见其成立矣，可胜慨哉！"张謇感沈家恩德，出资供沈燕谋赴美留学。1916年26岁的沈燕谋回国后，张謇聘他在大生纱厂任职，兼南通纺织专门学校教授。张謇认为他中西文基础好，有办事能力，是可以继任事业的后起之秀。张謇曾对儿子张孝若说："燕谋戆直的习性像他祖父，而他忠实的美德也像他祖父，我很希望他扶助你，也像我和他祖父。"（张孝若《南通张季直先生传记》）赞誉、期许之情溢于言表。沈燕谋自20世纪40年代寓居香港地区后，对南通，特别是张家的情况，仍十分关注。

　　1965年沈燕谋已年逾古稀，听到友人说有人从大陆带来一部《张謇日记》，"喜甚，询以能否借阅？"当他知道《天文台》报有报道后，立即嘱咐儿子到报摊寻购，买到两天的报纸，看到署名"若韩"的连载文章片段，记有啬公（张謇）督教孝若，啬公筵席间谈及河工事，言天下无一劳永逸之事，只有永劳，或有一逸等文字。沈燕谋认为这些记载"皆为事实而为余所习闻者"，"而其出处或出于日记之外，未可知也"，因此，亟待看到原书。他写信向同在香港的张融武询问，张融武复信说，日记之前半部现在他那里保存，内地影印出版的是后半部，现由他妹妹保管，至于出版的具体情况他也不知。沈燕谋又去函说后半部已影印，提议张融武何不将他保管的前半部也在香港出版，合成完璧，俾"治史者亦得从著者自叙明其一生治学经历，与其事业发展之源渊"。但"融武置不复，再三以是为问，始终未有以报，亦不解其何以久久沉默不着一语之故也"。（朱少璋《沈燕谋日记节钞及其他》）

　　张融武为何对沈燕谋的信置若罔闻？其实沈燕谋应该知道，原因仍在他自己。张融武在《沈燕谋小传》中说："我曾屡请之为先君写传，即胡适之先生也称之为真正合适的人,但他谦谦如也,始终未肯着笔,毕生唯以新亚书院为终身事业对象。"胡适致张融武信中说:"你提起我曾有志为令先父孝若写传,我颇有一个新的Inspiration(灵感)。就是你贺年片上提到的燕谋兄,他才是真正合适的给孝若兄写一篇好传记的人!你千万不可错过这个机会。燕谋好像比我大一岁,今年过七十了。我想全世界没有别一个人比他更适宜于写孝若的传记了。他写成时,我一定给他写长序——正如我当年给孝若的季直先生详传写长序一样。请你把这个意思转给燕谋兄。他不能脱卸这件任务。"(胡适《胡适全集》)胡适在信中称沈燕谋为老同学,他们都曾在中国公学读书,又同年赴美留学。胡适为台湾"中研院"院长、学界泰斗,有他的力荐,还亲允作长序,张融武的欣喜自不待言,但想不到胡适写完这封信后一个多月就辞世了。对胡适的推荐,沈燕谋却有自己的考虑:"至孝若丈小传在其生前(张孝若死于1935年),早有适之为写身后文字之命,愚承命转达,几经浃恰,适之首肯。徒以外寇侵陵,适之出使,寇既纳降,继以内乱,稽延二十余年,适之未践宿诺,末命之至,乃以愚为世界上最适执笔之人,曾不知孝丈最为着意之府上家事,尽可出之于适之笔下,在愚则以两家关系之深,无能为役也。"(朱少璋《沈燕谋日记节钞及其他》)原来张孝若生前就请胡适写传,沈燕谋还为之说项,胡适虽应允却因国内外事变拖宕,乃至20多年后,张融武写信请胡适完成先父宿诺,胡适却有了新"灵感"——力荐沈燕谋来完成此项工程。沈燕谋并非无故推诿,张府大户人家人事纷繁,张、沈两家联姻,三代关系,即使识得庐山面目,身在此山彼山,如何评说,也实为难事。但在张融武这一面,自然对沈燕谋不甚满意——胡适请你出来,面子不可谓不大;我数次相请,交情不可谓不深;你却一推再推,唯以新亚书院为事业,"始终未肯着笔",你还关心我们张家的日记做什么!

文人的心本相通，保护文献是天职；何况一为著者长孙，一受著者恩泽其深。不过月逾，张融武信来，说《张謇日记》后半部影印本到了，约沈燕谋来家中看书。过了两天，张融武夫妇又亲自送《张謇日记》原稿前半部13册到沈燕谋儿子沈孟平家。沈燕谋终于看到了他一直想看到的《张謇日记》。他在日记里记：《张謇日记》（影印本），"书之广袤划一，自书面形式原文，所有文字不论逐日所记、备忘留字或诗文草稿，只字不遗，而覆以统一表面，题名曰《张謇日记》，用机械纸略似毛边者，稍失厚重，其册数亦仍旧，封面上端右角数字不改，首第七册（应为第十册），次第十五至二十八册，江苏人民出版社第一次印胶版纸本一千部，宣纸本五十部"；"手稿14册（应为13册）"，则"有纸大小不齐，日记字迹或极工致，或草率至不可辨，杂以诗词文稿之属，……就稿读之，殆非学有根底者不能胜清缮之任，……非有校勘工夫不能读也"。

　　沈燕谋原以为依原手稿影印即可，结果试印四叶，皆不佳，这让他感到以当时香港的印刷设备而论，恐难与内地已成《张謇日记》（影印本）全似。既然香港不具备条件，他将目光投向了台湾，他打听那儿的出版人和出版社。

　　沈燕谋在左舜生（曾和黄炎培、傅斯年等人作为国民政府参议员访问延安，后任国民政府农林部部长，1949年定居香港，曾任教新亚书院）那儿知道了沈云龙这个人，后来看到沈云龙编辑的《近代学人丛刊》《边疆丛书》《袁世凯史料丛刊》等书，认为他是一位有心人，是做实事的出版人。经过友人介绍，沈燕谋了解到沈云龙是江苏东台人，但在当时的江苏省立第七中学读过5年书，因此视南通为第二故乡。而沈燕谋本人则在20世纪30年代末40年代初在南通中学办学经费困难时，私人出资承担办学并任校长。这些因缘让沈燕谋对沈云龙增添了一份亲近和信任，何况二人共有的对先贤手泽的珍惜,对前辈文化的敬畏,使他们志趣相投、精神契合。沈燕谋认定,让这位长期从事中国近代史研究,成果颇丰,辑印人物评传、史料丛刊及从编达数百种的历史学家出版《张謇日记》不会错。

1967年8月3日,沈燕谋从香港起程赴台湾,其时,他已77周岁,他此次出行的一项重要任务就是出版《张謇日记》手稿。到台后两天他就不顾旅途劳顿去拜访沈云龙,洽谈日记出版事宜。沈云龙回访时,沈燕谋取出随身带来的《张謇日记》前半部手稿和江苏出版的《张謇日记》后半部影印本《张謇日记》,和他商量如何付梓。沈云龙表示,不日将和出版社编辑面谈。隔了几日,沈云龙和台湾文海出版社编辑李振华一起到沈燕谋处,商定出版影印的各项细节,沈燕谋将日记手稿1—5册(完好)、6—9册(有残缺)、11—14册(完好),交付给沈云龙,请他查检编序后交给李振华。不过十日,沈云龙和李振华持日记手稿来,告诉沈燕谋,已核对整理完毕,可以拓影备印,约需两周时间。果然过了半月,李振华来说,手稿拓影已完成,原件已交给沈云龙,还带来毛边和白色的印书所用纸张,请沈燕谋选择。又过了半月,沈云龙、李振华将《张謇日记》前半部手稿完璧归赵,并带来印好的书样4页。沈云龙还拨冗写了介绍《张謇日记》的文章,记叙了这次编辑出版的经过,连载于《传记文学》,已发表了前半篇。10月23日,书印好送来。沈燕谋没有看错人,沈云龙是位实干的出版家。从沈燕谋赴台到《张謇日记》手稿成书不过两个多月,皇皇四大本,影印出版,即使在半个多世纪后的今天,这效率也不可谓不高!沈燕谋抑制不住兴奋,在日记中记:"沈耘农、李振华携印成后加线装之柳西草堂日记四巨册来,欢喜无量。为此行一大收获。"(朱少璋《沈燕谋日记节钞及其他》)

1967年,台湾文海出版有限公司以《柳西草堂日记》

为名出版了《张謇日记》的前半部，并附有曹文麟（1879—1951）的《张季直先生传》和张詧（1851—1939）的《癸未六月日记》。自此分藏内地、香港两地的《张謇日记》手稿相继影印出版，合成完璧。1969年，台湾文海出版有限公司依照江苏人民出版社1962年出版的《张謇日记》（影印本）将《张謇日记》后半部第15—28册及第10册补齐，以《柳西草堂日记》为名影印出版了全部28册的《张謇日记》。《张謇日记》在著者逝世40多年后终于出版，手稿也历经劫难保存下来，这是中国文化史、出版史上的一段佳话。论功劳，当首推穆烜、张柔武、沈燕谋。

《张謇全集》的两次出版

《张季子九录》印数较少，经过半个世纪已存世不多。1984年12月，张謇研究中心成立后，开始联合南通市图书馆编辑《张謇全集》。曹从坡、杨桐任主编，管霞起、程灼如、向荣任副主编。全集以《张季子九录》为基础，增加、补充了南通市图书馆藏张謇未刊稿，未收入《张季子九录》的刊载于报刊的张謇函电、演说、呈文、启事、谈话等佚文遗著，以及张謇手札、日记，张謇为所创企业撰写的《说略》《账略》等文献共200万余字。1994年10月，《张謇全集》由江苏古籍出版社出版，全书分为政治、经济、实业、事业、艺文（上、下）、日记年谱6卷，共7册420万字。《张謇全集》出版后，为海内外广大张謇研究者及学者提供了很多珍贵的资料，为张謇研究的开展及发展作出了贡献。但全集也存在许多不足和错误，使学者难以直接引用。主编单位张謇研究中心和南通市图书馆一直注意搜集读者的意见，持续开展补遗和校勘工作，以俟再版时修订。2003年4月在扬州举行"纪念张謇先生150周年高级论坛"期间，有关专家学者提出重新编辑《张謇全集》的建议。南通市委、市政府认为新编《张謇全集》的时机、条件已经成熟，在当年9月启动新编全集的工程。新编《张謇全集》为国家清史编纂委员会文献丛刊之一，由《张謇全集》编纂委员会编纂，李明勋、尤世玮主编，张廷栖、陈炅、赵鹏、戴致君执行编辑，2012年底由上海辞书出版社出版。新编《张謇全集》为8册，共605万字：第1册为公文，收录张謇为幕期间，为幕主所写折稿和代两江总督、江苏巡抚和通州州府等所写奏折，以及在翰林修撰、商部顾问、江苏省议会议长、实业总长、农商总长、水利总裁、治淮总办等任上所写公文；第2、3册为函电，收录张謇所撰公、私电文，以及家书、垦牧手牒、教育手牒等；第4册为论说、演说，收录张謇针对清末宪政、南北调和、地方自治、兴办实业教育、兴修水利及治理江河、盐政等方面所写的文论；第5册为章程、规约、告启、说略、帐略，收录张謇经营各类实业教育事业时所写的各种说略、帐略、规约、告启等；第6册为杂文艺著，收录张謇所写序、跋、志、铭、传、赞、联幛及他参加科举考试的场作等；第7册为诗词、联语，收录张謇所写诗、词、著作等；第8册为张謇日记、年谱。

新编《张謇全集》在《张季子九录》、《张謇全集》(1994年版)的基础上，"以文稿成文时间顺序为经，以文稿种类为纬"，增补了190万字佚文，这些文献资料主要来源：一是张謇文集、专著（包括手稿影印本、石印本），如《张季子九录》《柳西草堂日记》《啬翁自订年谱》《张季直文钞》《啬翁垦牧手牒》《张殿撰教育手牒》等；二是当时的报纸杂志上刊登的张謇的文稿，如《申报》《大公报》《时事新报》《政府公报》《通海新报》《公园日报》《东方杂志》等；三是散见的张謇文稿和载有张謇文稿书刊的影印、复印件，如《张謇信稿》《张季子九录校补稿》《赵凤昌藏札》《张謇与梅兰芳》等；四是南通市以及其他地方档案馆、图书馆和私人收藏的张謇文稿;五是同时代有关名人的文集和史料书刊中保留和收录的张謇文稿,如《张之洞全集》《辛亥革命》《中华民国史料档案资料汇编》等;六是有关碑铭拓片、文稿抄件等。难能可贵的是,新编《张謇全集》吸收、借鉴了前人编纂工作的经验和教训,对编纂质量严格要求,一丝不苟,许多文稿均做了必要的考证,对以往的注释错误做了订正。

张孝若《南通张季直先生传记》书影

新编《张謇全集》书影

张謇《张謇日记》书影

四、藏书篇：静海宝藏，先贤遗篇

引言：江海一隅藏书多

清代通州诗人李懿曾《望江南·通州好》写道："通州好，万卷旧家储。簟锦装池觯漆几，鸾绮绸叠皂罗橱，镇纸玉光腴。"描摹了通州藏书楼万卷图册，书衣锦绮、橱几陈列的盛况。明永乐年间修《永乐大典》时，朝廷派人到如皋万卷藏书楼征集藏书，楼主冒基将藏书全部献出，明成祖亲书"万卷楼"匾赐赏。范凤书在《中国私家藏书史》中说，清编撰《四库全书》时，乾隆皇帝曾亲自出马，征集私家藏书，进呈藏书500种以上的有4家，进呈100种以上的有9家，其余进呈不及百部，但有姓名可查者尚有76家。统治者编撰大部头类书、丛书，有查禁、销毁有悖于统治者意志的文字的目的，但客观上汇集保存了中国数千年的优秀典籍。冒氏万卷藏书楼对中国文化学术的传承作出了重大贡献，也可见其藏书的质量之高。

南通僻处江海一隅，规模浩大的藏书楼为数不多，但读书人家绵绵瓜瓞，深藏在故宅旧院内的典籍仍为数非常可观。

我国有几千年的藏书史，到了晚清时期，传统意义上的藏书楼开始逐步向近代图书馆转型。这一时期宣传西方图书馆、倡导公共图书馆创设的，不是图书馆学家，而是维新志士、开明士绅、封疆大吏，张謇就是杰出的代表人物。徐树兰创办古越藏书楼，藏书7万余卷，供阖郡人士观摩，开风气之先。张謇立即撰写了《古越藏书楼记》，呼吁私家藏书能为公众所用，还希望全国所有藏书家都要效法徐树兰，使都会县邑都有图书馆，增进人民智慧，促进民族强盛。张謇还写了《上学部请设博览馆议》《上南皮相国请京师建设帝国博览馆议》，倡议在京师建设国家图书馆、博物馆，提出了比较完整的图书馆和博物馆设想。在上书遭搁置后，他自己创办了南通博物苑和南通图书馆，并发表了《请建图书馆呈》《南通图书馆记》《国家博物院图书馆规画条议》。张謇以晚清状元、民国农商总长身份，鼓吹他的图书馆理论和实践，传播的范围很广，产生的影响也很大，而且容易被各个阶层的人们接受，对清末民初公共图书馆的兴起起到了重要的推动作用。南通图书馆建馆时藏书规模和经费，已达到或超过省级图书馆的水平。张謇本人是藏书家，他将8万余卷藏书全部捐出。

  张謇创办南通图书馆时撰写了《为图书馆征求乡先生遗著启》。民国初期各地省、县图书馆纷纷建立，教育部行文要求图书馆加强地方文献的搜集、征集工作；张謇捐出自己全部藏书，为地方学人树立了良好的榜样，在他的影响下，私家藏书也大多陆续归于图书馆。因此，南通图书馆在创办后藏书就达到14万余卷。1932年1月29日，日寇轰炸上海商务印书馆和东方图书馆，肆意毁灭中华文化。郑振铎在《求书日录·序》中说："八一三事变以后，江南藏书家多有烬于兵火者"，"常熟瞿氏铁琴铜剑楼燹矣，楼中普通书籍均荡然一空"，"凡是日军占领的中国区域，除北平等仅有地区外，公管图书馆、佛寺、道观、书院、私人藏书，没有不彻底焚毁破坏的"，战争"几乎把从宋以来一千多年的蓄积文物付诸流水"。日军侵占南通后，图书馆珍藏的10余万卷珍贵古籍和地方文献，在有识之士的策划下，秘密转移至天宁寺藏经阁中，在僧侣掩护下，躲过了日军的搜寻。

没有张謇为代表的先贤的慷慨捐赠,没有这些至今不知道姓名的爱国志士和僧侣的冒险救护,没有图书馆历任馆员的精心呵护珍藏,我们不知道这批古籍的命运将会是怎样。1981年,南通市图书馆古籍藏书楼"静海楼"落成,从此,"静海楼"藏书以善本多、版本珍稀,地方文献丰富、较完整而称誉海内。

南通藏书家孙儆和冯雄为翁婿,他们分别编有《经畲楼收藏南通文献目录》《南通冯氏景岫楼藏书目录》,藏书先后都捐赠家乡和各地图书馆。南通还有一位以收藏中国现代文学资料见长的藏书家瞿光熙,藏书逾10万卷。新中国成立后,许多读书人家将家藏珍贵图书捐赠给图书馆。蒋云卿先生捐赠旧籍2000余册,冯雄等人捐赠古籍40余箱,蔡观明、闵成钧、费范九先生也捐赠了大批古籍。2005年,潘宪曾、潘绎曾兄弟将一部几代人精心保存的康熙刻《剑南诗稿》(8册)捐赠图书馆,这部书刊于康熙己丑年(1709),距今已有300多年,书页上印有"剑南诗稿苦无善本,兹刻只依毛氏本而鲁鱼颇多,因复细加订正,梓入剞劂,凡阅春秋而成,可无讹"几行字,可见是一部精加校雠的善本。南通市图书馆古籍部编《尤世玮捐赠藏书目录》,著录尤世玮捐赠清及民国时期图书2000余册,其中有康熙刻《读书纪数略》《诗经》《历朝纲鉴》《历朝纲鉴辑略》,雍正刻《诗赋全集》,乾隆刻《增补四书类典赋》《尚史》《小仓山房诗集》《昭明文选集评》等珍贵古籍。南通市图书馆开辟"社会捐赠特藏室",首批陈列了钦鸿捐赠的1000余册海外华文文学图书,其中有许多东南亚国家及我国港、澳、台地区作家的签名本。王美春在政府机关任职,却是一级作家,他先后捐赠给图书馆文学类图书逾千册。寓京的南通籍离休老干部陈昌谦,将自己多年购藏的500余本传记类图书寄赠家乡图书馆。南通地方尊文重教的氛围,催生了新一代藏书家。这些藏书家在学术上有专攻，不但藏书为用，还有为公众所利用的自觉，他们认为藏书的最好归宿是图书馆。

在中国藏书史上，应该记载冒氏万卷藏书楼对编撰《永乐大典》及张謇对推动中国近代公共图书馆事业作出的历史性贡献。

1.南通图书馆的创办

南通图书馆是中国近代实业家、教育家张謇在民国元年（1912）创办的。张謇主张教育救国，他认为图书馆是社会教育、启发民智的重要机构，呼吁在全国各地设立图书馆，也一直想在家乡办一座图书馆。历史终于给了张謇创办图书馆的机遇，"民国元年，里少年议尽毁诸神祠。謇于是谋诸兄谋耆老，……因岳庙为图书馆"。张謇的做事原则是"未尝敢时不至而必为，时至而或怠不为也"，（张謇《南通图书馆记》）因此当创办图书馆之时机适至而不可失时，他抓住辛亥革命波及南通，热血青年破除迷信、拆毁神庙的时机，在南通城南东岳庙遗址兴建南通图书馆。南通图书馆创办时"计成图书楼两幢二十间，曝书台五间，厢楼上下十二间，阅览楼上下八间，两廊办事室十间，道故斋上下六间，燕息亭三间，庶务室、门房、厨房、厕所等十三间，共六十七间，计用银万二千圆。书橱二百架，计用银一千二百六十圆。图书十三万千百卷，他人赠者五万卷弱，謇赠者八万卷强。职员六人：馆长一，馆务主任一，编辑及保管二，庶务一，收发一。规订每年馆用一千六百圆，增购图书二千圆，校对、装订等费四百圆，共四千圆。其豫筹而未设者：儿童阅览室，妇女阅览室，并置巡回书库"。（费范九《南通地方自治十九年之成绩》）可见藏书、馆舍规模已不小，在以后又进行了扩建。最主要的一次是1918年，张謇之子张孝若访美归来，介绍了国外重视图书馆的情况,张謇"乃拓地馆西为楼亦十有六,筑复道以通,庋书之架棂凡三百三十。先后凡用银二万六千二百四十三元,岁用之银二千四百元或强"(张謇《南通图书馆记》)。

张謇邀请通州师范培养的中国近代建筑史上最早的著名建筑师孙支夏设计图书馆,他曾在孙支夏绘制的设计图上修改,这些珍贵的、留有张謇墨迹的建筑图纸至今保留在南通博物苑。尽管图书馆建在"址高于地六七尺"的东岳庙,但馆内仍设"曝书台",定期曝书。张謇亲自撰写了《图书馆曝书台铭》:"台出岑楼,其高八尺。修广相乘,方几五十。赢级旋升,开通正直。罘罳有风,颇黎有日。以暴所藏,蟫僵蠧辟。图书万年,保之无斁。"他还为图书馆小楼题名曰"道故斋",小亭题名曰"息奥"。据1916年教育部调查《各省图书馆一览表》(此表以1913年教育部视学报告及1914年10月教育部咨查各省图书馆情形,经该省咨受为根据),南通图书馆当时的藏书和经费与国内省级图书馆颉颃。据1925年统计数据,全国公共图书馆共有259个,除了国立、省级、市级图书馆,其余大部分为县级图书馆。南通图书馆在20年代初藏书已达14万余卷,大小馆舍达67间,可算全国县级图书馆之最。

据1925年陈翰珍著《二十年来之南通》记载,图书馆"藏中国书十五万卷有奇,西洋书六百部,东方书三百余部。中籍书分经、史、子、集、丛五部,按部而分集之,每书均有签条。书为啬翁(张謇)捐赠者占十之六七,退翁(张詧)者十之一二,现又陆续添购,并得各界人士乐捐者,刻已增至二十三万卷以上"。还订有报纸杂志,"京、沪各日报及各种杂志,近亦添订"。每天开放阅览,"阅书时间,每日午前九时起,午后五时止,星期二停阅,寒假停阅十日,三伏日则为晒书时间,亦截止"。全年除周二、寒假以及暑期曝书时闭馆外,每天开放8个小时。

张謇为图书馆撰《为图书馆征求乡先生遗著启》,他的信函中有许多他与友人的通信,多谈论图书馆征集图书和借书抄录的情况。在《复陈约斋函》中,张謇以为"南通图书馆为通俗教育之一,与藏书家目的稍异。故书求其多,而不必精本"。对于国家和私人珍藏所谓"善本""孤本",难以征集的,只求实用,抄来就是,不片面追求馆藏精、善本的多少。在《致缪荃孙函》中谈道:"胡安定《洪范口义》闻苏州朱槐庐有之,而不得其人所在,不知尊藏有之否?有则拟请借抄,先此敬询。"这是张謇想向缪荃孙借抄胡瑗的著作。张謇托友人顾锡爵设法抄录流散在异域的《永乐大典》,不仅是抄录珍籍,更有洗刷国耻的目的。张謇在信函中还谈到为图书馆收购英人莫理循藏书的事。莫理循曾任袁世凯的政治顾问,他的私人图书馆藏书丰富,后因回国准备出让藏书。张謇请人出面洽谈,虽未成功,却反映了张謇为图书馆搜购书籍的良苦用心。张謇自己更作出表率,把自己的藏书全部送图书馆。他觉得藏书传给自家子孙,总有一天不能保存,与其给子孙三文不值两文地零卖,不如供给地方多数人去品读。(张孝若《南通张季直先生传记》)他的日记中有许多"理书送图书馆""理书"的记载。现存南通市图书馆古籍部的许多藏书有张謇的亲笔题识,钤有他的藏书印章,这些书籍和题识、钤印珠联璧合,是张謇留给我们的宝贵财富。在张謇的努力经营下,图书馆开馆之初,已有图书10万卷,几年后即增至14万余卷。

张謇还非常重视目录工作,聘请硕学之士主持编写。他甚至还计划征集、采购10万册外文图书,邀集精通外语的专家几十人,用十年、二十年时间,选择其中精华,翻译过来,"以证通我六经诸子之说,以融德艺,以大启我后进,审己而抉科,分程而迺轸,以裨佐世宏儒者之效"(张謇《南通图书馆记》)。他的目的仍然是洋为中用,中西贯通,启迪、培养我们国家的青年学子。

南通图书馆庭院

南通图书馆曝书台

2.中国人办的第一座公共博物馆
——南通博物苑

1905年,张謇在家乡创办了南通博物苑。这是中国人创办的第一座公共博物馆。

时过境迁,我们今天看博物馆和图书馆已习以为常,即使在偏远山区的县城,也总能寻觅到博物馆、图书馆的踪影。但在一百多年前,中国处于亡国灭种的危难时刻,开办博物馆、图书馆却是维新志士变法图强的重要内容之一。1898年刊布的上海强学会章程,把开办图书馆、博物馆作为最要紧的大事。尽管中国近代的有识之士很早就注意到了西方的博物馆和图书馆,但创办博物馆和图书馆的倡导、鼓吹及实践者,却是张謇。1905年张謇在南通创办了中国第一座公共博物馆,时隔7年,又创办了早期中国公共图书馆之一——南通图书馆。偏居一隅的南通自此在中国博物馆、图书馆发展史上具有了举足轻重的地位。

南通博物苑、图书馆的建立在张謇看来是顺理成章的事,只要办学校,就要办博物馆、图书馆,因为他认为教育不仅要办学堂,还要有图书馆、博物馆作为学校的后盾及补充,方便学生参考和实验。他题写的对联"设为庠序学校以教,多识鸟兽草木之名",道出了办博物苑的宗旨:辅助学校教育,普及科学知识。张謇早在光绪十七年(1891)致顾延卿函中就已表露办图书馆的想法,他说中国和欧洲通商派遣使臣以来，人们只知道记载外国的风土人情，侈谈异域的先进强盛，不过是关注俗人眼中珍贵的东西，却没有远见卓识去搜集图书典籍。他请顾延卿在海外寻访农政水利及各国刑律方面的图书，以"幸广麇集，嘉惠故人"。

也许这是封建王朝的不幸，中国第一座公共博物馆没有诞生在繁盛帝京、六朝古都，却悄然出现于江北小县南通。逢值末世，历史将这千载难逢的机遇慷慨地赐予了这座名不见经传的小县城。这偶然的神妙一举，不经意间开创了中国博物馆事业的先河，铸就了中国早期公共博物馆的辉煌。

张謇创造性地提出了一个"博览馆"的理念。

1903年，张謇赴日本考察70天，那里的博物馆、图书馆给他留下了深刻的印象。1905年，张謇撰写了《上学部请设博览馆议》《上南皮相国请京师建设帝国博览馆议》。不知道中国近代维新志士抑或学者、教育家，有谁对博物馆、图书馆事业进行过这样系统的理论探索，包括馆址的选择、室内的陈设、文物图书的征集和管理甚至馆长的遴选等，许多观点至今仍不失为博物馆、图书馆建设必须遵循的原则。更难能可贵的是张謇"行而论道"，他创办了南通博物苑和南通图书馆之后，1913年写了《国家博物院图书馆规画条议》，建议将国家博物院、图书馆分别建在北海、故宫一带。"北海以楼观庄严之胜，兼水木明瑟之观。言其宜，则琼台之阳及其左右，林阴水际，可以位天产；琼台之阴及其上方，可以位历史；海之北行宫万佛楼、浴兰堂、治心斋，可以位美术。……故以为博物院宜北海。至图书馆，则昔之内阁国史馆，文华殿、太和殿、武英殿、方略馆，甍宇相望，地位横通足设。以兹清切之区，为图书之府，昔四库之建，规摹天一。"两个馆毗邻建在同一个地方，形成一个文化区域。1925年，与北海仅隔一箭之地的故宫博物院成立，1927年北京图书馆设在北海公园并对外开放，1931年国立北平图书馆北海新馆开馆。国家图书馆和国家博物馆毗邻建立在与北海、故宫同一区域内,和张謇建议国家图书馆建在故宫,国家博物馆建在北海不谋而合,只是两馆互换位置。可见张謇对国家博物馆和图书馆的规划非常科学合理,具有积极的实践意义和现实意义。张謇对博物馆、图书馆的钟情和探索、实践,体现了一代优秀知识分子振兴中华民族、弘扬优秀民族文化、教育救国的强烈社会责任感和文化自觉。

1905年,张謇在家乡创办了南通博物苑。南通博物苑实际上是集现在的博物馆、自然博物馆、植物园、图书馆于一身的博览馆。张謇在博物苑大门石额上有"搜集中外动植矿工之物,乡里金石,先辈文笔"等题语,先辈文笔应该指地方文献资料。张謇在《通州博物馆敬征通属先辈诗文集书画及所藏金石古器启》中说:"美术部拟求老师先生经史词章之集、方技书画之遗。"经史词章、方技书画应该主要是图书典籍。《南通地方自治十九年之成绩》记载:"(民国)三年二月,……储通如泰海四县之金石拓本与诸名家书画,更建北馆楼五幢,历四月工竣。"可见博物苑藏图书文献规模已不算小。张謇在给缪荃孙的信中说道:"通州博物馆(不能特建图书馆,故于此略兼,限于通属,范围较狭)须求通属前人著作……"(李明勋、尤世玮《张謇全集》第3册)他把地方文献列入博物馆的收藏。博物馆兼图书馆功能并不奇怪,中国许多早期公共图书馆也兼博物馆功能。标志着古代藏书楼向现代图书馆转型的古越藏书楼就辟有教育博物馆,"研究科学,必资器械样本,故本书楼兼购藏理化学器械及动植矿各种样本,以为读书之助"(李希泌、张椒华《中国古代藏书与近代图书馆史料(春秋至五四前后)》);我国第一座公共图书馆湖南图书馆创办时称"湖南图书馆兼教育博物馆"。据有关文献统计,20世纪20年代,全国有13所博物馆,其中图书馆附设的博物馆就有8所。又

四、藏书篇:静海宝藏,先贤遗篇

据《中国大百科全书》(文物·博物馆)记载,截至1928年,国内仅有博物馆10所。这就意味着,在20世纪20年代,公共图书馆兼办的博物馆,占据了博物馆的大多数。(黄少明《我国早期"图博合一"的图书馆》)中国早期的博物馆和图书馆相辅相成、密不可分。

张謇的博览馆思想和中国早期博物馆、图书馆的发展情况是契合的。张謇说:"今为我国计,不如采用博物、图书二馆之制,合为博览馆……"(张謇《上学部请设博览馆议》)就是将博物馆、图书馆建在一起,形成文化区位优势,从而便于人们利用。因此,尽管南通博物苑兼有图书馆功能,张謇在建苑后3年,仍写了《请建图书馆呈》,向地方官府申请建立独立的图书馆。但直到辛亥革命波及南通,张謇才抓住机会,在毗邻博物苑之地,"因岳庙为图书馆",实现了他的夙愿。

南通博物苑和南通图书馆在中国博物馆、图书馆发展史上具有重要意义。一百多年前中国博物馆、图书馆事业的兴起虽是社会发展的必然结果,但这丝毫不能降低张謇的博览馆理论及其实践的开拓地位。更可宝贵的是,中国对"西学东渐",总是被动地"接受",而这一次,张謇、南通却是主动地去"汲取",这就进入了文化交流的层面。南通对博物馆、图书馆敞开了胸怀,显示了中国人对外来文化的积极态度,把外来的形式融入自己的文化肌体中,博物馆、图书馆展示的是中国的"文物彝鼎图书",这是中华文化博大恢宏和强劲深厚之所在。

南通承载了建设中国第一座公共博物馆和早期公共图书馆的历史重任,当之无愧地成为弘扬中华文明、教育救国精神的典范城市。南通为推动我国近代博物馆、图书馆发展作出了卓越的历史性贡献,在我国博物馆、图书馆发展史上写下了辉煌的一章。

四、藏书篇：静海宝藏，先贤遗篇

张謇书南通博物苑联

南通博物苑南楼

3.张謇的藏书思想

我国有几千年的藏书史,到了晚清时期,古代的藏书楼才开始逐步向近代图书馆转型。1903年绍兴徐树兰创办"古越藏书楼",标志着中国古代藏书楼开始向公共图书馆的方向发展。张謇敏锐地觉察到这一历史性的转变,立即撰写了《古越藏书楼记》。文中说:"泰西之有公用之图书馆也,导源于埃及、希腊,迨罗马而益盛,今则与学校并重,都会县邑具有之,无惑乎其民愈聪,国愈丰。籀我国之图籍,列州郡盖亦二百五十有奇矣,使各得一二贤杰,举私家所藏书公诸其乡,犹是民也,何必不泰西若?謇持此说,亦尝有此志焉,欲效先生之所为,而亦欲海内藏书家皆效先生之为也。"他呼吁国内所有藏书家都效仿徐树兰,把私家藏书公之于众,因为这是关系民聪、国丰的大事。张謇也的确"尝有此志",他在致顾延卿函中提到了博物院:"《永乐大典》自庚申之变,没入英吉利者近千本,存其博物院中","此中国之大耻,而故籍之所关"。张謇曾请前任驻英大使刘瑞芬设法把《永乐大典》带回祖国,"或易以它书,或就抄其副",但"刘固俗人,不足办此。今延卿所主,傥其人乎"。(李明勋、尤世玮《张謇全集》第8册)张謇对顾延卿在海外搜集图书、抄录《永乐大典》寄予了很大的希望。薛福成在1890—1894年作为清政府出使英、法、意、比四国大臣对四国进行考察,他的《出使日记续刻》记述了欧洲各国图书馆的情况,张謇这封信函写于顾延卿陪同薛福成在欧洲考察时,已显露出张謇办图书馆、博物馆的想法。

古越藏书楼创办时,张謇已在南通创办了大生系列实业公司和以通州师范为代表的各类学校,而且考察了日本。《柳西草堂日记》里记录了他在日本向枢密顾问官田中不二麻吕请教教育的事:"其所言教育为开亿万人普通之识,非为储三数人非常之才,又言国之强不在兵而在教育。"他亲眼看到了日本社会在明治维新后的巨大变化,深感中国要富强必须效法日本,普及教育。西方各国因为有了图书馆,所以才"民愈聪,国愈丰",我国各地如果都办图书馆,"犹是民也,何必不泰西若"。薛福成介绍欧洲图书馆用"书楼"一词,戊戌变法后康有为对西方图书馆考察使用的也是"藏书楼",梁启超在1905年发表《新大陆游记》才用"图书馆"这个词。而张謇在1904年发表《古越藏书楼记》时已使用"公用之图书馆",说明他对近代图书馆的认识已经达到了相当的程度。张謇把图书馆、博物馆的社会教育作用看作教育的一个重要方面,置于有关国运盛衰和民族存亡的高度来认识,他认为教育能启迪民智,促进实业,进而使民族强盛,使国家跻身世界先进行列。

1905年9月,清政府"谕立停科举以广学校",废除了在中国实行了1300多年的科举制度。同年底,清政府设立学部主管全国教育。张謇立即撰写了《上学部请设博览馆议》,他说:"窃维东西各邦,其开化后于我国,而近今以来,政举事理,且骎骎为文明之先导矣。掸考其故,实本于教育之普及,学校之勃兴。然以少数之学校,授学有秩序,毕业有程限,其所养成之人材,岂能蔚为通儒,尊其绝学?盖有图书馆、博物院,以为学校之后盾,使承学之彦,有所参考,有所实验,得以综合古今,搜讨而研论之耳。"他强调了图书馆利用文献、博物馆利用实物培养人才的重要作用。他认为,清朝皇帝诏告天下，撰修《四库全书》，并建三阁庋藏，这样的气派不是欧美国家所能比拟的，但为什么"制大而收效寡"，原因在于"藏庋宝于中秘，推行囿于一隅。其他海内收藏之家，扃镭相私，更无论矣"，这种状况和西方各国"纵人观览"差距甚远，当然要落伍于世界文明进程。为此他呼吁，国家要下决心建设"博览馆"，"饬下各行省一律筹建。更请于北京先行奏请建设帝室博览馆一区，以为行省之模范"，并且将宫廷内府所藏典籍公之于众，下诏征集各地民间藏书，这才是"垂一代之典谟，震万方之观听"的伟业。张謇在《古越藏书楼记》中呼吁全国各地创办图书馆，一年后又奏请清政府在京城设立国家图书馆和博物馆，说明他对图书馆、博物馆的重要性有了新的认识。他认为私人的藏书和财力毕竟有限，只有利用国家的力量才能把图书馆、博物馆的建设推广到全国各地去。

张謇又撰写了《上南皮相国请京师建设帝国博览馆议》，将这些主张表达得更加充分。他说："夫近今东西各邦，其所以为政治学术参考之大部以补助于学校者，为图书馆，为博物苑，大而都畿，小而州邑，莫不高阁广场，罗列物品，古今咸备，纵人观览。"他赞赏"日本帝室博览馆之建设"，"盖其国家尽出其历代内府所藏，以公于国人，并许国人出其储藏，附为陈列，诚盛举也！"他主张"我国今宜参用其法，特辟帝室博览馆于京师"。博览馆建在京师，集中华几千年优秀文化及其文献，既满足国内士子求学之需，又"特许外人亦得参观"，"更有以知我国唐虞三代以至于今，文物典章粲然具备，斯将播为美谈，诧为希觏矣"，有利于弘扬中华文明，开展中外文化交流。"且京师此馆成立后，可渐推行于各行省，而府而州而县必相继起，庶使莘莘学子，得有所观摩研究以辅益于学校"，图书馆、博物馆既可辅助学校教育、学术研究，保存国学和文化遗产，又可开启民智、进行社会教育。张謇建议京师设立国家图书馆、博物馆的最终目的，还是以京师为模范，将图书馆、博物馆的建设推行到全国各地去。张謇想以他的声望来振臂一呼，以期得到清政府和社会各界的重视。

张謇在《上南皮相国请京师建设帝国博览馆议》中提出了建设国家图书馆的具体规划，从建筑、陈列、管理、采辑、表彰等方面系统地阐述了他的藏书思想。藏书是为了使用，使用者是读者，所以图书馆要使读者到馆方便。张謇认为图书馆"所最注重者则择地"，"其地便于交通便于开拓者为宜"，这种思想与西方主张图书馆建于城市人口聚集区的观念相同。直到1909年《学部奏筹建京师图书馆折》中说到图书馆选址时，仍以"必须近水远市"为原则；1910年《京师图书馆及各省图书馆通行章程折》第四条仍规定"图书馆地址，以远市避嚣为合宜"。可见张謇的认识要明显高于时人。至于图书馆建筑，张謇认为"宜闳博，垲爽无论矣"，即博大、宽敞、明亮，楼不一定要高，"则以颁存之品物容积为率"，也就是要实用；"馆中贯通之地，宜间设广厅，以备入观者憩息"，门厅要阔大，能容纳更多的读者；"隙地则栽植花木，点缀竹石，非恣游观，意取闲野"，要求图书馆环境幽雅；"室中宜多安窗，通光而远湿"，要采光好，不潮湿；"庋阁之架，毋过高，毋过隘，取便陈列，且易拂扫"，书架要高矮、疏密得当，方便读者取书，也易清扫。张謇主张聘请"秩位较崇、学术通达"、德高望重的学者担任管理；要请专家采访图书，编制目录，"博选名流以任之"；图书管理要有严格的规章制度，"严管钥，禁非常……均当专定章程期限遵守"。张謇还主张清政府先将宫廷所藏文献入藏图书馆，公之于众，再令"各行省将军、督抚会同提学使，饬下所属一律采进"，"使天下晓然于朝廷此举，实有综合礼仪、保存文献之意"，才能"使私家所藏，播于公众，永永宝藏"。他建议按乾隆编《四库全书》博采天下群书一样，采访典籍书画，广开民间献书之路，"惟当援引前案，请旨给奖，方足以昭劝励"，并且"破格奖励，不惜爵赏"。张謇还在《国家博物院图书馆规画条议》中提出，要注意采编世界各国的图书，"东西译籍当以科学门类为经，时代先后为纬。近数十年中，欧美各国科学日新，述作益侈，宜留余屋以待旁搜"。要预留书库，馆藏欧美国家新出版的科技书籍。

张謇捐赠南通图书馆的《古逸丛书》书影

张謇的藏书思想具有明显的时代特征。他主张"私家所藏，播于公众"，要用国家的力量在全国推行图书馆；主张藏书要注重实用，不能"肩镰相私"，而要"纵人观览"，向社会开放，嘉惠广大读者；主张藏书要古今兼收，中外并蓄，注意搜集外国科学新书。

张謇不是最早提出办图书馆、博物馆的人，但他创办了南通图书馆，将自己8万余卷藏书全部捐出，实践了自己的藏书思想。这批藏书至今完好地保存在南通市图书馆，作为图书馆的特色藏书，发挥着重要的作用。

张謇捐赠南通图书馆的《曝书亭记》书影

4.张謇计划购买"莫理循藏书"的经过

北京王府井大街的南端曾经叫作"莫理循大街"。莫理循是出生在澳大利亚的英国人,因为那里曾是大英帝国的属地,他先后就读于墨尔本大学和爱丁堡大学,25岁就获得了医学博士学位。但他却想成为一名旅行家。他曾经写了《1894年,我在中国看见的》一书,讲述了自己用不到20英镑,在100多天时间里从重庆行至缅甸仰光1500多英里陆路(不算从上海到四川的水路)的旅途见闻,再现了大半个中国及中国人的状况,还谈到了甲午战争。大概因为这本书的出版,他被《泰晤士报》聘为驻远东的记者,后来又调到北京。他遭遇了1900年义和团攻打外国使馆的事件,报上甚至登载了他被杀害的消息,但他却以记者的良知报道了八国联军在北京大肆烧杀抢掠的情景。也许为维护英国在华利益,莫理循对德、法、俄等国军队在中国皇城的强盗行径大加挞伐,说俄军对颐和园实施有组织的抢劫;德军肆意拆毁庄严的试院、贡院建筑,拿它的木头烧火,用它的砖瓦砌造自己的警署。

辛亥革命爆发后,莫理循在短短十多天里,发给《泰晤士报》的电文稿达近万字,成为报社的"独家新闻"。他反对孙中山和革命,因此袁世凯就任临时大总统时,聘请他担任政治顾问,提供高额薪酬,并将王府井大街的一段更名为"莫理循大街"。

莫理循喜爱收藏,也因为写作的需要,他到中国后,利用游历各地的机会,收集关于中国及俄罗斯远东地区、东南亚各国的以西文为主的文献资料,特别是常驻北京后,北京是中国文化的中心,也是图书资料集散中心,他受雇于袁世凯,薪金丰厚,这为他的收藏提供了丰厚的经济基础。他在北京的住宅原是北洋政府要员朱启钤的私邸,是一所位于王府井大街的大宅子,他在宅内砌了一间有防火墙的书库,取名为"亚洲图书馆",藏书25000册,接待读者阅览。当时到莫理循家看书或咨询的人很多,乃至有不少到北京的外国人下火车转坐人力车时,车夫往往会把他们送往莫理循家。莫理循花费几十年时间对自己的藏书进行了整理,其中有上百种那个时期欧洲各国学会编辑的杂志,以及在华传教士的著作、各国驻华使领馆的报告书、各国探险家在中国西北边地的考察笔记、中国海关报表,凡和中国有关的西文文献,应有尽有。莫理循为这些文献编制的目录就有1000多页。他在目录的序言中写道:"此目录中所列各种书籍,实历二十余年之久搜集而成。其中凡欧洲各国记载中国本部藩属各种事件之新旧书籍,大之如鸿篇巨制,小之如寸纸片楮,靡不具备。……藏书中有英、法、德、俄、荷兰、拉丁、意大利、希腊、葡萄牙、丹麦等十一种文字。此外,尚有挪威、希伯莱、芬兰、波兰、土耳其、匈牙利、威尔士等文字之书籍数种。有多种书籍,如记述中亚细亚、西伯利亚、日本、暹罗、安南、印度、印度支那、菲律宾等事者,虽其中不及中国事,然以与中国有关,故亦搜罗及之。故吾所藏之书籍,实不啻一部亚细亚丛书也。"(钱健《毕生推动中外文化交流的圣哲和行者——张謇对外文化交流》)

1913年,张謇就任民国政府农商总长兼全国水利总裁,其时南通图书馆刚创办,他在北京通过各种关系,搜集图书文献。莫理循因体弱多病,加上袁世凯也已去世,于是准备回国。这么多书无法带走,他便托人出售变钱。张謇得知这件事后,曾托人和莫理循联系,还请钱念劬出面洽谈,因为钱念劬为钱玄同同父异母的长兄,曾在清政府驻伦敦、巴黎、柏林、彼得堡、东京等使馆任职,又担任过驻荷兰、意大利等国公使,和张謇颇为投合。钱念劬夫妇曾到南通做客,受到张謇的热情招待。经张謇委托,钱念劬和莫理循商谈后,还曾陪同张謇一起前往莫氏图书馆看书。但因藏书虽好,却索价太高,数年来一直没能达成协议。1915年5月1日,张謇在致当时南通图书馆馆长沙元炳函中说:"莫氏书目,前以寄蛰老。得复,有'价不大昂,拟罗致之'之语。不知尊处曾否照前议与周君子迪商定。若付现五千,存款一万,作年息七厘,则犹可说也。如何办法,幸以见复。莫氏书目,则尚存汤处也。"(杨立强、沈渭滨、夏林根等《张謇存稿》)张謇事务繁忙,致力于国家大事和南通地方自治,但他始终不忘购藏莫氏图书,将书目寄人征求意见,还找人商议,给出了具体价格,殷切期望这批藏书能归南通图书馆。

莫理循在价格上不肯让步,张謇无财力满足他的愿望,只得望洋兴叹。

1917年,莫理循身体每况愈下,急于回国,想及早将藏书卖出。最终日本岩崎久弥财团以莫氏出价的35000英镑将书买下,在东京建"东洋文库"庋藏。当时就有中国学者对珍贵文献流失国外的现象痛心疾首,把莫氏藏书摆在和《永乐大典》、敦煌石窟文献一样的位置,呼吁大学开展对"国粹"文献的保护和调查整理。

不论结果如何,张謇对购买"莫理循藏书"所作出的种种努力仍值得我们尊敬。

莫理循出售藏书后合影

5.曾任南通图书馆馆长的陈星南

陈星南在1919—1926年任南通图书馆馆长（馆主任），是民国时期任职时间较长的馆长，对图书馆早期的工作作出了很多贡献。陈星南，名祺寿，字星南，号兰宧，生于清咸丰十一年（1861），原籍丹徒，后移迁东台。陈星南一生沉湎于读书、访书、藏书、著书，可谓一生钟情于书，以治学著述为其一生事业。

陈星南受到清末改良思想影响，具有强烈的民族意识，他尊崇顾炎武，把自己的室名定为"师顾堂"。他年轻时读书用功，还专程到广州求学，寻访古籍。他读书很多，又善于虚心向饱学之士请教，学问渐渐广博、扎实。他在上海做家庭教师时，因读书多、知识渊博受到神州国光社总编辑邓秋实的器重，他们在一起探讨、切磋学问，结下了深厚的友谊。陈星南经常带着儿子陈邦怀到社里向邓秋实讨教各种学问，使儿子耳濡目染，从小养成了浓厚的学习兴趣。陈星南还在合肥做过教师，为稻粱谋之余治学不辍，伏案著述，尤精于考据、校雠、目录、金石之学。他著有《毛诗答问》《尔雅杂记》《群经骈枝》《郑学骈枝》《九经古义笺》《且朴斋金石跋》《盐铁论斠记》《颜氏家训补注》《东莱诗注》《兰宧笔记》《且朴斋诗集》《且朴斋文编》《且朴斋骈文》等，还主编了《诗毛传粹言》《檠经室碎金》《芳茂山人集外文》《镇江足徵录》《清芬集》等，可谓著作等身。

沙元炳向张謇推荐了陈星南。张謇和陈星南互赠诗文，以文相交，并有书信来往。张謇在《复陈祺寿函》中说："奉到诗函并大著四帙，展诵再三，莫名钦佩！下走能诗不工，年来人事卒卒，流转江湖，偶有所得，亦惜可与言者寡也。拙集暂断自清季，儿辈怂恿付梓，谬承奖饰，益用恧愧！"他对陈星南的诗文大加赞赏，对自己的诗却说"不工"，只是在小辈们鼓动下勉强刊刻出来。1919年，南通图书馆馆长张景云逝世，学术功底深厚的陈星南自然是接任馆长的最佳人选，张謇聘陈星南为馆长。南通图书馆藏书开馆时已有14万余卷，经过七八年，增添了不少图书，因为匆忙，过去编的《南通图书馆第一次馆藏目录》没有很好地审核，需要勘误、补编，要尽快编撰《南通图书馆第二次馆藏目录》。因此，张謇请刚上任的陈星南担当此任，并亲自写信说："素仰先生有金版六韬之博，辨已三豕亥之讹，敬请编订本馆第二次目录"，"谨奉润敬银币五百圆，可以在本馆居住，亦可借书局自随，纸笔舟车，赅于润内。若其住馆，寝馎必供。安排纸笔书人，写天禄校书之目，或者金匮石室，永名山遗籍之传"。（张謇《致陈星南函》）张謇是南通图书馆的名誉馆长，也是图书馆学家，他深知目录对于一个图书馆的重要，是记载书名、著者、出版与收藏等信息，反映馆藏、指导阅读、检索图书的重要工具。因此他重视图书馆目录的编撰，馆长编目录自第一次目录由张景云编撰后成为一个传统，陈星南一上任，张謇又请他编目录，润笔不可谓不丰厚，条件也很好，可以在馆内或近旁的翰墨林印书局食宿。陈星南很快编出了高质量的目录，由翰墨林印书局出版。

陈星南在任内，还饱览藏书，埋首著述。他通读了通州地方历代诗人的作品，写出了《崇州诗话》，借此保存了许多地方诗人的作品和地方史料。如讲到《五山耆旧集》齐唐

"登狼山诗","海腹藏吴楚,天枢转斗牛。夜分惊日落,潮退见鲸游。"陈星南说《舆地纪胜》中,"'日落'作'日浴','潮退'作'潮落',题作'登狼山阁',皆可证耆旧集之误"。还考证了宋代狼山称郎山的依据:"梅尧臣送通州通判刁国博诗:古郡见郎山,海云遮一半。阳乌出沧波,光彩临砚桉……按狼山宋时一名郎山,向所未闻,宛陵必有据也。"(陈星南《崇州诗话》)《梅尧臣集编年校注》(卷二十九)在这首诗下有校注:"郎山今通州狼山。宋杨钧改'狼'为'琅',此作郎山,以音同误也。"陈星南推断"宛陵必有据"是对的,因为宋代已有人将狼山改为琅山,只是梅尧臣作诗时因"音同"把"琅"写成"郎"而已。

明末进士包壮行善制彩灯,陈星南在《崇州诗话》中记录了扬州盛行包灯的情形:"仪征王句生(翼凤)《舍是集》中有《辛卯正月戏咏扬州土俗》四首,其《包灯人》一首序云,扬州灯市,辕门桥极盛,缕彩为人穷神尽态,明季有包壮行者,善制灯,故至今犹称包灯。诗云:'喧阗百众看争先,尽爱春风悦目前。画出好颜偏渥泽,逼真情事太缠绵。藻铺华衮原无缺,火热中心亦有权。纨绮翩翩终庋阁,虚藏应惜地流钱。'读此知道光中,扬州犹盛行包灯也。"包灯的影响走出了通州,100多年后,包灯在扬州仍盛行不衰,并有诗文记录。

陈星南曾住在濠上延目楼,和南通文人费范九相交甚厚,经常携子和费范九谈论诗文。陈星南很赏识费范九,费范九《延旭轩俪语》在商务印书馆出版时,陈星南写了序,"余客南通,与费君范九相过从,谈艺甚乐。近视此编,披阅既竟,洵有余于联之外者,盖于诗之格律、文之义法,靡不钻研而有得焉,且亲炙于啬翁者凤也。虽然此范九之余事也,览之者其毋以此尽吾范九可也"。见出他们谈诗论艺,惺惺相惜之情。

陈星南1928年病逝于南通，通州女子师范送的一副挽联概括了他的一生："讲学数十年，始自乡邑，旁逮他郡；著书百余卷，藏之名山，传之其人。"

陈星南《崇州诗话》书影

四、藏书篇：静海宝藏，先贤遗篇

6.理逸航先生对南通图书馆的经营

1927年,理逸航先生任南通图书馆主任(实际负责图书馆工作)。理逸航是一位地地道道的老学究,管理图书,一丝不苟,生活很朴素。《理逸航年谱》(以下简称《年谱》)记载:"(1927年)九月,查阅馆存新旧目录,开始整理书籍。十月,继续饬人装补旧书。经部书查毕三十二橱,史部书查毕六十四橱,并分列已入目。未入目及重复,各项而记载之。十二月……子部、集部各查毕三十二橱,丛书查毕二十四橱。""(1928年)三月,开始开放借人阅览,筹备修理书楼前露天台。以县议会董事会会员捐款购通俗书一百零二种。五月开始修理馆舍。十月,为馆长张孝若拟致前主任陈星南先生书,催索第二次目录中史子集单行本底稿,期成完璧。十二月,露天台修竣,馆舍修理亦竣工。"理逸航工作十分敬业,短短一年多的时间,各项工作安排有序,查存图书目录、整理核对书籍184橱,装订修补旧书,接待读者阅览,募集捐款采购图书,督促编制书目,修理馆舍,等等。图书馆工作很快正常开展。此外,他还对环境进行设计美化;为避免江南特有的黄梅雨季潮湿对图书的损害,还定期晒书。《年谱》记载"(1929年)三月,整理馆前花坛,加植时花。六月,曝书于曝书台"。

1930年,南通图书馆因故并入南通学院。但图书馆工作照常开展,并未因隶属关系变更而受丝毫影响。《年谱》记载："（1930年）三月，油漆馆内栏杆门窗等。三月，南通学院教部立案，本馆改隶通院为附属机关。六月，教育部委员莅通视察南通学院来观本馆，索取书目，由公设法搜集送予第一、二次印本各一部十四册。七月，开始曝书并整理装订。"

"（1932年）四月，修理露天台圆门。五月，购樟脑丸分置各书橱并开始曝书，以防虫蛀。十一月，大修馆前西井，底圈径三尺六寸，末圈二尺四寸，共二十四圈，深在二丈以上，蓄水可七尺二寸。工料共约费一百元之谱，用者称便。十二月，将新修西井加盖上锁，随用随启，以保清洁。筹划修理露天台及道故斋。"

《年谱》在1933年除记录"重修露天台、检查屋漏、整理图书、加置樟脑丸、修理天沟"等事项外，还记录了将馆藏复本图书寄赠中国国际图书馆的事。"七月，通院校董会据中国国际图书馆创办人李石曾来函征集图书，议决将本馆重复书籍移赠日内瓦中国国际图书馆。公得函知，即印新书签粘贴各书，并刻赠与之章，加盖书面。八月，函孝若，详告整理移赠图书情形。中旬，将移赠书籍二百三十七部四千七百八十九册，分别装箱运港。并将赠书经过及书目等油印专册，除存馆外，邮寄孝若校董会及通院各科，以示郑重。"中国国际图书馆是李石曾、蔡元培等人发起，1932年开始筹备，于1933年在日内瓦成立的专业图书馆。该图书馆成立的宗旨是向世界介绍中国数千年的文化，以期各国对中国有一个正确的认识；以中国出版的各种图书文献资料，为各国机关、团体了解中国提供咨询和参考；为中西方学者研究中国的学术交流及合作提供方便，增进效率；为居住海外的中国人提供研究和阅览的便利。中国国际图书馆除以上职能，还和国际联盟图书馆合作，在每年7月召开国际文化合作会期间，举行中国国际合作图书展览会。中国国际图书馆在上海设有办事处，旧址在现在的武康路399号。据文献记载,办事处曾收藏中外图书5万余册,中外杂志500余种。可见中国国际图书馆是一个面向海外,介绍、宣传中国文化,为中外文化交流及研究开设的一个窗口。该馆建馆伊始就向南通图书馆征集图书,可见南通图书馆在当时图书馆界已有了一定的地位和影响。作为馆长的理逸航,十分重视为中国国际图书馆捐赠图书的事情,立即有条不紊地布置、开展各项工作,印新书签,刻赠与章,整理出复本图书200余部4000余册,装箱运出。一个江北小县城的图书馆,一次捐赠数千册图书(按当时的购书经费来看,图书馆不会去购买这么多复本书籍,这批图书应主要还是地方文献),是图书馆征集地方文献的积累,也是地方文人学者对图书馆的贡献。南通地方文献对介绍、宣传南通、江苏,乃至中国,都起到了积极的作用。从这个意义上说,南通图书馆的捐赠,除给予中国国际图书馆的工作以很大支持外,也在20世纪30年代,为世界各国了解中国、为中外文化交流提供了南通地方文献这一个窗口。

几年后,全面抗战爆发,南通图书馆处于封闭状态,馆藏古籍转移至古寺保存,学院又几经变迁。我们没能发现《年谱》中所说的"赠书经过及书目等油印专册",但南通图书馆对中国国际图书馆的捐赠应是中国图书馆史上的一则佳话。

理逸航依然兢兢业业。《年谱》记载:"(1934年)七月,开始制换书楼窗格以防雨侵。八月,曝书。""(1936年)一月至三月,拟就馆前临马路建屋计划。虽已领建设局建筑证,而因种种窒碍与夫张敬礼先生另有计划而不果行。惟因建设局改移马路,路边冬青篱及杨树等业已砍去,因再补植整理,以维观瞻。四月,于馆西先建落屋两间,次设计书楼西边隙地建造楼房三间,并领建筑证。六月,购置楼房木料,开始动工。七月,曝书并加置樟脑于各橱。八月,修理天沟,楼房竖架月底落成，共费银一千余元。皆公历年为馆之积余。九月，南通学院大事变更，本馆所有馆舍器具等及余资一千余元，均为新当局接收。以上九年，本馆所有收支账略均按月报告，嗣通院新当局仍请公管理图书，并为地方事业顾问。"

南通图书馆虽在1930年并入南通学院，但图书馆工作仍相对独立，在馆主任理逸航的领导下，各项工作正常有序开展。1936年9月，南通图书馆才真正并入南通学院。

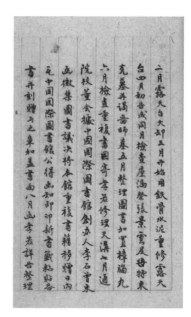

理逸航《理逸航年谱》书影

7.南通图书馆的馆藏特色

南通图书馆创办后的几任馆长（主任）都是学者型人物，他们自己著述不辍，乃至著作等身，对图书馆的认识也明显高于时人，对图书馆事业恪尽职守。他们都主张变图书的"私藏"为"公藏"，做出表率带头捐出自己的藏书，因此地方上的藏书大多逐渐归入图书馆。他们都熟谙地方历史文化，敬畏先贤，注意收藏和征集地方文人的著作。因此南通图书馆具有明显的馆藏特色。

张謇藏书及有关张謇的文献资料

据《南通地方自治十九年之成绩》记载，南通图书馆开馆之初，已有"图书十三万千百卷，他人赠者五万卷弱，謇赠者八万卷强"。张謇撰《为图书馆征求乡先生遗著启》，称图书馆"博采陈编，广弄旧籍"，限于经费，图书馆不一定采购许多新书，却注意收藏地方文献，"捐购所得，近十万卷"，征集、捐赠的是大多数，"购"只占很少的部分。张謇信札中保留了许多他为图书馆征集图书和借书抄录的情况。他在《致蒋志范函》中写道："昨由敝账房转到二十册，并劭老及兄各一函，顷又得明讯一纸，当从速遵抄奉还。"在《复丁芝孙、蒋志范函》中说："敝馆所借郦老之汉书地理志补志一书，事已经年，尚未璧返，至用歉仄。顷询该馆，据称'抄手错误甚多，尚有八本未经详悉校对。拟请再缓三月，一面加延校手，校竣即行奉还'云云。幸达。郦老单行之本，断不敢遗失也。"张謇以为南通图书馆为通俗教育之一，与藏书家目的稍异，对于国家和私人珍藏所谓"善本""孤本"，难以征集的，只求实用，抄来就是，不片面追求馆藏精、善本的多少。

张謇早在光绪八年（1882）出使朝鲜时，就有购书的记载。《柳西草堂日记》载："与海秋入城，购《全唐诗》、《太平广记》、柳河东、韩魏公、曾南丰、王临川各集、《高丽名臣传》，共十八金。""购《全唐文》《册府元龟》《经籍纂诂》。"张謇的部分藏书为友人所赠，如《古逸丛书》中有张謇题记："莫枚臣祁楚生棠请书其尊人墓志，寄此为润，楚生尝从问学者也。辛卯冬謇记。"这是代人写字，人家送书为酬。在《曝书亭记》中张謇写道："此桃花纸初印本，盖至精者何减宋刻，自可贵重，使人开卷目明……啬翁识于西山村庐。"题记中还鉴定了版本。馆藏《沧江稿》扉页有金泽荣题："此是正误最精之本也，复赠吾啬庵老人。"《韩国历代小史》有张謇题："沧江所贻，付图书馆。"这些书都是金泽荣送给张謇，张謇转赠图书馆的。

张謇藏有许多属于"西学""新学"范畴的图书，如《日本警察新法》《考察日本矿务日记》《瀛寰译音异名记》《古今中外音韵通例》《航海章程》《行舟免撞章程》《各国度量权衡考》《长江炮台刍议》《江苏沿海图说》《拟办中国渔业公司纪要》《鹾（盐）政备览》等，不胜枚举。张謇藏书一般钤有"张季子金石图书印""季直""啬翁""张謇""季直考藏金石图书"，也偶见"张氏季子""张印""通州张謇图书印""吴国男子张謇"等印。张謇藏书对张謇研究有重要的参考价值。

图书馆藏有张謇信札数十封。2012年北京嘉德拍卖行出现张謇信函10封,因索价过高,图书馆无法购得,后南通博物苑赵鹏根据网上照片抄录辨析,提供给图书馆。图书馆还藏有民国时期出版的《张季子九录》《南通张季子先生传记》,以及张謇创办企、事业单位的文献资料,其中有张謇题跋及相关图片。一些地方文献(包括报纸)也有大量张謇事迹记载。张孝若曾说他父亲做的许多事业,"一生几乎没有一件事没有一篇文字的"。记载这些文字的图书文献许多保存在南通市图书馆。

南通市图书馆是张謇研究文献资料中心,也是张謇研究文献资料检索和信息中心。

丰富的地方文献

南通人文历史底蕴深厚,宋、元至清,仅光绪《通州直隶州志》记载的著作就有957部。清末民初又是南通文化发展的一个高潮,学人众多,著述迭出。

张謇在《为图书馆征求乡先生遗著启》中说:"……诸君子倘有先人遗著,轶代宏文,或系已传之稿,或为未刻之书,廓然至公,举赠敝馆,当为珍袭而藏,或为集资付印。如必需值,请示傅别,亦可论购,以宏架签。"在《通州博物馆敬征通属先辈诗文集书画及所藏金石古器启》中也说:"按之志乘,佚漏犹多。谨记其名,附于幅左。伏愿大雅宏达,收藏故家,出其所珍,与众共守。""兹一事也,留存往迹,启发后来,风义所及,盖兼有之。"图书馆注重收藏地方文人的著作,许多有识之士也把自己的著作或收藏的历代乡贤著作捐赠给图书馆,使图书馆得以保存许多珍贵的地方文献。

当时国家也要求图书馆重视地方文献的征集。李希泌、张椒华编《中国古代藏书与近代图书馆史料(春秋至五四前后)》记载:1916年《教育部咨各省区请通饬各省县图书馆注意搜集乡土艺文文》颁布,要求各地图书馆采集图书,"尤宜注意于本地人士之著述",因为这些文献"盖一地方之山川、形胜、民俗、物产,于乡土艺文载之恒详,不第先民言行故迹留遗足资考证也";还颁布了《教育部咨各省区饬属征取最新志书径行送部文》,"征取最新修刊之志书";颁发《教育部咨各省区征求各种著名碑碣石刻等拓本文》,要求"凡系当地著名碑碣石刻,各拓一份,征送本部";京师图书馆也呈请教育部发出《京师图书馆呈教育部请征集全国地志金石拓本文》,说"资考镜者,莫如金石","征集康熙以来省、府、州、县通志、地志、乡土志暨名胜古迹照片、金石文字拓本一份,汇送大部,发馆庋藏"。国家图书馆政策和张謇的图书馆思想及南通图书馆的藏书建设不谋而合,南通图书馆在积极响应国家征集地方文献的同时,也极大地丰富了自己的馆藏。南通在这一时期编辑的《南通地方实业风景图录》,可能就是应京师图书馆征集照片、拓本之需,是当时南通地方许多实业、事业风景最真实的写照。因此,南通图书馆地方文献藏书丰富,成为馆藏的一个重要特色。

张謇在发展地方自治时说:"謇抱村落主义,经营地方自治,如实业、教育、水利、交通、慈善、公益诸端。"(李明勋、尤世玮《张謇全集》第1册)可见他对南通的经营已经涉及城市建设和管理的各个方面,把慈善和公益作为地方自治的重要内容。21世纪初,两院院士吴良镛到南通考察设计博物苑新馆,认为南通在中国近代城市发展史上具有重要地位,题写了"张謇先生经营南通,堪称中国近代第一城"。在实业上,大生实业集团有近30个企业,除纺织外,还有发电、冶炼等工厂,以及跨行业的垦牧公司;教育上,覆盖学前教育、普通中小学基础教育、高等教育、职业教育、社会教育、特殊教育；慈善事业有养老院、育婴堂、栖流所（收留改造乞丐和流浪者）、济良所（改造妓女）、贫民工场和贫民学校（教育贫穷人群以技能）、残废院（收容残疾人）、盲哑学校（教育盲哑儿童）；公共事业有电气公司、电话公司、汽车公司和大达轮步公司及小型铁路，有医院、气象台，以及东、西、南、北、中五公园；文化建设上，除促进社会教育的图书馆、博物苑外，还有翰墨林印书局、伶工学社（戏剧学校）、剧场、影戏制造公司、公共体育场等。所有企事业几乎都有文献图册记载保留在图书馆，这些文献资料成为馆藏地方文献资源的一个重要组成部分。

南通图书馆还藏有民国时期的南通地方报纸，如《通报》《新通报》《南通报》《公园日报》《通通日报》等。特别是《通海新报》［1913年创刊，1929年停刊，双日刊，对开4版（有时8版）大报］，辟有社论、命令、要电、本地新闻、杂著、告白等栏目，详细记录了这一时期南通及长江中下游地区政治、经济、文化等方面的情况，张謇的许多政治主张和思想以及文告、函电乃至行踪，均有所刊载，是研究张謇及这一时期政治、经济等形势的重要资料。

朝鲜学者金泽荣的著作

如果说地方文献是一个图书馆的基本馆藏，那么朝鲜学者金泽荣的著作则是南通市图书馆的又一特色馆藏。1978年韩国亚细亚文化社出版的《金泽荣全集》，全部文本依据南通翰墨林印书局出版的金泽荣著作，并且远不能包括他的全部著作。

朝鲜历史学家、诗人金泽荣1905年寓居南通，任南通翰墨林印书局编辑，他撰写史书，编辑同人遗稿，创作汉诗1000余首、散文500余篇，在南通留下32部350余卷作品，为翰墨林印书局的繁荣和发展，也为中朝文化的交流写下了重要的篇章。

金泽荣（1850—1927），字于霖，号沧江，另号韶濩生、云山韶濩堂主人，晚年又称长眉翁，朝鲜京畿道开城郡人。与李建昌(1852—1898)、黄玹(1856—1910)、姜玮（1820—1884）并称为朝鲜王朝末期四大古文家。他的直系先祖在高丽高宗皇帝时任兵部尚书，这位先祖的后人在高丽王朝时当过太子詹事，高丽王朝灭亡后，他自称高丽遗民，隐居不仕。金泽荣虽出身显贵，但到了他父亲时已十分贫寒，不过崇尚节义的家风却代代传承，他也效仿先人自称高丽遗民。金泽荣从小在父亲的督促下专心学习，准备应试。他17岁时通过了成均（《礼记·文王世子》郑玄注引董仲舒曰："五帝名大学曰成均。"唐高宗时，改国子监为成均监。后人也有称国子监为成均者）初试，19岁喜爱读古人的文章，23岁时游历各地，就在这段时间他读了我国明代散文家归有光（1507—1571，字熙甫，昆山人，人称震川先生，嘉靖进士，官南京太仆寺丞）的书，领悟到唐宋派散文的雄奇精妙，为文之道豁然开朗，说："得归有光文读之，忽有所感，胸膈之间犹若砉然开解。"从此他坚定了走古文派文学道路的信念。他说，我为文喜好韩愈、苏轼、归有光，为诗喜好李白、杜甫、韩愈、苏轼、王士祯。（金泽荣《答俞曲园先生书》）他还说："余性好昌黎文，五十年无一日不读……由韩愈文具众体故。"（金泽荣《韶濩堂文集》）这些人物都是中国唐宋至清的文学大家，可见中国文化对金泽荣的影响之深刻。

1882年，清朝政府应朝鲜国王李熙之邀，派遣庆军统帅吴长庆率部赴朝协助平定军乱，张謇作为庆军幕僚随军出征。来华请援的领选使、朝鲜吏部参判金允植（字洵卿）和张謇在谈论诗词时介绍了金泽荣，张謇和金泽荣在朝鲜相识，从此结下一生的友情。1905年，日本悍然在汉城建立宪兵司令部，金泽荣不愿苟且当亡国奴，毅然携妻子踏上流亡中国的道路。从此，金泽荣在南通寓居22年，直到1927年在南通逝世。

他在南通出版、编辑的著作有《韩国历代小史》《韩史綮》《韶濩堂集》《沧江稿》《申紫霞诗集》《梅泉集》《明美堂集》《丽韩十家文钞》《校正三国史记》《钱处士行状》等30多种。南通市图书馆和博物苑联合编辑有《金泽荣研究资料》。这些图书是中外文化交流史、出版史上的重要研究资料。

金泽荣撰、张謇书
《钱处士行状》书影

金泽荣题识赠张謇的书

8.南通藏书家

"冒氏万卷藏书楼"和徐氏藏书世家

南通历史上曾经有过一座为祖国文化作出过重大贡献的藏书楼——"如皋冒氏万卷楼"。清代南通诗人李琪有一首竹枝词写道："闻说冒家万卷楼，拥书南面抵封侯。而今若许千金购，侬是河间使者不？"原来如皋冒氏始祖冒致中在元朝末年任两淮盐运司丞，家资丰饶，又喜爱读书，所以家中藏书无数。李琪的学生姜长卿有"珍藏冒氏万卷楼，不减当年李邺侯"句，李邺侯是唐时宰相李泌，他历仕三朝，只爱读书，家中藏书充栋，人称"书城"。韩愈有诗赞曰："邺侯家多书，插架三万轴。"姜长卿把万卷楼的藏书和李泌的藏书相比，可见其藏书数量之多。万卷楼藏书之丰还有另外的原因，《冒氏宗谱》记：冒致中"有友人刘亮，……尽取家中藏书，载数巨舟，顺水流抵于东皋"。刘亮为元末明初苏州人，"乃吴中巨族，士诚官之"，张士诚兵败后，刘亮携载家中藏书，渡江而北，投奔好友冒致中。江南江北两大藏书家的图书聚集在一起，从数量到质量都相当可观。几十年后，明成祖编纂《永乐大典》，征集天下藏书，听闻如皋有万卷楼，便派人到如皋访书。冒致中之孙冒基将万卷楼藏书全部献出，满满装载了几艘大船。《州乘一览》记："万卷楼，如皋城东二十里东陈镇，明冒基藏书处。永乐八年，有征处士冒基藏书诏,九年三月,赐榜曰万卷楼。"冒基不仅坐拥书城,还是个极喜读书之人,"及见其祖致中藏书,而愿学焉,取其书胪列类分,朝夕讽诵,务求淹通,寒暑不倦"。冒基不仅继承了祖父的藏书,而且藏以致用,发愤读书,工诗而精医理。他在捐赠图书后作了《奉召征书并赐御书万卷楼额恭纪》诗:"老为佣书拙,何图达圣聪。十行天语重,三字墨华融。白壁悬金简,青箱吐玉虹。自惭樗朽质,难以报宸衷。"冒基捐书有功却辞官不就,为乡人悬壶济世,逝世后乡谥"潜德先生"。

明代如皋还有严怡的石溪草堂,藏书逾万卷。王重民《中国善本书提要》载:"怡字士和,嘉靖十六年贡生,为博平临朐训导,嵩县景宁教谕,迁东昌教授,又迁堂邑王教授,逾岁归。"严怡长年在各地从事教育工作,为图书收藏提供了便利的条件。明末清初的冒襄,清代的徐宗幹、周懋琦、冯云鹏、冯云鹓、范伯子等许多文人都是藏书家。徐宗幹在《斞庐杂记》中说到他家的藏书:"家中藏书虽随时晒晾,而纸布为函,易生蟫鱼,大半残蚀,亟易以银杏木夹板,而以闽漳樟木参用之,薰香满室。令侄孙辈编次书检,庋阁陈之,笼以碧纱,分左经、右史,诸书及诗文亦以类分列。"还说到购买图书的情况:"自官山左,得宋板、明板书甚多,应装池别为目录存之。东昌郡得前盐使王正定先生检藏书数种,如集古象赞、吉金所见录等书。又历城周书仓先生(永年)家藏书并钞本,如补汉兵志、汉官爵等书,皆人所未见也。其已刊各书,有斯未信斋书目可考。"在《斯未信斋杂录》(卷三)中又记载:"丁未夏,添购丛书若干种,又旧板绎史全部。此书先大夫所藏,而今已亡。或曰:今藏书甚富,二十四史而外,各史部亦几备矣,何居乎少此一种乎?曰:先人所得者,不可自我失之也。"徐家是藏书世家,徐宗幹记录了他为家藏图书补缺的情形。

藏书家张謇及南通藏书家

南通最大的藏书家首推张謇。张謇藏书不仅限于应试赶考所需之"四书五经",他读书广泛,推崇"经世致用"的学问,藏书致用,为他的"实业救国"、"教育救国"和地方自治服务。他收藏了许多地方图志,还藏有《江苏沿海图说》《大清一统志表》《皇清地理图》《地理精微集》《大清中外一统舆图》《万国地理志》《天下沿海形式录》等。他不追求宋版元刻、稀见善本,却注重学习新思想、新知识,从他所藏的《瀛寰译音异名记》《夷匪犯境闻见录》《长江炮台刍议》《法国律例》《英国水师律例》《日本警察新法》《日本宪兵制》《日本帝国宪法义解》《考察日本矿务日记》等图书中大约可以看出些许端倪。张謇藏有傅兰雅的译著10多部。傅兰雅为美国人,在江南制造局译书,翻译了许多西方著作,曾获得清政府表彰,张謇收藏有他翻译的《铁路汇考》《营工要览》《船坞论略》《气象丛谈》《天文须知》《行舟免撞章程》等。张謇还藏有一部《訄书》,这是近代民主革命家、思想家章太炎早年撰写的一部学术与政论文集,"訄"的意思是"逼迫",即处于黑暗困顿的社会环境下急切需要说出的话。作者针对中国近代社会状况及国情有感而发,借以探讨国学精蕴,阐发思想见解,以唤醒人们挽救民族危亡的忧患意识和责任感,为资产阶级民主革命提供推翻清朝政府的历史依据和理论武器。通过张謇的藏书和他阅读的书籍来探寻他思想转变的脉络轨迹,是件很有意义的工作。

张謇公务繁忙之余,读书、著述不辍。著作被后人辑为《张季子九录》《张謇函稿》《啬翁自订年谱》《张謇日记》《柳西草堂日记》《张謇全集》等。新编《张謇全集》收录文稿达600余万字。张謇室名"柳西草堂""扶海宅"。藏印有

"张謇长寿""张季子金石图书印"等。他将8万余卷藏书全部捐出。

和张謇同年考中进士的沙元炳也是藏书家。他儿子沙彦高在《对我父亲沙元炳的几点回忆》中写道:"他一生性喜藏书和搜集历代名人书画。家中藏书有数百箱,分类编目,有条不紊。善本中有宋版《韦苏州集》,就我所记得的,各地方志书有二三十箱,中医书籍也有一二十箱,其余就都是经史百家诗文集之类。日寇侵占如城占据我老家住宅时,这些书或被焚毁或散失他处,所有书画也一同掳掠无余。后来听说一部分藏书被汉奸于志文盗窃。"

南通市图书馆梁战先生撰《历代藏书家辞典》记载了几位南通藏书家,如周懋琦(1836—1896),原籍安徽,寓居通州城掌印巷,原名鸿宝,字韩侯,号子玉,官福建福宁府知府、台湾道。他藏书甚富,编著有《汉译亚洲语言十种》《荆南萃古编》等。室名有"万卷楼""德福寿安宁署斋",藏书印有"名鸿宝字韩侯号子玉""韩侯周氏校雠之学""鸿宝校收记""韩侯训诂声韵文字之学""德福寿安宁署斋周氏珍藏""万卷楼"等,南通图书馆藏有他的藏书60余部。徐鋆(1885—1936),字贯恂,号澹庐,出身于藏书世家。其先祖徐凌万被李艾塘《扬州画舫录》称为"淮南藏书家"。徐鋆18岁时补博士弟子员,先后毕业于上海青年会英文夜校、中华法律专门学校,曾任陇秦豫海铁路总公所秘书,藏古籍、书画甚富。著有《澹庐诗》《读画诗》《澹庐藏镜》《澹庐诗余》《碧春词》《少年游记》等,辑有《崇川词徵》《梅花山馆图咏》等。黄松庵(1889—1962),名舫,字榘臣,号松庵,别号息宧、松髯、大别山人。幼年师从太仓沙溪人李虎臣学习诗词古文,兼攻史地,1905年游学日本,归国后任教于海门中学和海门师范学校,曾任海门修志局局长,续修海门厅志,续辑《师山诗存》。晚年寓居南通,研究地方文史,著有

《小延年室诗集》《松庵诗话》等。藏书印为"小延年室"。杨元植（？—1947），号苦觉、善根，1918年毕业于南通医学专门学校中医预科，后挂牌行医。1924年起在南通城南大街开设渔古书社经营古籍、书画。精于考据、版本、目录学，著有《天放楼诗》（未刊）。杨元植之子杨卫本也喜藏书及泉币，父子所藏古籍及书画悉捐图书馆、博物馆。叶胥原（1898—1992），号觉庵、田田居士。1913年进唐闸广生油厂任职员。1920年到上海长源及福泰钱庄任职，1936年回到南通在江苏银行南通分行工作，全面抗战时携家避难乡间，抗战胜利后辗转上海、香港、青岛等多地企业谋生。新中国成立后，在南通市一中任教务员直至退休。著有《人间游记》，藏书印有"曾为叶胥原所有"。

翁婿藏书家孙儆和冯雄

南通藏书家孙儆和冯雄为翁婿。孙儆（1866—1952）一作孙敬，号沧叟，光绪二十九年（1903）举人，官南通知县。辛亥革命后任江苏省议会副议长，不久离职，归乡兴办学校数十所。孙儆喜藏书，在南通修建别墅"沧园"，园内设藏书楼，名"经畲楼"。费范九在《经畲楼记》中说："吾师金沙孙公行年六十，始筑一楼所居之溪北，爽垲朴洁，四周植花卉，藏书数万卷其中，朝夕勤勤校录，因名以经畲。"郑逸梅《艺林散叶》记载，孙儆收藏南通地方文献颇富。晚年寓居上海，又建有"斐庐"藏书处，前后所积藏书有几十万卷之多，收有元刊本《道园学古录》，属罕见之本。编撰有《经畲楼收藏南通文献目录》。藏书印有"经畲楼""二十年心血所得"。所藏书历经战乱，散佚不少。新中国成立后，其婿冯雄将其在南通的藏书捐赠给南通市图书馆。孙儆平生研究贞卜文字，造诣极精深，还工于书法，其甲骨文书法多以集长联形式出现，晚年在上海靠鬻字为生。

冯雄（1900—1968），字翰飞，号疆斋，毕业于唐山交通大学，喜藏书，精版本目录学，尤注重收集乡邦地方文献。冯雄曾在商务印书馆、四川省水利局任职，编著水利、铁路、世界文化史及大学丛书达40余种。新中国成立后任中国科学院水利研究所研究员，曾任郭沫若秘书。冯雄藏书万余册，室名"景岫楼"，藏书印有"景岫楼""南通冯氏藏书印""南通冯氏景岫楼藏书""扶海冯氏""冯雄""翰飞"等。他收集南通地方文献及各省、县方志，藏有《两淮通州金沙场志》等珍稀抄本，藏书后来都捐赠给图书馆。上海合众图书馆编《南通冯氏景岫楼藏书目录》有"四川文献""四川水利""其他"三卷，著录近千部古籍及民国图书，其中不乏明刻或清早期刻本。冯雄的藏书家目光，使他收藏的这批图书极有特色：有很多四川各地县志及地图、政府各职能部门的报告书，是研究四川地方这一时期的重要文献；有300余部水利方面的图书，包含水利工程规划、勘测、培训、纪要、试验计划、展览说明、施政纲要等，应有尽有，几乎可以看作这一时期的一部四川水利史；他自己编有《四川省水利局中华民国二十六年度经常费概算书》（稿本）、《四川省水利局二十七年一月至六月工作进度预计表》（稿本）、《大邑县都江蓄水库初步计划》（四川省水利局编、冯雄校改）、《金堂广汉百户堰整理计划书》（四川省水利局编、冯雄校改），撰有《四川省水利局工作概况一览表》（稿本）、《民国二十七年四月都江堰堰工讨论会四川水利局报告》（排印本、稿本各一册）等。冯雄在20世纪五六十年代向南通图书馆捐赠了一批古籍和地方文献。南通冯氏"景岫楼"还在民国时期刊刻地方文献，如《个道人自书诗稿一卷》[清丁有煜撰，民国十九年（1930）南通冯雄景印本]、《南览录一卷》[明崔桐著，民国三十六年（1947）南通冯氏景岫楼刊朱印本]等，还刊刻有《达庐诗录》（朱印本）等。

冯雄还著有《蜀中金石志》《景岫楼读书志》等。20世纪30年代在商务印书馆出版有《道路》《河工》《试金术》《灌溉》《测量术》《非金属材料》《机构学》《圬工》等专业书籍，新中国成立后在商务印书馆出版有《金工》、《三和土》、《机械设计》、《蒸汽及煤气动力工程》（译著）等图书。

盖有"景岫楼""冯雄之印""翰飞"印章的《陋轩诗》书影

以收藏中国现代文学书刊闻名的藏书家瞿光熙

南通还有一位以收藏中国现代文学书刊闻名的藏书家瞿光熙，藏图书文献逾10万册（件）。瞿光熙（1911—1968）原名张振华，1930年在通州师范读书时加入共青团，不久任浙江绍兴共青团特委书记。全面抗战爆发后去陕北参加抗日救亡运动。1939年以后在武汉、桂林、上海等地参加进步文化活动，1944—1945年在上海沦陷区协助党的工作，1946年在上海从事党领导的地下贸易工作，作出了许多贡献。新中国成立后，瞿光熙任上海贸易信托公司副经理、贸易部华东办事处秘书。但他的兴趣在中国现代文学研究方面，热衷于现代文学资料的搜集和研究，他要求到商业局职工夜校教语文，业余时间淘书、研究、写作。他曾任辞海编辑所编辑，1962年调江苏师范学院中文系任教，系现代文学史教研组组长、资料室主任、教授。

20世纪五六十年代,瞿光熙是上海现代文学资料搜集最勤、收藏最富的人。他收藏为用,不但公开自己的收藏,还热心为文友们推荐资料,检索文献,提供线索,帮助查询。他欢迎人们到他的书房随便翻检图书,利用他的藏书开展学术研究。

当时上海影印出版一批中国现代文艺刊物,瞿光熙提供了他历年来的精心收藏,一些影印本上还有他的藏书印章。现代藏书家,从事鲁迅、瞿秋白、左联五烈士研究的著名学者丁景唐等人编辑《瞿秋白著译系年目录》时,得到了瞿光熙的无私帮助,后者提供了许多文献,充实了目录。瞿光熙还和丁景唐合作编辑整理《左联五烈士研究资料编目》,因资料难得,出版后引起学界重视,北京图书馆副馆长丁志刚以"管一丁"笔名在《图书馆》杂志上写文章推荐。上海鲁迅纪念馆布展陈列时,瞿光熙还捐赠了一幅鲁迅手迹,是鲁迅书写的李贺诗句:"金家香弄千轮鸣,杨雄秋室无俗声。"

丁景唐为瞿光熙所著《中国现代文学史札记》写序说:"瞿光熙同志长时期来热衷于搜集中国现代文学史资料,他个人收藏、保存了'五四'新文化运动以来的大量文学书刊,门类众多,版本齐全,在国内现代文学的藏书家中颇有自己的特色。光熙同志的藏书中,不仅有许多很有价值的报刊、图书资料,还有不少珍贵的革命文物典籍。他在认真搜集整理现代文学史资料的漫长岁月中,特别侧重于寻觅那些重要的革命书刊和文献。更难能可贵的是,他还将不少珍贵的史料捐献给国家机关,使这些史料经过他手而集腋成裘,并找到了可以更好地服务于革命文史研究工作的归宿。"瞿光熙和许多藏书家一样,是学者,藏书、读书,还著书,藏书为用,而且为大家所用。很可惜,就在他搜集文献最丰富,学术研究不断取得新成果时,"文革"开始了,他遭迫害致死,藏书也难逃厄运。他的遗著《中国现代文学史札记》于1984年出版，写于20世纪五六十年代。"作者善于寓严肃细致的史实考订于平易亲切的文笔之中，从而使这些文章免于呆板、枯涩，既有相当的学术价值，又有较强的可读性。""他一生中作了大量的史料搜集、考订和研究工作，为我国的现代文学研究事业作出了一定的贡献。"该书第一辑"作家与作品"有"鲁迅事迹丛考""郭沫若的文学生活""茅盾作品小札""郑振铎文事""许地山掇拾""郁达夫两题""蒋光慈事迹与作品""瞿秋白文学活动""左联时期烈士的文学事业""革命家的文学著作和活动""夏衍余闻""六家琐记"等栏目；第二辑"文学运动、书刊与文学社团"有"史实考证""林琴南剪影""期刊一瞥""文坛旧事琐闻""文网史话""杂忆数则""文学团体述闻"等栏目；第三辑"戏剧运动及其他"有"戏剧漫话""作家艺事"等栏目。每栏目下有文章多篇，研究面很宽泛，"涉及的项目，提供的资料，展示的门类，在二十多年前几乎都是使中国现代文学研究者由于缺乏材料而感到困惑的课题"。（瞿光熙《中国现代文学史札记》）

　　有些考证现在大家可能都知道，但在当时却是很新的资料。如《鲁迅评奖〈欧美名家短篇小说丛刻〉》写鲁迅早年为周瘦鹃译《欧美名家短篇小说丛刻》写评语，1915年教育部设"通俗教育研究会"，负责对小说、戏曲、讲演的审查，鲁迅作为社会教育司佥事，任小说股主任，他对周瘦鹃的这部译作给予很高的评价："然当此淫佚文字充塞坊肆时，得此一种，俾读者知所谓哀情、惨情之外，尚有更纯洁之作，则固亦昏夜之微光，鸡群之鸣鹤矣。复核是书，搜讨之勤，选择之善，信如原评所云，足为近来译事之光。似宜给奖，以示模范。"1916、1917年间，"研究会"审查小说600多种，评定奖项的只有26种，鲁迅将这部译作定为

四、藏书篇：静海宝藏，先贤遗篇

乙种褒奖。瞿光熙后来（应在20世纪五六十年代）去苏州拜访周瘦鹃，还看到了这份奖状。鲁迅对小说审查严格认真，对优秀作品奖励扶持，为图书出版事业的健康发展作出了贡献。

　　谈到著名作家的绘画，瞿光熙说，文人也常常善画，还形成了独特的风格，有"文人画"说，许多现代著名作家都会画画。他说旧版《鲁迅全集》第20卷里有鲁迅所画书面图案30多幅，鲁迅画的古代女人像的线描，"略略几笔，眉清目秀，很显功夫，许多美术工作者都称鲁迅笔下传神"。闻一多在美国留学时是学绘画的，有一次演出《琵琶记》，戏装上的图案和舞台上的大布景都是他绘制的，北伐时他还在武汉画过打倒军阀的大壁画，抗战时他从长沙步行到昆明，沿途画了百余幅风景画。郭沫若也画过报刊的图片，1927年7月创刊的《创造日》上那幅标题木刻画就是他创作的。张天翼学过绘画，写作疲倦时，常喜欢在稿纸的空白处，画人物和风景画。瞿秋白从事革命活动，也是文学家，爱好美术，会刻印绘画，所作多山水画。

　　瞿光熙收藏的左联五烈士及相关作家的资料比较齐全，撰写了《和左联五烈士同时牺牲的恽雨棠烈士》《胡也频两部革命小说发表的周折》《关于胡也频、殷夫几件事迹的考评》等文章。他考证郑振铎文章中的洛生就是恽雨棠，在商务印书馆工作，郑振铎只知他被杀害，却不知他是和胡也频等左联五烈士一起在龙华遇难。恽雨棠精通俄文，以洛生为笔名投寄《小说月报》介绍苏联文学的译稿和《苏联文学概论》，后文发表后，杂志社还想请他多译些苏联小说和论文，但不知道他的地址。胡也频小说《到莫斯科去》和《光明在我们前面》，前文因"违碍"难以发表，只得出单行本，也立即遭查禁；后文在《日出》月刊上发表了前两节，不但杂志被查封，还罚款1000元。他还考证了胡也频的出生年月和幼年时代、胡也频去烟台的时间、《光明在我们的前面》的写作时间、殷夫的出身和家庭、关于殷夫第一次入狱时作的叙事长诗、殷夫第三次被捕入狱的时间等,为研究左联牺牲作家作了许多有益的工作。

瞿光熙还是一位热衷"书话"文体写作的作者。

就是这样一位学者藏书家,本应为中国现代文学研究作出更大的贡献,却在1968年2月被迫害致死。十多年后,丁景唐为瞿光熙《中国现代文学史札记》作序,仍深情地说:"光熙同志一死,他耗费心力、南北奔走搜集(有些是抢救过来)的珍贵文史资料,在一场大浩劫中自然难逃厄运。譬如他收藏的李伟森、柔石、胡也频以及蒋光慈、应修人、潘漠华等作家的有关著作、译本和报刊资料,据我所知是国内最齐全的。还有一些革命书刊也是我在北京、上海的大图书馆里所未曾见到过的。近年来,一些同志向我查问郑振铎写的悼念胡也频、恽雨棠烈士、杨贤江同志的文章,这在我们编的《左联五烈士研究资料编目》中有篇目记载,但却不知刊载这篇文章的清华大学《文学月刊》(一九三一年十二月第二卷第一期、一九三二年一月第二卷第二期)现藏何处。这些刊物都是光熙同志曾经保存的。每当全国各地的同志到上海查阅中国现代文学方面的珍贵书刊而不得来找我时,我总是不无感慨地说,要是光熙同志活着,他的图书资料不曾散失、毁弃,那就好了。当年我在他的藏书室里看到过的许多珍本,而今安在?"

瞿光熙捐赠的鲁迅手书条幅

四、藏书篇:静海宝藏,先贤遗篇

瞿光熙
《艺术剧社史料》书影

丁景唐、瞿光熙
《左联五烈士研究资料编目》书影

藏书家沈燕谋

南通现代藏书家还有沈燕谋（1891—1971）。沈燕谋的祖父沈燮均是南通最大的土布巨商，协助张謇创办大生纱厂，沈燮均在张謇最困难的时候，把自己布庄的资金全部用于接济大生纱厂，还献策"尽花纺纱，卖纱收花，更续自转"，使大生渡过难关。沈家在姜灶镇南的宅邸三进两天井，后院是二层楼房，楼前是宽阔的场地，四周有篱落和回廊，西部和后宅有花园，草木扶疏，水池亭榭，共占地20余亩。沈燮均曾将自己创办的沈氏私立小学搬入家中，以方便学生读书。沈燕谋的父亲沈书升（字乐琴）后来将学校发展为沈氏私立两等小学校，并任校长，他依恃祖上留下的遗产，一心专注于教育和埋头读书，自得其乐而乐也。沈家书房里，靠墙的大书柜和大书橱，放满了装在书笈里的二十四史和一摞摞贴好签条的经、史、子、集线装书，沈书升的几个外孙至今回忆儿时陪外公在书房里看书、玩耍的情形时仍津津乐道——外公准许能认字读书的孙辈进入他的书房，随意阅读藏书，如果朗读准确，还能得到脆饼、麻糕、云片糕（姜灶镇地方茶食）等奖赏。

沈燕谋自小生活在这样的书香环境中，小小年纪已是秀才。科举废除后，沈燕谋在1906年考入上海南洋中学，后又在中国公学、苏州英文学校读书。1910年，张謇感念沈家恩德，也看中沈燕谋才学，出资送他到美国留学。1916年沈燕谋学成归国，张謇聘他在大生公司任职，兼南通纺织专门学校教授。

沈燕谋在大生，要经常来往于南通和上海之间，后来又主持大生公司上海总事务所，所址距福州路、汉口路一带上海旧书店集中的地区近在咫尺。这为他购书、藏书创造了良好的条件。沈燕谋在20世纪20年代就开始藏书，他在1947年日记中记："二三十年间，孜孜积书，不下二十万卷。"在同一年日记中他还记载，经过来青阁书店，"定购郑振铎所编印之中国历史参考图谱"，又购"董绶经所印之明如隐堂《洛阳伽蓝记》、日本崇兰馆藏宋刻大字本《刘梦得集》，梁众异《爰居阁诗》，玻璃版印《王洪范碑》，元《刁惠公墓志铭》，北魏司马元兴、司马景和、景和夫人孟氏、东魏司马昇墓志四种合订本，及《梁燕孙年谱》"。定购是计划好的，顺便又买下了许多书，战乱年代仍如此，可见沈燕谋爱书之深。

祖辈留下的书及他自己陆续选购的书，经年累月，逐渐有了相当的规模。面对丰富的藏书，沈燕谋有清醒的认识，"先君常戒毋多置无用之书，但得《十三经注疏》、清儒群经新注、段注《说文》、《说文通训定声》、《二十四史》、《正续资治通鉴》、老庄荀墨管韩非淮南诸子、李杜韩柳欧王曾三苏诸集、《文选》、《古文辞类纂》，益以《文献通考》及几种经世文章，便已读之不完，用之不尽，若乃搜集不知抉择，沉湎及于版本，贪多务得，细大不捐，所谓好异物而贱用物，古人以为大戒，非真读书人之所有事也。遗训昭昭，念之凛然"。尽管如此，沈燕谋仍改不掉他爱书、读书、藏书的习惯。

沈燕谋在上海的新闸路（近石门二路）居所，是一座300多平方米、有东西厢房的石库门大房子，底楼的几间西厢房就是"行素堂"藏书楼，室内设置有40多个书架，每个有3米多高，用8层厚厚的搁板分隔，每层搁板都放满了一摞摞的图书，其中多古籍线装书，也有各种中西文排印本书籍。书架排列成4行，每行有十几米长，书架上的每本书都有编号，还编制有索引卡片，有专用的目录柜存放，检索图书十分方便，一座行素堂藏书楼俨然一座图书馆。

据沈燕谋儿孙辈回忆，沈燕谋特别爱护这些藏书，书架上的珍贵古籍或有函套，或有夹板，或有木匣与书箱保护，阅读之前，必先将书桌几案擦拭干净，小心取出一二册书后，正襟危坐，专心致志攻读，还写下读书笔记。如需带书外出，一定要用木书板把书夹住，再用包袱布包好，纱绳扎紧，以防止书有丝毫损伤。行素堂内不仅有线装古籍，还有许多通俗读物、字典辞书、杂志画册及自然科学方面的书。孩童时期，他们放学回家就进入行素堂内，在取书的梯子上爬上爬下，寻找他们喜欢阅读的图书，如《吴友如先生画宝》，有二十几册，每册上有标题；还有《山海奇志》《风俗志图说》等，图文并茂，看不懂文字，看看图画也让他们爱不释手。这些图书和其他自然科学图书、字典工具书、科普杂志成为他们儿时经常翻阅的课外读物，伴随着他们成长。

沈燕谋自己也非常享受在行素堂读书带给他的悠然和愉悦，只要在上海，只要有闲暇，他经常在书楼里一坐一整天。抗战时期他不愿为日本人做事，辞去大生纱厂经理一职后就在行素堂读书写作。沈燕谋发表于上海《民主》杂志上的考证文章《光绪壬午朝鲜内乱史实之一节》（1946年第15、16期）就是他在行素堂读书、思考后写的。清光绪壬午年（1882）朝鲜发生军乱，清政府应朝鲜国王之请派庆军首领吴长庆率军出征，张謇协助吴长庆运筹帷幄，出奇制胜，显示了杰出的才能，还撰写了《朝鲜善后六策》等文章，主张清政府持强硬态度以阻遏日本的侵略扩张野心。壬午之役是鸦片战争以来清军在对外战争中难得的一次胜利。沈燕谋对这一段历史当然非常关注并有很高评价，当他在史料中发现8封吴长庆致北洋大臣张树声的信函时，就认真做了考证。他说，壬午戡乱"史册言而不详，近人记载，则详而未尽实。沈祖宪吴闿生合编《容庵弟子记》，尚节之《辛壬春秋》，皆不免阿其所私，回护夸张，淆人听闻。顷见吴武壮（吴长庆谥武壮）公致北洋大臣张靖达公信札数通，述及当日戡乱情形。盖吴公曾奉督师援护朝鲜之命者。札中所云，皆系实录，虽寥寥数通，犹未足以窥兹事之全豹；然按图索骥，颇可得当时之实情。文笔出张啬庵先生之手，（除第八函外）弥觉名贵。亟为录出公布，以备谈史者之一助焉"。他在第一、三、四、七、八函下都写了较长的按语，厘正了许多事实。

沈燕谋在这一时期还对陈寿《三国志》作了研究，想在裴松之注外再著一部补注，已动笔写了许多文字。另外，撰写了《范伯子诗本事注》，为范伯子诗中的人物及地名作了简注。

沈燕谋不仅是一位藏书家，更是一位学养深厚的学者。沈燕谋赴美后曾于1912年7月回国，受聘于安徽高等学校（安徽大学前身），同事中有陈独秀、苏曼殊、郑桐荪等饱学之士。沈燕谋和苏曼殊、郑桐荪合撰《汉英辞典》，和苏曼殊更为莫逆，柳亚子曾在一文中说："沈燕谋君是曼殊很好的朋友，曾在安庆高等学校及上海第一行台与曼殊同住颇久。"有一张1913年前后沈燕谋和苏曼殊在上海的合影，两人西装革履，风华正茂，惺惺相惜。上海北新书局于1928年出版的《曼殊全集》收录多封苏曼殊致沈燕谋的信，透露

四、藏书篇：静海宝藏，先贤遗篇

出他们的情谊,"燕君者,通州沈一梅,方正之士也";"君抵沪时,乞以所行寄慰我驰想也";"吾兄来时,瑛(苏曼殊学名元瑛、玄瑛)恐不及聚首,思之怃然";"今拟五、六月间过沪一游……一别逾岁,良友之怀,焉能已已"……唐君毅(1909—1978,现代哲学家、教育家)说:"我曾读苏(曼殊)之书信,见其常提及刘三(刘季平,北京大学教授、藏书家)、章太炎及沈先生(沈燕谋)。"可见他们交

庄子纂笺
沈燕谋敬著

沈燕谋为钱穆
《庄子纂笺》题写的书名

往深厚。20世纪50年代沈燕谋在香港协助钱穆、唐君毅创办新亚书院并任图书馆馆长,和钱穆亦师亦友,结下终生情谊。钱穆有《庄子纂笺》一稿,无钱不能出版,沈燕谋卖掉自己的汽车,捐资3000元付印,这笔钱相当于当时新亚书院的一月开支,他还题写了书名,从而留下他们情谊的见证。

沈燕谋还是胡适的"老同学"(和胡适同年出国留学),张孝若为父亲张謇写传,通过沈燕谋的介绍结识胡适,请胡适写了那篇著名的序。张孝若还请沈燕谋说项,邀胡适为自己身后写传,"几经浃恰,适之首肯",后因多事拖宕下来。20多年后,张融武写信请胡适完成宿诺,胡适却力荐沈燕谋来完成此项工程,还说全世界没有别人比他更适合写张孝若的传记了。沈燕谋"则以两家关系之深,无能为役"坚辞。沈燕谋在77岁高龄时带《张謇日记》手稿前半部亲赴台湾地区,在台北文海出版社以《柳西草堂日记》为书名出版,自此分藏内地、香港两地的《张謇日记》手稿相继影印出版,合成完璧。

唐君毅说,沈燕谋"可以说是代表一个'从研究中国学术而研究西方学术,再来办实业,更重回到中国学术'的学术过程",诚为知人之论。

新中国成立后，沈燕谋为了使藏书发挥更好的作用，委托南通的黄榘臣、上海的管建模和南通师范学校图书馆、上海图书馆联系，将古籍图书数千册捐赠给两家单位。据当时在南通师范教导处工作的王颂旋回忆，这批图书是1950年春送到学校的，是他和语文教师陈香谷点收的，收到沈燕谋赠送的古籍线装书32箱，每箱书装有百册或二三百册不等，其中有些精本，还有些地图资料，很有收藏价值，如清刊《庸庵全集》及《陆陈二先生文钞》《洪北江集》《补三国疆域志》《东晋疆域志》《十六国疆域志》《日本国志》等。

国家图书馆藏《永乐大典》（卷二千二百七十四）卷端有"曾藏沈燕谋家"藏书印章，北京师范大学、山东大学等单位有一些古籍善本原是行素堂藏书，一些古籍拍卖场所也时有行素堂藏书展拍，应都是从行素堂传出来的。沈燕谋的藏书印还有"南通沈燕谋藏""沈燕谋藏书""行素堂藏书记""沈燕谋读书记""南通沈燕谋印""南通沈氏藏书""沈燕谋印""沈燕谋以字行""曾在南湾村舍""南村珍藏""燕谋""南村书库""燕谋珍藏"等80多方。

藏书传统百年延续

清末以来，南通知名书画收藏家还有黄文田、张謇、徐赓起、高纪庚、尤勉斋、费范九、孙蔚滨等。张謇的书画赠南通博物苑，徐赓起的藏品分赠上海、南通的博物馆，费范九有89件书画赠南通师范学校。"文革"中，人们收藏的书画被抄没，有的作为"四旧"被当场焚毁，有的侥幸逃过劫难，后经落实政策发还。李方膺后裔在"文革"中将所藏书画自行烧毁。季厚庵藏张大千书画较多，因为季家住在上海时和张大千是邻居，南通产鲥鱼、刀鱼，张大千是美食家，季家应时馈赠，所以张大千以书画相酬。"文革"中季家怕罹祸，画也几乎全部焚毁，只留得压箱底的一张。

范曾在《南通范氏诗文世家·序》中说，历经"朝代递嬗""岁月迁流""兵燹""动乱"，"文人世家唯数千册线装书幸免于难"，"吾家历代诗文秩然犹存"。范家是幸运的，南通文人世家多，藏书也多，只不过战乱频仍，多少藏书和藏书家都悄然湮没在历史的尘埃中了。

但薪尽火传，南通藏书家的优良传统代代延续下来，精神的生命会因为书籍的流传而达到永恒。许多读书人学有专攻，不以藏书名家，沈文冲藏书2万余册，吴强藏书2万多册，钦鸿藏书逾万册，杨谔藏书8000多册……吴强说，他一直是小区里最晚熄灯的，他藏有创刊以来的全部、500多期《新华文摘》；他最喜欢的是人民文学出版社1981年出版的一套16本《鲁迅全集》，至今还时时拿出来阅读。杨谔除了藏书、读书、写书，还是一位阅读推广者，他曾在启东开过小书店，组织过专家讲座、读书沙龙和传统文化座谈会，有一批喜欢读书的常客。他还和南京、苏州、无锡、宿迁等地的10多位文友组成了一个书友会，每年聚会多次，围绕不同的主题开展交流、探讨。钦鸿将所藏海外华文文学书籍及作家签名本捐赠给图书馆。沈文冲被评为"江苏十大藏书家"。海安等地也举办过"知识分子十佳藏书家""十佳藏书人"等评选。季能宽"知不足书楼"藏书1万余册，以社科的文学、历史、哲学、政治、经济类图书为主，有《红楼梦》各种版本20余种；张贵驰藏有明清古籍500余册，新中国成立前解放区文献300余种。他们都当选为"知识分子十佳藏书家"和"十佳藏书人"。

五、刻书篇：

东壁图书府，西园翰墨林

引言：最是刻书能致远

通州城里，濠河两岸，小巷蜿蜒，庭院深深；城外乡居村宅，田畴茂密，阡陌纵横，沟渠清澈。无论书院、市井，还是书斋、田野，无论书香门第、耕读世家，还是贩夫力佣、村野农人，人们祖祖辈辈尊奉读书，蔚为风气，相沿成习。延绵千年的尊文重教的风尚蕴涵了深厚的地方文化，人文造就了历史，历史彰显了文化。

由于历史的原因，全国许多重要的刻书出版基地都和南通近在咫尺：与南通一江之隔的苏州向来是刻书、出版重镇，同处江北的扬州刻书业也很发达，南京更是全国书籍出版最发达的地区之一；清同治年间朝廷设立国家出版机构官书局，其中江苏官书局、淮南官书局、金陵官书局、江宁聚珍官书局就设在这几个地方。光绪二十七年（1901）南京还设立了江鄂译书局（后改为江楚编译书局）。也许是周边地区刻书、出版业发达，南通的学士、文人刻书、出版及购置变得十分简单、方便，因此尽管南通在清末之前还没有成规模的刻书出版机构，但民间小书坊、刻印社及私家刻书比比皆是，清末民初，仅在通城长桥南北堍、东大街就有数家刻印社刻书出版。

1895年中国在甲午战争中惨败，整个中华民族悚然惊醒，有识之士把目光投向了西方，开始走上学习西学、变法图强的道路。僻居江北的南通顺应历史潮流，掀起了实业救国、教育救国的浪潮。短短几年间，南通创办了博物馆、图书馆等一批文化事业单位，设立了中国最早的出版机构之一翰墨林印书局，出版了《星报》《通报》《新通报》《通海新报》等报纸。中国近代早期的博物馆、图书馆、出版社及报社相继在南通诞生，不能不说是南通对中国文化发展的一个贡献。

通州翰墨林印书局创办于1903年，比商务印书馆晚6年，早于中华书局9年，是中国近代出版印刷机构的先驱之一。书局开办是为了适应南通兴办教育要编辑、出版大量教科书的需求，但不久出版范围远远超出教材，举凡学术专著、地方史志、诗词书画、音乐艺术等都有涉及，以南通的文化优势和高素质的编辑人才，出版了一大批南通杰出人物的图书，这些图书走出南通，走向全国，在学术界产生了广泛的影响。魏建功就是在南通上中学时读孙锦标的《南通方言疏证》，产生了对学习语言的兴趣的。在老师的鼓励下，他把自己今后研究要努力的方向定为文字学，最后成为语言文字学大师。

民国时期南通报业也较繁荣，倾向进步。南通最早的报纸是1907年出版的《星报》，是翰墨林印书局发行的周报，宣传立宪和地方自治。1913年始办的《通海新报》，在五四运动时发表评论文章，支持爱国学生；五卅惨案，又站在爱国者一边，发表大量专题报道。1918年创刊的《公园日报》，刊登更俗剧场每天演出的剧目，介绍新戏剧、新文艺，连载剧本，宣传戏剧改良、剧场文明制度等，是我国较早的戏剧专业报纸。欧阳予倩来通后，对报纸进行整顿，吴我尊任编辑主任，徐海萍为发行主任，撰稿人有欧阳予倩、徐半梅、宋痴萍、沈冰雪等，梅兰芳、齐如山、袁寒云等也在来通时踊跃投稿。该报戏剧栏目有京剧常识和春柳社话剧的介绍，还有吴我尊的"凿坏室剧谈""风栖杂俎"及徐半梅的小说专栏等。1920年，张孝若任社长，将《公园日报》改名为《公园日刊》，撰稿人有顾怡生、张梅安、易剑楼、赵千里等南通著名文人，栏目有评论、小言、小新闻、杂谈、笔记、小说、剧本、剧谈、白话诗等，编辑部主任施北沧订阅《新青年》杂志，经常介绍或转载《新青年》发表的剧本。1926年发行的《通通日报》是最早以日报命名的报纸，新闻来源是上海电台的广播，因此快捷而丰富；也有当地新闻，附有文艺专栏，载当地文人古文诗词，编排成便于汇订成册的版式，便于读者保存。

随着新文化书刊不断传播到南通，1922年，大学生吴亚鲁成立"平民社"，创办社刊《平民声》。他还在潮桥组织青年学友会，出版《潮桥青年》杂志。五卅运动时，南通青年编印刊物《血潮报》《滴血报》，在掘港出版《民鸣报》。1926年中共在南通建立组织后，领导学生的文化运动，学生成立"读书合作社""文艺研究社"等，阅读革命书籍，发行《向导》《中国青年》等革命报刊。红十四军在如皋成立，革命斗争风起云涌，李俊民小说《蜕化》、顾民元小说《东方的太阳》都描写了这场革命。《蜕化》收入小说集《跋涉的人们》，被鲁迅誉为"优秀之作"。

"九一八"事变后，抗日救亡成为南通革命文化活动的主旋律。叶胥朝、俞铭璜在如皋组织文艺团体"春泥社"，在《如皋导报》上开辟副刊《春泥》，在《皋报》上开辟副刊《谷雨》，还创办了春泥图书室，成立社科研究小组，引导青年阅读进步文艺书刊。1936年，俞铭璜、潘也如以苏北救国会的名义，刻印油印本《救亡通讯》。徐惊百、施春瘦刻印有关抗日救亡内容的版画。经徐惊百联系，第二回全国木刻流动展览会在南通举办，其中《中国的一日》刻印有红军长征的图画。

抗日战争和解放战争时，南通开办了各种文化服务社和书店，不但出售进步书籍，还编辑出版各种书刊。他们在自印的图书上刊登广告说："为传播文化，努力于根据地文化建设事业"，"编印各种通俗读物，供我党政军民文化粮食，并编印普通科学知识读物,群众教材及小学教科书等"。由陈毅题写书名的《苏北摩擦真相》就是1940年在海安出版的,土黄色的粗纸印刷,字体色泽不一,有的页面模糊,却开创了苏中抗日根据地的图书出版事业。

利用敌人的报纸,刊载我们自己编辑的文稿,团结人民、教育人民,引导广大民众同情革命、理解革命,是南通地下党组织的大胆创造和勇敢实践。他们在汪伪的《江北日报》主持副刊《诗歌线》40多期,发表了300余首诗作;南通惨案烈士钱素凡也曾主编《国民日报》副刊《苏北文艺》,发表了大量进步作品。

翰墨林印书局出版的各类图书,民国时期报纸的进步倾向,苏中抗日根据地图书、杂志、报纸卓有成效的编辑出版,进步人士主持的敌伪报纸的文艺副刊,都为南通城乡人民提供了源源不断的精神食粮,使崇尚知识、热爱读书的优良传统赓续不绝。另外,南通出版的图书销往各地,促进了南通和各地的文化交流,翰墨林印书局出版的朝鲜、汉文图书还运往朝鲜销售,为中外文化交流作出了重要贡献。

新中国成立后,南通市图书馆和南通博物苑油印和影印出版了许多图书,有利于保护文献资料并方便读者利用,如油印本《金泽荣研究资料》,收录了蔡观明撰《金泽荣年谱》和《金泽荣著作目录》,至今仍是研究金泽荣的重要参考资料。有些珍贵古籍,出版后提供给读者阅读,减少了查阅原本对古籍的损伤,如明刻《州乘资》(影印本)和康熙《通州志》、《白蒲镇志》(油印本)等。许多地方学者的著作也陆续被印行,如管劲丞著《南通文史札记》(内部出版)、《南通方言俚语》,钱啸秋著《坚瓠集》,蔡观明著《孤桐馆语言学论丛》,等等,许多是自刻自印的油印本。

1.翰墨林印书局

近代南通大兴教育，兴办学校自然离不开新式教科书的编写，但适用于开设各门新课程的教科书奇缺。通州师范学校开学时，学生们领到的只有一些学习日文的课本，至于理化、算术、历史、地理等课程，只能用学校编发的讲义。为了解决教科书问题，张謇邀请张詧等5人成立"翰墨林印书局股份有限公司"，于1903年创办了翰墨林印书局。在《翰墨林书局章程》中，张謇阐明了书局创办的缘由："因兴师范学校，乃兴印书局。有印书局，而后师范之讲义教科之编辑布行不致稽时；附卖他学问之书，而向学之士亦得餍其所求，开其知识……"开办书局既能解决学校教科书的问题，又能满足读书人读书求知的愿望，所以"私益之义少，而为一方学术公益之义多"。翰墨林印书局的创办比商务印书馆晚6年，先于中华书局9年，是中国近代出版印刷机构的先驱之一。

为了保证翰墨林印书局的管理和经营，张謇制订了《翰墨林书局章程》，计有总则6款，银钱帐房章程13款，工料帐房章程30款，总发行所章程16款，对书局各项事务加以严格规定。书局设有经理室、编校室、活版部、石印部、印刷部等。编校室分编辑和校对人员；活版部设浇字间，负责浇刻字模；印刷部、石印部设排字间、印书间，负责书籍的印刷；装潢部设装订间，负责书籍的装订。书局对图书编辑有严格的初校、复校和总校制度，"校对、总校以月计薪，其初校、复校均以字计。如有错误,须按字计罚,总校倍之";并且要求做到"排字以工整为主,刷印以匀净为主,装订以整齐为主,浇刻造模以深洁为主"。层层把关,各负其责,奖罚分明,在出版印刷质量上保证了书局的信誉。

翰墨林印书局重视版权和知识产权保护,张謇在书局创办之初的1904年就呈文两江总督魏光焘,要求官府出面保护出版者权益。呈文中说:"查各国印书,最重版权,中国近今编译各书局亦均有版权之请。今恳咨明商部批准立案,并求札饬沪道出示:严禁各书贾翻印通州翰墨林书局编译之书,并照会租界领袖总领事立案。"(张謇《为翰墨林书局版权咨两江魏督》)翰墨林印书局出版的新学教科书及各种图书,成为学堂和社会的急需用书,盗版翻印的问题也随之而来。书局除了向地方政府求助,还在报刊上登载启事,声明版权所有,不准翻印;在所印图书内也印上版权标记,如在扉页和封底印上"版权所有,不得翻印"等字样。翰墨林印书局是我国较早具有版权保护意识并开展版权保护工作的出版机构。

翰墨林印书局从创办到新中国成立的40多年里,出版、印刷了大批图书,占据了南通及整个苏北地区的图书出版发行市场,它能够与商务印书馆、中华书局、大东书局、开明书店等七家大书局联合组成的教材印刷发行机构相抗衡,垄断南通地区学校教材的出版发行。南通图书馆在1929年并入南通学院,翰墨林印书局及南通各类学校也在1938年日寇侵占南通时遭到劫掠,文献图书损失殆尽,致使许多出版物无从查考。不过,据不完全统计,仍有诗文、史传、地理、教育等类图书数百种。书局在初创时期出版了大量教材,如《中国地理讲义》《乡土历史地理教科书》《中学算术教科书》《孝经白文读本》《柔软体操图说》等;还出版了许多学术书籍,如《岱源诗稿》《龚定庵集》《兴学要言》《女子教育家庭教养法》等；为了鼓吹立宪，还出版了翻译的《日本议会史》《英国国会史》等；另外，出版了张謇考察日本的《癸未东游日记》及他撰写的《通州兴办实业章程》等。书局从创办初期到20世纪20年代是发展的高峰期，张謇致力于地方自治，除了教材，书局还出版了许多介绍南通的图书，如《南通县教育状况》《南通农业学校辑要》《江苏省立第七中学概况初编》《通州兴办实业之历史》《通海垦牧公司开办十年之历史》等；出版了一批地方文献，如民国《南通县图志》、《通俗常言疏证》、《个道人遗墨》、《音乐初律》、《雪宧绣谱》、《范伯子诗文集》等；同时也出版了张謇的许多著作，如《张季子九录》《啬翁垦牧手牒》《张季子诗录》《张啬庵先生实业文钞》《张季子说盐》等。这一时期出版物质量高，品种多，地方史志、学术专著、诗词书画、音乐艺术都有涉及，书局以南通文化上的优势和自己高素质的编辑人才，出版了张謇、沈肇洲、沈寿、范伯子、丁有煜、孙锦标等一大批南通杰出人物的图书，这些图书走出南通，走向全国，在学术界产生了广泛的影响。

　　翰墨林印书局为我国的出版事业及文化传播，也为南通的文化发展作出了不可替代的贡献。书局在创办初期称"翰墨林编译印书局"，曾计划大规模编译西方图书，延聘外国学者及遴选中国文笔优长而能外国语者担任翻译工作，"甄集泰西旧新有用之书十万册"，"尽十年二十年之岁月，择要移译"。（张謇《南通图书馆记》）商务印书馆后来翻译出版"汉译世界名著丛书""世界文学名著丛书"，即使没有受到这个计划的启示，也和这个计划不谋而合。翰墨林印书局出版的大量图书为我们研究中国近现代出版史，研究张謇及南通留下了丰富的文献资料。张孝若曾说他父亲张謇，一生做过的事几乎没有一件没有文字记录下来的，翰墨林印书局不仅将这些文字编辑出版，还将有关张謇创办企事业及南通地方自治所有政治、文化、教育、经济等方面的重要资料印行成书。图书是文化的重要载体，翰墨林印书局出版的图书不仅为南通文化，也为中国文化的建设作出了积极的贡献，图书的大量出版促进了读书风气的形成，营造了浓郁的文化氛围，更重要的是普及了科学知识，传承了优秀文化，促进了学术交流，使南通文化走向了全国，走向了世界。

翰墨林印书局

翰墨林书局章程

清光绪二十九年(1903)

因兴师范学校，乃兴印书局。有印书局，而后师范之讲义教科之编辑布行不致稽时；附卖他学问之书，而向学之士亦得餍其所求，开其知识。且区区之意，抑欲借印订诸艺为传习工学之一端。是此印书局为十数人合资，私益之义少，而为一方学术公益之义多。若在事之人不明乎此，不能实事求是，力求精进，或失之营私，或失之不节，或失之蔽，或失之疏，将资本竭厥，业终不成，一方学者亦因之受困，非独于在事之人公德大亏，其于名誉岂独无损？是以开局之始，与诸君约，务各虚衷以协和，实力以竞进，一局不败，诸君有光。披忱相告，仁俟良绩。详细章程，别有专条。

一协众议：凡关系本局利害之事，非特各帐房宜和衷考论，即各工房亦得有抒所见，勿矜意气而病全局。

一明事权：各管一事，即各任一责，如一事而此是彼非议论不一，主此事者得行其己见，唯利害得失事后据效验而定功过，功过比平常加一倍。

张謇《翰墨林书局章程》书影

2.中外出版交流史上的佳话
——朝鲜学者金泽荣在南通的出版活动

"余坐书局北窗下校印书数纸罢,视日向晡矣。"(金泽荣《丙午五月十三日游南通翰墨林书局莲池记》)晡即申时,午后三时到五时。这位勤奋工作的书局职员不是南通人,而是朝鲜人金泽荣。金泽荣是李氏朝鲜末年著名历史学家、古文家,官至弘文馆纂辑所正三品通政大夫。1905年日本迫使朝鲜签订《乙巳保护条约》,在汉城建立统监府,金泽荣不愿苟且,毅然携妻儿流亡中国,投奔他23年前在朝鲜结识的老朋友张謇。

金泽荣和张謇的交往始于1882年,当时清政府应朝鲜国王李熙之邀,派遣庆军统帅吴长庆率部赴朝协助平定军乱,张謇作为庆军幕僚随军出征。张謇协助吴长庆运筹帷幄,出奇制胜,显示出杰出的才能,并撰写了《朝鲜善后六策》《壬午东征事略》《乘时复规流虬策》等文章,主张清政府持强硬态度以阻遏日本的侵略扩张野心,因此赢得了朝鲜许多有识之士包括金泽荣的尊敬。金泽荣曾到清军驻地看望张謇,并赋诗赠别,张謇也赠送金泽荣印石和墨,两人互相敬重仰慕,相见恨晚,从此结下终生友情。

金泽荣从仁川到上海找到张謇。张謇不负老友,正值翰墨林印书局初创,需要人才,便安排他到南通定居,任书局编校。

金泽荣的文学和史学成就得到中、韩学者的高度评价，和金泽荣一起被称为"韩末四大家"的李建昌、黄玹说："百年之内无人能超过金沧江"，"于霂博学能文章，卓而不群"。张謇在朝鲜初识金泽荣就说他的诗文为"东才之翘楚"，俞樾在为《韶濩堂集》写的序中也说金泽荣是朝鲜诗人中的"超群绝伦者"。金泽荣的史学著作体现了炽热的爱国主义精神，他在翰墨林印书局埋首著述，编辑出版了30多种书籍，为保存和弘扬朝鲜民族文化精华，振奋民族精神，鼓舞朝鲜人民争取民族独立和解放，提供了强大的精神力量和重要的文献支持，也为翰墨林印书局的繁荣和发展作出了贡献，在中外文化交流史、出版史上写下了浓墨重彩的一章。

金泽荣在翰墨林印书局首先编辑出版的是《申紫霞诗集》。申紫霞名申纬，字汉叟，被誉为朝鲜500年仅有的大诗人。他到过中国，曾拜翁方纲为师，写下"杜苏光焰放万丈，学诗谁不高山仰"，诗风也倾向杜甫和苏轼。金泽荣流亡中国时带着申紫霞诗稿本，张謇曾记述道："……忽得沧江书于海上，将来就我，已而果来，并妻孥三人，行李萧然，不满一室，犹有长物，则所抄申紫霞诗稿本也。"张謇为《申紫霞诗集》作序并说："沧江复为言其老辈申紫霞诗才之高，推服之甚至"，"紫霞之诗，诗之美者也。沧江学之而工，而辛苦以传之不迁"。《申紫霞诗集》出版后全部运回朝鲜销售，金泽荣又增印了删节本，他在自序中说："乃于二本略施删落而刊一百五十部，将以百部布赠中州词苑诸家"，而出版"实中州诸君子之力也，故辄列诸君子姓名于左，以存不忘时"。他在书后列出了陈祺寿、冯澂、习良枢、费师洪、徐鋆、瞿竟成、曹文麟、吕思勉等十多位襄助出版的文友名单。南通图书馆藏两部《申紫霞诗集》，一部有金泽荣题记"此请邵大樗代赠南京词家"，邵大樗即邵大苏，梅庵琴派琴家，曾为金泽荣操琴，金泽荣有诗记之；另一部有张謇题记"此为沧江所贻，存图书馆"。

1911年，金泽荣诗文集《韶濩堂集》出版。张謇又为之作序："世纷纭趋于彼矣，沧江独抗志于空虚无人之区，穷精而不懈，自非所谓风雨如晦、鸡鸣不已者乎？道寄于文词，而隆污者时命，沧江其必终无悔也。故为之摭所感以序其诗。"一个文人，虽流亡他国，仍以诗文言志载道，以诗文报国，这才是最可钦佩的读书人！他们的心是完全相通的。这一年，金泽荣还出版了《沧江稿》，序则是他刚抵上海时去苏州曲园拜谒俞樾时请俞樾写的。俞樾在序中道："余读其文，有清刚之气而曲折疏爽，无不尽之意，无不达之词，殆合曾南丰王半山两家而一之者。诗则格律严整似唐人，句调清新似宋人。吾于东国诗文亦尝略窥一二，如君者，殆东人之超群绝伦者乎。"一代朴学大师对金泽荣的赏识也是他流亡中国的重要原因，得到俞樾的认可，也就得到了中国学界的认可，金泽荣以文章报国，著述为业，这一点是至关重要的。金泽荣为整理、保存民族文化精粹而殚精竭虑，他的《韩国历代小史》出版，张謇作序道："金君沧江当其国是抢攘之际，尝一试为史官，……庄生有言，哀莫大于心死，而身死次之。嗟乎！此以人而言也，言乎国则謇独以为哀莫大于史亡，而国亡次之。国亡则死此一姓之系耳，史亡，不惟死不幸而绝之国，将并死此一国后来庶乎有耻之人。金君叙一国三千二百余年事，可观可怨可法可戒者略备矣，……读金君书，其亦有栗然而思，瞿然而忧，局局然困而弥厉者乎！"张謇把撰史看得比生命还重，认为撰史是在记录、维系民族精魂，使人思索，使人振奋，是鼓舞民族斗争的旗帜。这是张謇和金泽荣共通的思想，也是他们殊途同归的爱国、救国思想的交会点。金泽荣在南通翰墨林印书局出版的许多著作因为其撼人的民族气节而被日本侵略者定为禁书。

中国维新思想家梁启超的著作,对朝鲜的思想、史学和文学等方面都曾产生重大影响。梁启超在《朝鲜灭亡之原因》中说:"朝鲜灭亡之最大之原因,实惟'专制国'的'宫廷'","国家的命运,全系于宫廷,往往以君主一人一家之事,而牵一发以动全身,致全国亿兆痛毒。征诸我国史乘,其复辙着一丘之貉,而朝鲜则其最近殷鉴之显著者"。梁启超的作品带着感情,观察敏锐,剖析人理,极富感染力;更重要的是朝鲜汉文盛行,人们阅读梁启超的文章无文字障碍。金泽荣作为历史学家深受其影响,并引其为知己,这是必然的。金泽荣编成《丽韩十家文钞》,执意请梁启超作序。梁启超在序中写道:"夫国之存亡,非谓夫社稷宗庙之兴废也,非谓夫正朔服色之存替也,盖有所谓国民性者。……国民性以何道而嗣续,以何道而传播,以何道而发扬,则文学实传其薪火而管其枢机,明乎此义,然后知古人所谓文章为经国大业不朽盛事者,殊非夸也。"这里说的"文学"是广义的,是社会意识形态之一,是将哲学、历史、文学等书面著作统称为文学。金泽荣自己也在《明美堂集·序》中说:"自古人国未尝不亡,而于亡之中有不尽亡者,其文献也。"金泽荣和梁启超的思想何其相似。金泽荣以为"委巷辁士,官府小吏之所记录,皆足为亡国之遗宝",这是他对整理、保存民族文献的态度,著述、修史都是以文章报国。

近代史学家屠寄在通州师范任教时,也曾资助金泽荣著作的出版。他为撰写《蒙兀儿史记》搜集旧籍文献史料,慕名去金泽荣家借书,读到金泽荣的诗稿,非常赞赏,要他赶快刊印出来。当知道金泽荣手头拮据时,屠寄表示:"吾且为子谋之,即取行囊发金。"金泽荣后来记叙道:"余止之,而先生执之甚固,仍以招醵,于是自本校学生以及中学校、师范学校诸职员群然响应"。屠寄离开南通时,张謇为他饯行,屠寄说:"请以所为饯者为醵,则吾不饮而已醉矣。"张謇一向敬重金泽荣,"笑而应之,自巳至酉所釀金凡七十有奇"。金泽荣自选诗文集《沧江稿》很快在翰墨林印书局出版,他在自序中记录了事情经过,并列出屠寄、张謇等38位捐资者的姓名。

金泽荣在南通翰墨林印书局出版了大量著作。据不完全统计,有《申紫霞诗集》六卷、《韩代崧阳耆旧诗集》二卷、《沧江稿》十四卷、《韶濩堂集》十五卷附刊一卷、《梅泉集》七卷续集二卷、《韩史綮》六卷、《韩国历代小史》十三卷、《丽韩十家文钞》十一卷、《校正三国史记》五十卷、《明美堂集》(李建昌撰,金泽荣编)、《古本大学私笺》六卷、《韶濩堂续集》三卷、《重厘韩代崧阳耆旧传》二卷、《精刊韶濩堂集》十二卷、《精刊韶濩堂集补》九卷、《韶濩堂三集》二卷、《韶濩堂集精》十二卷、《新高丽史》五十三卷、《韩国历代小史》二十八卷、《重修通明宫附设经社记》一卷、《钱处士行状》一卷、《韩国金沧江集选》二卷、《重编朴燕岩先生文集》七卷(金泽荣评)等。这些著作的出版是近代中外文化、出版交流的生动见证。

金泽荣

金泽荣书法

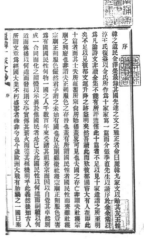

梁启超为金泽荣编《丽韩十家文钞》作序的书影

附：

金泽荣和中国文友的诗文交往

金泽荣流亡中国后，寓居南通22年，直到1927年因贫病自杀辞世。金泽荣虽不能用汉语会话，却能用汉语写诗，以诗"为神交之券"，结识了许多中国文友，其中俞樾、张謇、严复、梁启超皆一时之选，都是胡适在《南通张季直先生传记·序》中提到的有资格在中国近现代史上做传记的人物。

金泽荣和张謇初识于1882年，当时张謇作为庆军幕僚随吴长庆出征朝鲜。金泽荣到清军驻地慰问，写诗赞誉张謇的功绩："大地摇荡无昼夜，高帆映日张生来。吴公幕下三千士，借箸运筹须汝才。"张謇当时虽无功名，却已是崭露头角的才俊，他读了金泽荣的诗，说："委蛇而文，似迂而弥真"，"其诗骎骎窥晚唐人之室"，"东来无所得，得公诗为宝"。他还赠送金泽荣福建印石和徽州墨，两人从此结下终生友情。张孝若著《南通张季直先生传记》中说韩国建有吴武壮祠，祠内有一块去思碑，"附光绪八年随征将士寅吏题名：首列幕宾，优贡江苏通州张謇……""……国府颇为嘉许，特用主席名义，题给'箕封遗爱'四字，饬该总领事择期悬挂，并行纪念式，以维史绩"。可见吴长庆在朝鲜的威望以及张謇协助吴长庆平定军乱的功绩，金泽荣诗中的赞颂并非过誉。

金泽荣来中国前曾给俞樾写信，"书意殷拳，推许甚厚"，俞樾赋诗二章答之，有"已感深情传缱绻，更惊健笔擅纵横"，"莫惜缘悭难觌面，好凭鱼雁话平生"，"欲报斗山推许意，且将录要寄先生"等句。金泽荣作有《奉和俞曲园先生樾》："耆旧中州已尽倾,皇天遗一老先生。春风书带生庭好,残夜长庚配月明。远海几回劳梦寐,尺书难得罄衷情。玄亭载酒他时约,预嘱阳侯送棹轻。"诗书往来,隔海梦回,岂能倾诉衷肠。他首先向俞樾透露了要来中国的消息。金泽荣从汉城乘船在海上颠簸四五日,刚抵上海就连夜赶赴苏州曲园,俞樾"以病谢客久矣",却"扶杖出见"。声名卓著的学者,礼遇有加,温润和平,休休有容。两年后,俞樾辞世,金泽荣回忆当年相会时的情景:"余出诗文稿请序,先生许之。及余辞归沪而序文至,则距请不过五六日。盖其年已极隆,而精力之不衰者如此,而序中所论所赏多有令人感动者,实余文字游世以来数十年所不几值也。"并赋诗:"何来凶信忽到耳,再抚往尘涕沾裳。惟公树立自不朽,永与江水流汤汤。……知公浩浩欣凌举,独我落落愁彷徨。赠言雒诵不忍掇,箧中夜夜丹虹长。"(金泽荣《挽曲园先生》)斯人已去,诗稿仍新,反复诵读,伤感不已。

  金泽荣听从俞樾的劝告,回上海找到张謇。张謇不负老友,安排他到南通翰墨林印书局任职,帮助他完成"以史报国"的夙愿。"通州从此属吾乡,可似崧阳似汉阳(余生崧阳自甲午以后宦居汉京)。为有张家好兄弟,千秋元伯一肝肠。"(金泽荣《四日至通州大生纱厂赠张退翁观察叔俨》)金泽荣赋诗表达了他的感激之情。从此金泽荣定居南通22年,直到1927年去世,他一生中重要的著作也都是在南通完成的。

  中秋夜张謇邀金泽荣濠河泛舟,吟诗将金泽荣的号"沧江"巧妙地嵌入诗句,"画船觞客快清游,白发当风映黑头。酒畔不须惊世事,沧江东去汉西流"(张謇《己未中秋约沧江叟吕鹿笙张景云罗生退翁与儿子泛舟用东坡八月十五日看潮五绝句韵》),抒发了对友人的一片深情。金泽荣70岁,张謇在观万流亭设宴为他贺寿,金泽荣即席赋诗:"万里萍浮唐闸水,十年云蔽汉阳城","他日若传今日事,人间此亦一长生"。(金泽荣《八月一日啬翁以余七十置酒城西观万流亭,招而寿之,昆山方惟一、张景云,如皋管石臣,本县曹勋阁皆在座,而翁之子孝若亦与焉,翁出二律属和,一座既归,用其韵和而谢之》)他对张謇的情谊了然于心,诗虽写得委婉,表达的却是深挚的感激。

金泽荣对严复十分推崇,在上海候船返仁川时,专程赴严府拜访,送呈自己诗文手稿。严复以所译《原富》《名学浅说》相赠。《严复日记》闰二月初二日(3月23日)记,"阅金沧江手略及其诗文",对金泽荣的诗颇赞赏,说"诗有佳者"。金泽荣对《天演论》的译成作了高度评价:"谁将汉宋作经师,学术如今又转移","可笑骊黄时辈眼,欲将文笔掩歌诗"。

严复第二天就写了《送朝鲜通政大夫金沧江泽荣回国》和之,他在日记中记:"作四律赠金沧江。"从诗中可以看出,他们相互引为同志,"笔谈尽三纸,人意尚惜惜",尽管默默无声,却是心声交流,极为欢洽。严复对金泽荣修史的成就评价很高,"笔削精灵聚,文章性命轻。"虽萍水相逢,却彼此赞赏对方的才华,"萍水论交地,艰难遇此才。异同空李杜,词赋逼邹枚"。严复认为金泽荣的文学造诣可比汉代的枚乘、邹阳,唐代的李白、杜甫。

大约是候船原因,金泽荣没有立即离开上海,在半个月后仍和严复有来往。《严复日记》记载:"闰二月十八日(4月8日),金泽荣来。"金泽荣从祖国回到南通后又写了《寄严几道》:"一代真才惟汝在,古来知己与神通。春云万里沧溟路,怊怅那堪独向东。"他称严复为一代真才,有幸相晤,相见恨晚,自己甚至不愿独自回朝鲜了。金泽荣在诗中还表示,严复的文章顺应时代潮流,是治疗时代弊病的醒世良药,而自己飘零通州,像屈原怀楚,无补于国,唯有和严复晤面笔谈,朝暮同舟,才是最令他向往的。严复收到诗后,很快作了《和寄朝鲜金泽荣》:"世事了如春梦过,夜潮还与故乡通。新年归雁烦相语,浿水波寒莫更东","三闾泽畔真憔悴,未害能滋九畹兰","何用是非论指马,从今不系是虚舟"。他劝金泽荣将胸中块垒消融到酒杯中去,江海本相通,清川江水寒,何须再渡呢;屈原放逐江南,还栽兰花自赏,古来圣贤皆寂寞,在通州翰墨林做做学问不也逍遥自在吗?其中有宽慰、有劝解更有挚友间的默契。

严复的日记记事十分简略,却有5处记到金泽荣;严复也不以诗名家,写给金泽荣的却有7首。严复和金泽荣在上海分别后没有再见过面。1921年10月,金泽荣又到上海,其时严复已在福州家乡去世一个月了。

维新思想家梁启超的著作对朝鲜思想、史学和文学等方面都有重大影响,他的亡国史论著,有关朝鲜的就有五六种。朝鲜灭亡后,他写了《朝鲜哀词五律二十四首》。在金泽荣看来,梁启超是他的同道和知己,文字也"当为中国今日之第一",因此他请梁启超为自己的先世作碑传。梁启超写了《复金沧江先生书》辞谢:"属为先德铭幽,鄙人本不能文,且矢愿不作寿序墓文有年矣,不克应命。"但他对金泽荣修史的成就评价很高:"大集略诵一过,敬佩无似,东国一线文献,庶不坠地也。"并表示:"他日当采大著入笔记中,为将来留史料,即所以答盛意耳。"后来梁启超应张謇之请为《丽韩十家文钞》作序。1922年梁启超到南通出席中国科学社第七次年会,金泽荣72岁仍亲往拜会,写下了《梁任公至南通余访见之明日有赠》诗,曰:"一朝欢喜逢名士,千古归来有此时。"欣悦之情溢于言表。

屠寄从南通回故乡后,金泽荣曾去常州看望屠寄。屠寄书联一幅:"思君不来怀闲素,何日痛饮开兰衿。"并旁书:"沧江老友积年不晤,顷来又不能久留,与订后约,当过平原原定之日数，方畅也。"在常州他们相携酌酒赋诗，遨游吟咏，访问苏东坡、唐荆川故居，赴友人家赏菊。金泽荣在常州短短几天，写了《十八日赴屠归甫招至常州明日同归甫观苏东坡古宅》《同屠敬山赴庄茂之菊花大会之招》《杂赠常州同游》《将归南通留赠归甫》等10余首诗；屠寄也写了《答金沧江见赠韵》。屠寄逝世，金泽荣写下了悲痛的挽诗："当年倾盖乐新知，况是牙琴值子期。……拙著伤人披不得，行间几处见魂回。"

金泽荣深受中国传统文化的影响，一向尊崇苏轼。郑孝胥的诗在当时诗界众口传诵，卓为一家，而且他字苏堪，居所海藏楼又取意苏轼诗。金泽荣在诗中把苏堪比苏轼，"一炉香瓣拜苏仙，仰睨风流八百年"，"直欲去赊江上月，云帆侧挂到君边"，表达了对郑孝胥的钦慕。《郑孝胥日记》1909年12月3日记"金泽荣自通州寄诗一首"，应是指这首诗。郑孝胥曾赠诗给东航返国的金泽荣："破碎山河剩断魂，脱身犹得客中原"，"如闻博浪椎能中，奋笔何辞溅血痕"。他对金泽荣流亡中国、以文报国给予高度评价，认为朝鲜义士安重根刺杀伊藤博文固然壮哉，但客居中原不忘危难中的祖国，冒险回乡搜集图籍，奋笔修史，报效国家，不也一样可敬吗！金泽荣在上海结识郑孝胥，写有"赠郑苏龛孝胥"一诗，"陈林严郑一时誉，知子珊珊仙骨清"，把郑孝胥和陈三立、林纾、严复并列，可见他对郑孝胥的推崇。如论文学成就，郑孝胥是有资格和以上几人并列的，至于后来政治上的失节，则是另一回事。金泽荣和郑孝胥一直保持着来往，1920年，金泽荣有《寄苏堪为文寿峰崔寄园乞字》诗，《郑孝胥日记》1920年5月9日记载："金泽荣之徒郑夏卿来访，持金代求联二合及诗文集一册。郑亦高丽人，今居霞飞路渔阳里。"金泽荣也是书法家，他的书法作品曾收入《中国名人金石书画》第一集，1924年由上海合群石印社出版，可见已享有相当声誉，他替友人向郑孝胥索字，说明他们交谊甚深，且他对郑孝胥的书法十分赏识。

金泽荣在大量的诗文中记载了他和南通文友们的交往，如《周晋奇约偕游狼山余以脚步不良不能应》《谢汤医士治牙病》《送孝若之上海入新学》《寄小湖求刻印石》《钱浩哉送舟要（邀）同游郑泽庭半屿园，余以感疾未应述怀寄二君》《石又新、邵大樗二少年攻诗之暇共学琴于徐立孙，一日相与携琴过余，各操一二弄，作此谢之》《谢澹庐赠腊梅折枝一束》《十五夜晋奇招同张峡亭、杨谷孙、徐澹庐诸君子玩月》《蕉石山房同晋奇夜饭，杨君谷孙亦在座，归后有寄》《退翁送扇与金泥，要写近体诗，余既拙于书又苦扇之难书，作此乞李晓芙代写以归之》《题澹庐所作荷花图》《谢丁茂才赠锦枕》……宴游赏花，听琴观月，题诗唱和，金泽荣完全融入了南通文人的生活圈。有一张金泽荣和南通文人的合影照片，金泽荣在他的《桑麻闲话图记》中写道："西向第一行，峰石与贯恂同踞地坐，置芦笠于前，而峰石持斧斫柴，贯恂伸出右手第二指指之而莞尔微笑。第二行……"照片摄于1907年，即金泽荣寓居南通的第三年，正所谓人以群分，沦落天涯的一介异国寒士已和南通的文友们亲密交往。

金泽荣生活的窘迫和痛苦也在诗中有所反映。金泽荣在南通出生的幼子不幸病死，无钱置办墓地，钱浩哉将自家坟地相赠，金泽荣为此写了《金生生圹歌》。钱浩哉并不富裕，却仍对金泽荣施以援手，"浩哉居贫念我贫，种种布施非一时"，金泽荣写道："老夫之贫今得救，浩哉之愚将孰医。参术针灸所不到，天生肝胆有如斯。"两人之间的真挚情谊，令人动容。张謇曾去看望病中的金泽荣，并作诗记之："闻病抛诗叟，来探借树亭"，"余年犹兀兀，史笔耿丹青"。这大约是张謇写给金泽荣的最后一首诗了。更使金泽荣欣慰的是，他的许多著述是中国文友资助出版的。《沧江稿》得到屠寄、吕思勉及通州师范师生的集资帮助；《韶濩堂续集》《精刊韶濩堂集》由费范

九、钱浩哉捐助；《精刊韶濩堂集补》《韶濩堂三集》《韶濩堂全集补遗》《韩史綮》是在歙县吴骥臣、武进高云汉、南通崔竟成和孙廷阶的资助下刊行的。

金泽荣自选《韶濩堂集》有诗集6卷，收诗1000余首，除早期在朝鲜所作，大多为和中国文友的交往之作，诗文成了他和中国文友交往的最好媒介。金泽荣对中国诗文，特别是旧体诗，已臻随意挥洒运用自如之佳境，如不知其身份，很可能误认为他是中国的大诗人。

3.全面抗日战争时期党领导的图书出版工作

1938年3月17日南通沦陷。8月,《大众周刊》杂志第一号在金沙镇(今南通市通州区)出版。《大众周刊》社址设在姚溱(1921—1966,新中国成立后曾任中央宣传部副部长)家。姚家开设粮店,为刊物出版发行做掩护。时任江北特委书记的唐守愚亲自写了发刊词,宣传办刊的主张,"在艰苦的争取生存的全民族抗战之中,我们全国大众都是共生死的血亲。《大众》的出刊,不过是借着我们'为了大众''在大众之中'的笔,其实它还是属于'大众自己'"(南通市文化局、中共南通市委党史工作委员会《江海号角——南通革命文化史料选辑》)。姚溱任编辑,写些短文或在"大众信箱"专栏写一些民众关注的问题;封面图案、木刻与配诗由姚溱和史白(1909—1946,烈士)、顾民元(1912—1941,烈士)负责;刊载的重要文章由唐守愚审定。主要内容是刊登我党领导人以及著名民主人士的讲话和文章,还有八路军、新四军的战斗特写、报道等。其中有毛泽东的《与合众社记者的谈话》,王明、周恩来、博古联合署名的《我们对于保卫武汉与第三期抗战问题底意见》,叶剑英的《目前战局与保卫武汉》,还有宋庆龄的《苏联的和平政策及其对中国的援助》、何香凝的《关于反侵略》等。这些重要文章,对如何争取抗战胜利具有巨大的指导意义,使广大群众看到抗战必胜的前途。为了体现抗日民主统一战线的政策,也选登一些国民党包括蒋介石有关抗日的文章。另外，还组织一些苏中地区青年知识分子写稿，李俊民、吴天石、施亚夫等也经常用笔名发表文章。《大众周刊》发行量2000册，出版后很受读者欢迎，对宣传教育青年，进一步组织青年参加抗战起到了积极作用，也鼓舞了人民群众抗战必胜的信心。

杂志的出版引起江北国民党顽固派的注意，为防止敌人破坏，江北特委决定停办刊物，

《大众周刊》（第一号）封面

成立"苏北文化服务社"（书店）。服务社从上海租界采购多种进步书籍，如毛主席著作和《西行漫记》、《共产党宣言》、《抗日民族统一战线》、斯大林《列宁主义问题》等，还有《学习》《中国农村》等杂志，凡是革命的进步的书刊都在采购之列。在打包时，这些图书的上面以一些外国书籍、古典小说和文化课本、字典为掩护，通过检查后，运到南通地区销售。书店除在门市营业，还开展流动服务，送书到马塘镇，并辐射到掘港、丰利、苴镇、栟茶、西场等数十个乡镇。书店还和地下党掌握的亚美书店联合翻印一些进步图书和新华社播发的重要文章，从单一书店发展到集销售、出版于一体的综合书店。苏北文化服务社的发行工作一度遍及周边十多个县区，这些地方各派系部队都打着"抗日"的旗号，互相之间都称"友军"，服务社就公开到那里销售各种抗日进步书籍。因为在南通的图书销售需求，上海出版界利用"孤岛"的各种有利因素，加强出版，扩大发行。服务社可供图书更加丰富，有毛泽东的《论持久战》《抗日游击战

争的战略问题》《中国共产党在民族战争中的地位》《新民主主义论》,艾思奇的《大众哲学》,还有《鲁迅全集》等;杂志有《上海周报》《学生杂志》《译报周刊》《文艺阵地》等。有些图书因供不应求,服务社还和上海的出版社共同出版过《联共(布)党史简明教材》、延安新华社播发的庆祝中国共产党诞生十七周年的文章《英勇奋斗十七年》、陈云的《怎样做一个共产党员》、洛甫的《论青年修养》等。在抗战的艰难环境下,服务社销售并出版进步书刊,为南通百姓提供了宝贵的精神食粮和智力支持。

《写作与阅读》是顾民元在南通中学当学生时,和江上青、江树峰兄弟及语文老师于在春等人组织编辑的一个进步文化刊物,他们联系了上海的进步书店"新知书店",将其作为期刊出版。新知书店即今三联书店的前身之一,是在国民党统治区我党的地下出版社之一。他们利用寒暑假分工编辑,编辑部就设在顾民元家老宅的西侧、顾民元父母为他结婚建起的一幢新房里,新房房基较高,面向东,屋前有一个狭小的天井,周边是竹林和田地,环境幽静。顾民元就在这里写作编稿,编委们也在这里会合。这个刊物对全国的中学、师范学校的语文教师产生了很大的影响。《写作与阅读》第二卷在南通编辑,由上海新知书店发行。该杂志以指导"通俗文字技术和语文教育"的形式,介绍国内外进步书刊,宣传抗日救亡。先后聘请叶圣陶、赵家璧、赵景深、孙伏园、易君左、臧克家、田间、李霁野、许幸之等知名作家、学者

《写作与阅读》
第一卷6期、第二卷4期书影

撰稿。栏目有修辞、文学史话、杂文、长篇连载、新作、习作展览等。顾民元以"明园"为笔名写"编后记"导读，发表名著鉴赏文章，还设计"书梦连环"，内容为一个青年读了《爱的教育》《西游记》后，梦入书中畅游，接受洗礼，并配有图画。李俊民发表了小说《棘路》，吴天石发表了《方块字的故事》。第二卷尽管只出了四期，但在进步师生间产生了很大影响，他们中许多人走上了革命道路，顾民元、江上青为民族解放献出了年轻的生命。人们至今怀念他们，1989年，时任国家主席江泽民题诗："春翁讲述曾亲近，俊老诗篇我读之。今日元公遗著印，缅怀写读出刊时。"

1940年秋，新四军针对国民党顽固派的挑衅发起黄桥战役后，国民党开动一切宣传机器，污蔑新四军不抗日，破坏团结，消灭异己。新四军在极端简陋的条件下，在海安出版《苏北摩擦真相》一书（32开，土纸铅印，油墨深浅不均，有些页面字迹模糊）。封面由陈毅亲笔题写书名，签名与书名字体、字号一样，以示郑重。全书分为7编，以信函、命令、电报（包括国民党将领顾祝同的密电）等辑成，不加注释，全部是原始文档，以澄清事实。该书序言说："我们刊行此书是为了真理，为了团结，为了抗战，为了促进反共先生的觉悟，为了忠实于抗战建国，区区之诚敬祈国人鉴察。"这本书粉碎了国民党处心积虑的宣传攻势，使新四军赢得了全国人民的同情。

1942年如中书店成立，后改为明理书店，"明理第一，识字第二，以首先弄明白抗日的道理"，这就决定了书店方针。书店编辑、出版、发行了大量宣传抗日、阐述党的方针政策的书籍，毛泽东等革命领袖的著作，以及许多通俗读物和教科书。有影响的有俞铭璜的《新人生观》、东南报社的《血腥的旗帜》、反映反"清乡"斗争事迹的《英雄榜》、杂志《新儿童》等，教材有《明理课本》《民兵读本》《天下大事》《万事通》

等,还出版了一些教唱抗日歌曲的小册子,翻印了一些理论及文艺书刊。《万事通》有10个单元40多课,内容涉及根据地建设的发展生产、减租减息、交公粮、拥军优抗(属)等,以及当前斗争形势、任务和民兵建设、妇女工作,还有科、教、文、卫等内容,文字畅晓易懂,生动活泼,受到广大民众的喜爱,是抗战时期南通人民读书明理、接受教育不可多得的一本教材。

《新儿童》发刊词写道:南通的儿童"在精神上多半变为饿莩了,在饥饿线上挣扎,已非一日了。《新儿童》满载着食粮和茶水,匆匆地赶来,拯救这些嗷嗷待哺的'饥民'","恳切希望我们的小读者,新儿童的小伙伴们",能受到"经常热情的抚育、教养,和爱护,使她不受摧残,生长壮大"。(南通市文化局、中共南通市委党史工作委员会《江海号角——南通革命文化史料选辑》)

  苏中抗日民主根据地建立后,日本侵略者和国民党顽固派对根据地进行残酷的军事进攻和疯狂的经济、交通封锁,开展所谓"清乡""清剿",对文化教育事业造成极大破坏,据统计,当时被敌人杀害的教师先后有40多人。但抗日民主政府重视文化教育,新四军东进后,陈毅军长和政治委员刘少奇发表了《广泛深入地开展民族教育》的指示信,发展抗日文化事业,教育人民,发动人民,全民抗战成为各级政府的重要工作。据统计,当时苏中区有中学50余所,学生8000余人;小学1500余所,学生15万余人;还有各级党政机关举办的各种培训班以及广泛开展的农民"识字"运动,需要大量的教学图书。根据地军民克服困难,坚持印制抗日书籍,设备简陋、原始,没有大号铅字,就用手工木刻;石印要磨光石板,誊写,用酸腐蚀,还需水磨,要修版,工艺烦琐,但因为材料易得,仍坚持用石印;圆盘机要用人工脚踏,只要抽得出空,人人都来帮助踏车;为了安全保密,要遮盖门窗,夏天热不可耐,还有蚊虫叮咬,谁都不叫苦。军民们从事印刷就是参加抗战，牺牲都不怕，更不怕困难，每晚都加班到半夜。有一次，鬼子下乡"扫荡"，大家坐船转移。过河时，掩护的部队和鬼子交上了火，有人心慌，船一晃动，有一个同志掉进河里。他不会游泳，呛了好几口水，被救上来后，咳出了一口血。还有一次，鬼子来"扫荡"，大家把机器设备沉到河里，后来打捞上来，唯一的那台圆盘机折断了一条腿，于是请木工做了个木头支架，固定机器，又能印书了。书店在敌寇的"扫荡"中坚持印制图书，出版了许多宣传民族精神和爱国主义精神的课本，教材中增加了抗战文学作品、战斗英雄和杰出历史人物、革命斗争历史知识等内容，以及抗日民主根据地、抗日主要战场交通、河流、矿产资源分布等地理知识，还汇辑了许多抗日救亡、保卫祖国的革命歌曲。

在最艰难的日子里，抗日军民还编辑出版了《血腥的旗帜》一书，这是在"清乡"区域内出版的唯一一本书，针锋相对地宣传了反"清乡"斗争的经验和胜利，揭露了日伪的罪行。这本书也成为反"清乡"斗争历史的见证。

1944年，形势更加严峻残酷，书店转移到人烟稀少的东台海边盐碱滩一个名叫袁家墩的地方。除继续出版教材外，还承印党组织及部队编辑的图书。毛泽东《在延安文艺座谈会上的讲话》发表后，书店在所印制的图书上刊登广告，说明办店宗旨及各项业务，"为传播文化，努力于根据地文化建设事业，结合根据地当前斗争，为工农兵服务；编印各种通俗读物，供我党政军民文化粮食，并编印普通科学知识读物，群众教材及小学教科书等。凡我根据地出版之书报及其他各种刊物，本店均负责发行或代理发行；对外地读者，还可函购，各机关部队如委托印刷表册书报刊物，均受欢迎"（傅南《明理书店的由来》）。

在日本侵略军占领下的南通城里，党的地下组织以多种形式，组织进步青年，撰写文章，刻印图书，编辑杂志，设图书室,成立阅读、研究小组,举行画展,引导广大青年开展健康的文化活动,以抵制敌人对青年的争夺及伪化宣传。地下党和进步青年控制、利用敌伪《江北日报》副刊和敌伪清乡公署政工团《北极》半月刊,并以《北极》附刊名义创办《纯文艺》杂志,发表了许多向往民主自由,抨击社会黑暗,表现劳动人民苦难生活的作品。还在南通中学办了《属于》《学友》,在县立中学办了《芒种》,在掘港镇办了《寒星》等刊物,这些刊物都是学生和青年团体创办的、学生们自己刻印的油印杂志。

值得一提的是油印宣传画也发挥了战斗作用。如戏院"海报",上面写着"名角麒麟童"等,下面剧情介绍全是抗日宣传文字;一张"古今英雄忠义图",以关云长"身在曹营心在汉"的故事绘编成一组图画,借古喻今,劝说伪军弃暗投明……

4.解放战争时期党领导的图书出版工作

抗战胜利后,韬奋书店(集编辑、出版、发行于一体的综合性书店)在如皋成立。由地委宣传部部长、文教委书记李俊民直接领导,经理为汪普庆,编辑除汪普庆外还有袁明、章品镇、丘晓、夏理亚、任何等,美术编辑有史白、蔡雄、吕荷僧等,人员有40余人。为祝贺韬奋书店的创办,地委机关报《江海导报》发表文章,声明书店为纪念邹韬奋为民主政治,为文化事业奋斗不息的精神,将"负起团结文化人和培养文化干部的任务","帮助其他兄弟文化机关团体,以促成全分区文化教育界的大团结,以求得全分区文化运动的普遍而深入的开展","推销解放区以外出版的进步书刊,实行与解放区的文化交流",不仅编印,还"要学习许多进步文化人茹苦含辛,不惧刀钺斧锯所写下的血与泪的结晶,这是他们努力的光辉成果,我们应该尊重,我们应该接受",要出版优秀的图书,"既要照顾城市,更不能忘记农村,而且要以农村为基础,努力贯彻工农兵大众教育文化的方针"。(南通市文化局、中共南通市委党史工作委员会《江海号角——南通革命文化史料选辑》)

韬奋书店总店设在如皋,在马塘镇、金沙镇、海安镇、聚星镇、东台镇、季家市、姜堰镇、黄桥镇等地设支店。书店除编印教材外,还编辑出版许多解放区革命文艺作品,小说有丘东平《茅山下》,剧本有吴强《丁赞亭》、西蒙《重庆交响曲》、姜旭《刘桂英是朵大红花》、石流《维持维持》,以及夏征农、吴天石、沈西蒙的新编历史剧《甲申记》等,报告文学有《泰兴战役英雄表》《上饶集中营》《二万五千里长征》等,歌曲有《青年歌声》《秧歌舞》等,美术作品有吕荷僧的《福》《春牛图》等。这些文艺作品不但受到解放区人们的欢迎,还通过各种渠道,发行到上海、重庆、昆明及港澳地区,给那里的人们送去了新鲜的别具一格的精神食粮,受到文化艺术界和广大读者的好评。书店还编辑了《文综》(综合型双月刊)、《民间》(通俗文艺季刊)和《江海大众》、《戏剧与音乐》、《大众画报》等期刊。

作为苏中解放区的重要出版机关,韬奋书店在团结人民、教育人民,开展解放区文化建设,宣传中国共产党的正确主张,反对内战,争取和平民主,对国统区的宣传工作等方面都发挥了极其重要的作用,出版了大量的进步图书报刊,打破了国民党在文化宣传领域一手遮天的垄断局面。傅南在《韬奋书店始末》一文中回忆,韬奋书店如皋总店开设在市中心,坐东朝西三开间门面,编辑部、仓库、宿舍在对门三进房的院子内,这在当时颇具规模。在门市销售的图书有近400种,除了自己编辑出版的书刊,"还有大量从上海秘密运来的时代、生活、读书、新知、文化出版社及书店出版的各种进步书籍,有《时代》《民主》《文萃》等进步杂志,有哲学理论类的,有文艺类的,如肖洛霍夫的《静静的顿河》,高尔基的《母亲》,茅盾的《腐蚀》,巴金的《家》《春》《秋》以及鲁迅和郭沫若的著作等"。国统区出版的进步书刊,解放区新出版的各种图书杂志,基本上都能买到,还能代征订上海出版的书报杂志。当时,如皋城是一分区12个县的政治、文化中心,书店面向全区,为广大知识分子、青年、工农兵大众读者服务,传播革命、文化、科学知识。

1946年国民党悍然撕毁停战协议,进攻苏中解放区,韬奋书店被迫转移到东台海边，书店仍然坚持设摊营业，编辑出版《江海大众》杂志。苏中主要城市被国民党占领后，原一分区分为一、九两个分区，书店也同时分为两个分区书店。图书和印刷机器被运到海边农村隐藏，人员一部分就地疏散，一部分从海上乘船北撤至山东。1947年，九分区在华野主力部队的配合下，粉碎了敌人的清剿，形势有了好转。疏散留守的人员立即在如东长沙镇西的季家园重新恢复书店，那里有茂密的草荡，靠近海边。印刷厂设在长沙镇北的十六总，离书店不远，印刷机器就装在海船上，可以随时开船出海转移。书店还在镇上一家茶馆借了门面开设了门市部，每天由几位同志挑着担子运送图书去销售。不久，华中局宣传部《关于出版发行工作的决议》提出全区书店统一用新华书店名称，九分区新华书店又进行充实，设编辑、营业、财务、总务四个部门。

据统计，九分区新华书店成立后除出版供应南通、海门、启东、如东等解放区学校复课使用的教材外，还在1947年10月至1948年12月，编辑、翻印出版了60多种50多万册图书。自编出版的白得易著《徐可琴翻身当县长》、蔡立峰编《区委书记魏志田》等图书，用苏中地区老百姓喜闻乐见的"唱儿书"鼓词、长篇叙事诗形式，讲述了当地家喻户晓的盐工徐可琴、磨匠魏志田等主人公，怎样在抗日烽火和解放战争的锤炼下，成长为领导干部的故事，对广大人民群众坚定跟共产党走，翻身求解放，推动土改工作起到了很好的教育作用。新华书店还翻印了毛主席著作单行本《新民主主义论》《论联合政府》《反对党八股》《论持久战》，以及解放区出版的《吕梁英雄传》《李家庄的变迁》和翻译的苏联图书《日日夜夜》《恐惧与无畏》等。除了出版书籍，还编辑杂志《唱儿书》《大众文化》多期，摘录国统区报纸编辑《文汇》。为配合土改和干部教育工作，书店还出版地委宣传部编的一些干部学习材料,翻印了许多政治理论图书。为配合军事斗争,书店编印了大量宣传解放军战绩和政策,动员国民党官兵起义投诚的传单、路条等宣传材料,送到前线,解放军用枪榴弹发射到敌军阵地,起到震慑和瓦解敌军的作用。

新华书店为了让读者及时看到图书,往往哪里战斗刚刚胜利结束,哪里就有书店的流动书摊。1948年底,九分区新华书店设购书点34处,极大地方便了广大读者买书。掘港镇刚解放,书店就派人在镇东街原韬奋书店旧址恢复了书店门市部;丰利镇解放后,赵宛华带领几个同志推了两车图书去镇上开设如东支店门市部,带去的200多种图书不到3天全部卖完;1949年农历正月初一,书店经理带领几个同志赶到金沙镇,在东大街开设门市部,前来买书的读者络绎不绝;南通城解放,书店同志在海安曲塘听到消息,立刻雇了一辆民用汽车,装载了图书就往南通赶,在南城门口原国民党《通报》社址开设了书店门市部。这年5月,九分区新华书店改称苏北新华书店南通分店。

新华书店负责人目光更远大,计划组织重印解放区图书,随大军过江,为开辟江南的图书发行工作做准备,直到新中国成立初期,还出版了部分课本和图书。

解放战争时期,南通地区的图书出版适应了本地区及苏北地区解放区广大读者的需求,为解放区的文化教育工作,也为丰富广大人民群众的精神文化生活作出了不可磨灭的贡献。

附：

1911—1949年南通地区刻印、出版期刊一览表

序号	刊名	出版时间	编辑者	基本情况
1	《通州师范校友会杂志》	1911—1918年	通州师范校友会	年刊，铅印
2	《江苏省第七中学校闻》	1915年12月创刊	江苏省第七中学	旬刊，油印，情况通报
3	《南通师范校友会汇刊》	20世纪20年代初	南通师范校友会	16开本
4	《南通杂志》	1920年11月	南通杂志社	月刊，32开本，综合性刊物，1921年改成16开本
5	《平民声》	1922年11月—1923年	如皋平民社	不定期刊物，吴亚鲁主编，如皋反封建进步团体平民社社刊
6	《艺林》	1924年7月—1926年	南通金石书画社	月刊，16开本，共出版33期。1924年初，张謇、张詧兄弟和金泽荣、徐鋆、凌泽、俞吟秋等人发起成立南通金石书画会。著名书画家吴昌硕、钱化佛、王一亭、张謇、田桐、朱屺瞻、徐悲鸿等均是该会会员
7	《海月》	1925年4月—1927年2月	知社	月刊，32开本，栟茶进步团体知社创办，传播马克思主义学说，出版11期

续表

序号	刊名	出版时间	编辑者	基本情况
8	《潮桥青年》	1925年	潮桥青年学友会	—
9	《南通民众》	1928年	南通县立通俗教育馆	半月刊,16开本
10	《野草》	1929年11月	野草社文学杂志	李肇基主编,第3期为"中俄问题研究专号"
11	《心潮》	1929年12月	南通中学心潮社	不定期刊物,文学杂志
12	《新社会》	20世纪30年代初	通州师范学校学生自治会	半文艺刊物,发表诗文及文艺理论、批评
13	《学艺》	20世纪30年代	通州师范学校学生自治会	文艺性刊物,16开本
14	《江苏省立南通中学校刊》	20世纪30年代	校刊编辑委员会	综合类刊物,16开本,第4期(1932)为"文艺专号",由杨同苏、钱彤、陈光华等编辑
15	《光艺》	20世纪30年代初	南通中学某君	半月刊,不久编者被捕
16	《银河》	20世纪30年代初	南通私立商业初级中学学生郭敦凯	单页文艺刊物,创刊号有理论、创作诗歌、翻译小品等
17	《心旌》	20世纪30年代初	栟茶诗社	文学刊物,主编是南通大学附中学生徐希祖,撰稿者多为诗社成员,如何晴波、蔡逞、徐静渔等

续表

序号	刊名	出版时间	编辑者	基本情况
18	《新南周刊》	20世纪30年代	邵华一	文艺刊物，作品大都较短、精，受到读者欢迎
19	《文艺茶话》	20世纪30年代	南通大学医科文艺青年	文艺刊物，出了一期创刊号
20	《纺织之友》	1931年	南通学院纺织科友会上海分会	年刊，32开本
21	《文艺组合》	1932年春	顾民元、吴天石	文艺刊物，16开，单张两页，内容有文艺理论、文学创作、诗歌、小品文等
22	《枫叶》	1932年5月	梁廷锐、梁衣衫合编	文艺刊物，64开本，内容有理论、小品、文学创作、翻译等，撰稿人有明圆、之翰、赵丹等，共出版4期及"衣衫纪念特大号"（32开本）
23	《嫛婗》	1932年	—	《枫叶》姊妹刊物
24	《通中实小校刊》	1932年	江苏省南通中学实验小学	综合性月刊，16开本
25	《灯台》	1932年12月	通州师范学校学生自治会学术股	综合性刊物，16开本

续表

序号	刊名	出版时间	编辑者	基本情况
26	《南通农民》	1932、1933年	南通县农民教育馆	16开本,刊登该馆工作计划及农业知识
27	《杼声》	1933年	南通学院纺织科学生自治会	半月刊,大32开本,纺织专业性杂志
28	《爝火》	1934年12月	通州师范学校初二级爝火社	文艺性月刊,16开本
29	《弦歌》	1935年1月	江苏省南通中学学生自治会学术股文艺研究会	旬刊,文艺性刊物,16开本
30	《趣味的昆虫》	1935年4月	南通学院昆虫趣味会	16开本,铅印,是国内首份公开发行的昆虫专业月刊,周尧、王鼎定等主编,共出3卷2期(12本),全面抗战爆发后停刊
31	《秋实》	1936年	南通中学文学研究会	32开本,主编俞铭璜
32	《南通文学》	1936年6月	南通文学会	双月刊,32开本,40页
33	《写作与阅读》	1936年11月—1937年8月	顾民元、江上青等	月刊,宣传抗日救亡、革命文艺思想。叶圣陶、赵家璧、赵景深、孙伏园、易君左、臧克家、田间、李霁野、许幸之等为该刊特约撰述人

续表

序号	刊名	出版时间	编辑者	基本情况
34	《碧天》	1937年5月（复刊）	碧天文艺社	32开本，铅印，44页
35	《濠上》	1937年6月	南通学院和南通中学等校教师	半月刊，文艺刊物，尤其伟任总干事，张丕介任总编辑，共出版4期
36	《大众周刊》	1938年	江北特委大众社团	文摘性刊物，16开本，铅印，姚溱、吴溶参加编辑，6—8期改为半月刊，共出9期
37	《生活》	1938年	姚 溱	综合性刊物，李俊民、吴天石、顾民元、史白、吴沫初参加编辑
38	《今日之南通》	1938年11月	南通日语学校《今日之南通》杂志社	文艺性刊物，大32开本，内容有评论、诗歌、译稿、学生作品
39	《浪泡》	20世纪30年代末	崇敬中学学生会	月刊，撰稿人有芦葆华、邵冠华、谈二南、于一平、路乐钰等，共出3期
40	《敌后文化》	1941年5月	江树峰	在掘港出版，创刊号载顾民元自传、歌颂启东的长诗《新土》、谷风的诗《火龙进行曲》等

续表

序号	刊名	出版时间	编辑者	基本情况
41	《江海文化》	1941年8月	施子阳	在掘港出版,创刊号载季方《抗战以来的苏四区》、陈同生《七月回忆》、洪泽悼念死难烈士的文章及夏征农关于文化运动的专论等
42	《江海大众》	1941年秋	四分区农民协会	16开本,丘晓编辑,1947年停刊
43	《属于》	1942年10月	公立中学(南通中学在日伪时期一度称公立中学)高三学生钱健吾(烈士)	16开本,油印,不定期,第2期出刊于1942年11月,每期5—6页,可能共出版3—4期
44	《北极》	1943年7月	北极社	综合性刊物,共出5卷,每卷6期,社长孙永刚,主编黄仲辉
45	《纯文艺》	1943年8月	为《北极》附刊	4开4版,共出版2期
46	《学习》	1943年12月	如皋县文教科	32开本,油印
47	《学友》	1944年秋	南通中学学友编辑委员会	16开本,油印,高三学生李鼎香、陶迅(烈士)主编,学生进步刊物,共出版4期

续表

序号	刊名	出版时间	编辑者	基本情况
48	《生活》	1945年3月	生活编辑室	综合性月刊，32开本，编委会成员有刘季平、范长江、黄源、楼适夷、孙冶方等，特约撰稿人有俞铭璜、夏征农、王叔明、吴天石等，第5期编委会还有夏征农、杭苇等
49	《江海青年》	1945年6月	苏中四分区青联会	—
50	《文综》	1946年1月	李俊民	文化、文艺、科学、哲学综合性杂志，副主编先后有丘晓、史略、章品镇等，共出版6期
51	《民间》	1946年	一分区文协	专供工农兵阅读的刊物，32开本，主编汪普庆，编辑夏理亚，共出版4期
52	《戏剧与音乐》	1946年3月	苏中前线剧团戏剧与音乐社	共出版2期
53	《工作者》	1946年9月	华中九地委宣传部	16开本，第1期有刘中《掘港区暴动事件的初步报导》，第2期有王野翔《检查海门土地法改革中所发现的问题和意见》，后改为报纸版，每期4版

续表

序号	刊名	出版时间	编辑者	基本情况
54	《江海杂志》	1947年	江海杂志社	半月刊,大32开本,文字通俗,内容丰富,适合区以上干部和工农知识分子阅读
55	《文汇》	1947年	九分区新华书店	文摘性刊物,共出版3期
56	《唱儿书》	1947年冬	九分区新华书店	月刊,64开本,主编白得易,共出版5期
57	《前锋》	1948年4月	九分区司令部政治部	—
58	《江海前线》	1948年6月	华中第一军分区政治部江海前线社	旬刊,综合性刊物,32开本,第10期标明为周刊,第28期为1949年5月出版
59	《诗战线》	—	南通城内中共地下党领导的秘密刊物	季平(达世骥)负责,黄然、单哲编辑,共出版6期,前三期为油印本,后三期为手抄本,最后一期名"迎1949年"
60	《大众文化》	1948年下半年	九分区文协机关	综合性文艺刊物,月刊,施子阳、夏理亚、白得易编
61	《江海画报》	1948年	如东苴镇九分区新华书店	主编李正平、蔡立峰
62	《新小学》	1949年	南通小学教师联合会	月刊,秦同主编,共出版3卷18期,每期28页,每期印2000—5000册

资料来源:南通市文化局史志办公室编《1902—1993南通的出版机构和期刊》。

5.抗日战争和解放战争时期党领导的报纸出版工作

《新通报》和《东南晨报》的出版

全面抗战爆发后,日寇在1938年初侵占南通地区。当时的南通中学校长冯月君潜逃无踪,学校无人管理,当局同意该校青年教师顾民元暂时主持校务。顾民元表兄李俊民是一位参加过五四运动、20年代入党的老党员,也是一名作家,他写的小说《跋涉的人们》得到鲁迅的赏识,他的另一部小说《人与人之间》得到傅东华、茅盾的郑重推荐,他还曾代郭沫若为搬到武昌的黄埔军校开课讲革命文学。1937年李俊民回到家乡南通,投入南通地区的抗日救亡工作,于是以李俊民为首,顾民元、吴天石、马一行、钱素凡,以及学生姚溱、杜诺等人,以学校为据点,进一步展开了革命活动。上级党组织委派江北特区委员唐守愚联系李俊民,指示他要掌握舆论阵地,办报办刊,更好地宣传抗日救国思想。李俊民的同乡孙精一在国民党县党部任秘书,当时是第二次国共合作时期,他通过孙精一的关系,向县党部书记顾锡康提出南通应办一份报纸。顾锡康想借重李俊民的声望,标榜自己抗日,捞取政治资本,于是同意办报,但要作为国民党县党部的机关报,每月只发20元经费。就这样,顾锡康不具体参与报社管理,李俊民任主编,汪蓁子编副刊,吴天石、李也上、徐铭延、吴子祯先后兼职任编辑，办起了《新通报》。吴沐初因为和顾锡康是通州师范附小同学，负责和顾锡康的联系；刘谷风负责校对；李继青专收电报电讯，公开只能收"中央社"电讯，暗中则收延安新华社的电讯；杨学祖、倪仁和王余吉等人负责印刷。《新通报》名义上是国民党县党部机关报，但掌握在共产党手里，办报的宗旨是团结抗战，登载的都是抗日的消息和文章。经常转载武汉《新华日报》上的抗日文章和漫画，也转载过新四军四师师长彭雪枫的《论游击战》一文，有关社论也都由李俊民按照延安电讯的精神撰写，包括《论保卫武汉中江北诸县所处的地位》《急待整顿与统一的江北游击队》等。《新通报》还经常转载进步书刊上的文章，唐守愚、洪泽、姚溱等同志都经常为该报撰写报道或社论。李俊民后来有诗写到当时办报的情况："飞虫灯影伴机鸣，笔楮纷乘达五更"，"好是工间明月夜，芦花深处数流萤"，"一版《新通》如电掣，春雷从此遍关津"。

　　唐守愚又指示姚溱接过邹韬奋的火把办《生活》杂志，得到了李俊民、吴天石、顾民元、史白、吴沫初等人的助力。由于一报一刊风生水起，宣传抗日，倾向进步，因此引起了顾锡康等人的不满。国民党地方军队彭龙骧部不仅不抗日，反而去扰害老百姓，李俊民写了一篇文章，愤怒地斥责他们不但"游而不击"，甚至是"游而劫之"。彭龙骧大为恼火，竟派部队化装成打家劫舍的强盗，夜间从墙头上跳进当时设在孙氏小学的报社，大肆打砸，把铅字模打得七零八落，撒了一地。报社据理向彭龙骧交涉，彭龙骧理屈词穷，只得赔偿损失200元。在李俊民领导下，报社同志利用国共合作时机，有理有节地坚持斗争，宣传抗日救亡思想，把国民党县党部的机关报，办成了宣传共产党主张、团结人民群众、启发激励青年，为抗战服务的报纸，在当时书刊缺乏、收音机极少的情况下,起到了较大的作用。

1940年10月,新四军陶勇、刘光胜部进驻掘港镇,开辟苏中四分区抗日民主根据地。如皋县委将原来的《东南晨报》复刊,由私营印刷所承印。每期发行1万余份,主要发往南通、如皋两县。为保证报纸质量,苏中四分区政治部主任陈同生对报道内容和编排提出要求和意见,如皋县政府秘书吴天石为副刊写稿,修改稿件,俞铭璜和报社编辑、记者谈办报经验和改进措施。1941年春节前后,日本侵略军开始春季大"扫荡",报社转移到离掘港西南三四公里的胡家园一个地主的大宅子里。敌人飞机轰炸掘港,胡家园离掘港太近,报社又搬到掘港西北十多公里的王家园。不久,四分区买下原私人印刷所的全部印刷机器,成立印务局,承印《东南晨报》和有关宣传品。这年7、8月间,日军侵占掘港、马塘,《东南晨报》被迫停办,人员、机器全部隐蔽起来。9月间,印务局接收了海门县委印刷厂的一些机器和铅字,印刷出版《江海报》《江海大众》等报刊。1942年5月,日军大"扫荡",在通吕运河上建起很多据点,印务局只好又迁往六甲北面的姚家仓。有一次转移,大家十分疲劳,倒在铺板上睡着了。日军突袭过来,幸好有老百姓报信,大家立即向西北方向跑,遇河扑河,逢沟趟沟,坡陡水深,大家相互扶持,男同志站在河、沟中心水深处,把女同志及体弱的同志一个个拉过去,在枪声中逃离了险境。敌人除了抢走一车白纸,一无所获。但印刷厂无材料印刷,只得发行油印本,坚持出报。

抗战时期在极简陋的茅屋中出版印刷报纸

坚持在"清乡"区域出版《东南报》《江海报》

　　1942年,日伪军对南通、如东、海门、启东等地实行"清乡",丧心病狂地用几百万根毛竹,从长江边的南通天生港一直到黄海边滩涂的如东南坎,筑成一道长达100公里的竹篱笆封锁线,出动上万名日伪军和特工人员,围剿抗日军民,并妄图将"清乡"范围扩大到整个苏中地区。1943年,南通东部地区和海门、启东合并为海启县,海启县委决定环境再严酷也要创办《东南报》,作为县委机关报,在"清乡"区的中心区域出版,指导军民开展反"清乡"斗争,鼓舞广大群众的斗志。报纸为油印,8开小报。油印机、刻写用的钢板、蜡纸及油墨、纸张都隐藏在当时海中区江东乡三友村(现启东市通兴乡场洪村)尹祖陶家。尹祖陶是共产党员,在家开豆腐店作掩护。尹家的地理位置很好,单家独宅,在一块条田的中央,屋后有一片小竹林,林后有一条河,河上有一道暗坝,可以从坝上涉水过河,河那边是一望无际的庄稼地。印报的一应物品就隐藏在竹林的地洞里,半夜里取出来印刷。编辑工作分散进行,纸张、油墨等也分散藏在老百姓家中。1943年3月26日,《东南报》创刊号出版,用红、黑两色油墨印刷,第一版红色大标题是苏中区党委和军区颁布的《反"清乡"紧急动员令》,还刊登了四地委《关于反"清剿"、反"清乡"宣传动员大纲》、海启县委《三月决议》及县委书记洪泽撰写的创刊社论,这些文章都明确提出以武装斗争粉碎敌人的"清乡"阴谋。《东南报》3天一期,人们看到报纸就知道党和政府还有部队就在身边,对广大人民起到了极大的鼓舞和教育作用,有59个乡召开了群众大会,开展反"清乡"宣传活动,坚定了广大干部、群众夺取反"清乡"斗争胜利的信心。

　　《东南报》坚持出版,报道反"清乡"斗争,这本身就是一种胜利。报社的同志付出了艰辛的劳动,白天采访,搜集各区秘密送来的稿件,晚上写稿、编辑、排版、校对、刻写蜡纸、油印，然后分发，一切都要求在天亮前完成，并且把所有东西隐蔽好。工作完成了，才能找个地方睡一会儿，还要防备敌人的突然搜捕。《东南报》一度还出过套红印刷的铅印版，汇龙镇敌伪县政府的一家印刷厂的工人，偷偷地把铅字带出来，积少成多，印出了报纸，并坚持出版了几期，每期印三四千份。

1943年7月，抗日军民火烧竹篱笆，从如东海边到南通长江边，长达数百里的封锁线上，数万军民同仇敌忾烧篱笆、割电线，炸毁桥梁、公路，日伪苦心经营的封锁线，一夜间灰飞烟灭。《江海报》刊登黄元祥写的诗《火烧竹篱笆》："丁埝石甸双岔马，掘港南坎鲍家坝。敌人沿线筑篱笆，封锁交通搞伪化。军民研究订计划，晚上火烧竹篱笆。针锋相对斗敌人，人民欢喜敌害怕。"《东南报》用大量篇幅报道了这一消息，并发表了胡石言创作的词曲通俗、便于传唱的《反"清乡"谣》："……竹篱笆千里一把野火烧清光，'清乡'队员送他见阎王。烧光了家乡我手里有短枪，齐心合力把鬼子打落太平洋。"这首歌在广大群众中迅速流传开来。报纸在残酷的反"清乡"斗争中坚持出版2年之久，成为鼓舞军民胜利的一面旗帜，许多文章被根据地其他报纸，甚至党中央机关报《解放日报》转载。作家阿英在《敌后日记》（1943年12月12日）中写道："收到《江海报》《东南报》。"

1948年出版的《江海报》

副刊的编辑和出版

抗战胜利后，《江海报》成为地委机关报，各县分别出版了《紫石大众》《如皋大众》《如东大众》《南通大众》

《启海大众》等报纸。南通城里有《东南日报》《五山日报》《新通报》《苏报》《国民日报》等5家国民党报纸,但这几家报纸的副刊都掌握在地下党组织手里。共产党员钱健吾是一个出色的组织者,他团结联系了一批文艺青年,通过各种社会关系,去主持副刊的编辑和写作;钱素凡是当时在南通文坛最有影响的作者,他在副刊上发表了许多议论民主、评论进步文艺的文章。

《东南日报》副刊为《东南风》,先后有丁芒、任哲维等编辑。在转载解放区杂志上发表的文章《绘画艺术的民族形式》时,文后附言"请示通讯地址,并希继续惠稿",说明编者并不认识作者,出了问题也最多是失察的责任。穆烜以笔名发表茅盾的日记体长篇小说《腐蚀》,揭露国民党特务的罪恶,还写了反映国民党士兵痛苦的民谣等作品。《东南日报》副刊《民铎》是范恒(地下党员)主编的,他当时在民教馆任职,署"县立民教馆主编",所以这个副刊稳定地办了较长时间。该报还设有其他几个副刊,其中《教育园地》发表过钱素凡的文章,《诗》周刊发表过朗诵诗《黄河大合唱》。《五山日报》副刊《绿野》为地下党员王彪主编,他和穆烜一起研究、组稿。穆烜在《绿野》上发表了杂文《谈汪精卫等》,含沙射影地骂蒋介石,散文《烧火》以南通放烧火习俗暗喻革命力量,书评《介绍〈中国史话〉》推荐了解放区出版的图书。《绿野》还发表了钱素凡的杂文《文章是控诉》。钱健吾看了这些文章说,"《绿野》野开来了啊",提醒要注意收敛一点。《新通报》副刊《蜗牛》由地下党员孙平天主持,刊登过钱素凡的文艺短评和任维哲、丁芒的诗。《苏报》副刊《教与学》《田野》由地下党员戴西青负责,《田野》第1期就刊出钱健吾的《诗话拾零》、徐虎的《如是南通文坛》、程灼如的《读报杂感》、丁芒的《田野颂》等,用的是笔名,作者都是地下党员和进步青年。《田野》的"书报评介"专辑转载了上海《文萃》上冯雪峰的文章,戴西青的《读〈教育复员问题〉》一文则推荐上海《周报》上的一篇论文,而《文萃》《周报》都是影响很大的进步刊物;还刊登了钱素凡介绍苏联的文章《给初学写作者的一封信》。《国民日报》副刊《苏北文艺》则由钱素凡主办,刊登作家、作品评介和文艺评论,陆续登载了徐惊百的《寒榻读书录》及杂文《"热闹"解》和新诗《颂歌》、丁芒的《读〈清明前后〉》、露滋的《建立"民主建设的大众文艺"》、钱素凡的《文学与语文》和《诗歌大众化之研究》等。《颂歌》是歌颂共产党的,钱素凡还在一次群众集会上朗诵过这首诗。受鲁迅推崇的德国女版画家凯绥·柯勒惠支逝世,《苏北文艺》还发表了沙白的诗《献给柯勒惠支》。

这五家报纸的副刊编辑孙平天、戴西青、钱素凡都是南通惨案烈士,为人民的解放事业流尽了最后一滴血,他们在新闻出版史上留下的光辉业绩永远值得我们敬仰。

钱小惠木刻《欢呼胜利》

莫朴木刻《斗争在苏北敌后》

附：

一个报人的日记
——朱钰新《战斗日记》

1946年11月10日　　阴

为了使解放区的老百姓知道国家大事，江海报今天起重新复刊，我们的工作加重了。晚上开夜车。

11月25日　　阴

…………

今晨正拟竖起架子开始工作，地委宣传部李俊民部长来了，叫我们准备转移。

…………

……原来我们准备带一副五号字和一副头号字走的，可是小车难叫，还要冲过五十多里长的封锁线，临时决定打埋伏，真是难事。

我和黄英、吴兴仁、王树林四人挑起了这个担子。王树林乘着一只装机器的船先行。我们赶紧随着三只船，陪同村长去打埋伏……

12月9日

借东南印刷所出了几期《江海报》。7号，我们离开东南竖河镇向西北的如东县进发。……路很可观，有一百多里。一行六、七十人（包括报社同志），很多小同志和女同志，在朱家饭店休息，几个负责同志研究"今晚是否出发"。因路途太长，好多同志已脚痛，可能掉队，而且还要通过敌人的封锁线，决定明晚再行。

12月12日

前天情况有了变化，我们又退回东南印刷所继续出报，等情况摸清，再作决定。

…………

我们在这里的时间虽不长，但学习是不能放松的。从今天起，又恢复了学习。我要在这紧张的日子里抓紧学习，否则对进步是有很大妨碍的。

12月13日

最近几天的工作比前些时候快多了，这是因为前一个时候对架子不熟悉，再加物质条件不好，用不惯，每天总要弄到晚饭后才休息。这两天由于倪仁同志的耐心帮助，同时，我在这里也靠十天，架子摸熟了，加上对当前的困难有了充分的认识，工作抓得更紧，效率比以前快多了。

12月20日

我们从东南回到这里——如东，已有七八天了。本来我们要回到原来的报版部去，因上次敌人进攻掘、马，厂里的物资全部打埋伏，机器被搞坏了，暂时不能回到原来的地方工作。但报纸的出版工作不容迟停，我们就暂时到书版部出版报纸。

12月29日

前天晚上，外面很黑，下着小雨。我们排好了版子已是十点钟左右了。排好后，我就立即把版子送到机器房去，因为不小心，一下子把版子全打翻了，只好拿回来重排，引得我一夜没能好好地睡着。

12月31日

…………

……敌人非常猖狂，经常出动"清剿"，听说敌人还要重点占据双甸、栟茶，所以环境也就随着突然紧张起来。今天，我们把元旦增刊排好后，准备把全部东西打埋伏，报纸还是移到原来的地方去出。

1947年1月1日、2日

…………

反动派在去年的10月向我们进行了第一期"清剿"，结果他们自己受了很大的损失。31日，他们又重占了我们的栟茶、丰利、双甸等几个市镇，作第二次"清剿"的基地。据说第二次"清剿"计划在元旦开始，因而我们的厂做好了战斗准备。昨晚赶出1947年元旦增刊，器材不能马上整理，直到今晨才把铅字等全部装好，准备打埋伏去（时间预备在晚上）。

我昨天晚上做夜工，今天很疲劳，睡在床上。刚睡了一个多钟点，外面来了缪振民同志，说敌人离我们只有两三里路了，我马上翻起身，把背包打好。走到外面看到老百姓非常慌张，把一些好的东西全部藏起来，以防遭到反动派的掠夺。我们排字房里的东西也全部装上了小船，但机器房里的机器还照常在转动着，元旦增刊还没有印好，必须坚持下去，一面放哨，派出侦察。

报纸印好，机器也全部拆开，而且上了船，……负责将机器、铅字等器材全部打埋伏。我们预备等天黑后行动。……

……东西刚刚扛好时，我们西边火光冲天，反动派在烧老百姓的房子，同时东边砰砰砰……不断地响着机枪声，心里真急死了，两边敌人距离我们只有三四里路，东西还没有弄好。但没有别的法子，只好继续把东西下坑。埋伏好，做好保管手续，马上重回原地，中途遇到埋伏机器的同志，大家又一齐上去帮忙。

1月20日

下午，倪厂长领导我们整理字盘。到那里一看，东西被弄得一塌糊涂，乱七八糟，真叫人皱眉头。说句实话，在这种极其恶劣的环境下，说不定刚整理好，敌人又来了，情况一到还不又是老样！？想想这不是个办法，于是决定把字盘范围缩小，重写字盘，以减少今后移动的负担。大家立即准备了笔、墨、纸、浆糊，吃了晚饭，就动手改造老字盘，使它更灵活，更适合于游击战争的特点。……

1月21日（农历年初一）

今天是农历大年初一。……

为了早日出报纸，使人民了解当前的时局，吃了早饭就开始整理字盘。到午后，我们的工作全部完工，大家非常开心，希望报社能在明日把稿子送来，以达到早日出报的愿望。……

3月21日

…………

这一次的情况过去了，我们即把铅字取出工作。……

我们从海滨乡到这里（十八总）已有四五天了。在这物质条件困难的情况下，总算能把报纸坚持印出了一期半，听说情况又要来。

特记

从东弶到这里，我有着极高的信心——工作，希望将报纸迅速出版，但情况有变化，加上机器恢复生产困难，又浪费了很多时间，弄得报纸和其他文件不能及时出版和发行，令人心焦。

…………

工作中的困难实在太多了，有了这样缺那样，像前天机器上缺了胶,好容易才把它硬揿了起来。

排字房与机器房距离不远,只有半里路。海边房子稀少,没有正规路,晚上送版子也觉困难,前天与昨天就摸(找)得要命。我与倪红天两人在那广阔的场子上送版子,一送就错。狂风吹得我们两手发麻,路又错了,好久才摸(找)到了机器房。那时已十二点钟了。……

5月16日　　阴

…………

现在我们排字可以说是很战斗化了,字架子只三副多一点。若要移动,只需一小时多即可全面转移,并在工作的地方早早挖好泥坑,以便情况来时埋下,不使敌人搞去我们的重要物资,保证我们的力量。

昨夜,又从余北乡移至十八总。今日一早开始工作,做出了明日的《江海报》。

(注:这些文字是从《韬奋印刷厂厂史汇集》一书的《战斗日记》篇里摘录的。在解放战争最残酷的时期,作者亲身参与出报、印报,并不畏艰险疲劳,写下了这些宝贵的日记,真实地记录了那个年代,文化战士在敌人"清剿"下,克服种种困难,编辑出版报纸的英勇事迹。)

6.《江北日报》副刊《诗歌线》

1943年8月到1946年1月,中共地下党掌控南通汪伪集团办的《江北日报》副刊,利用这块园地,编辑《文艺习作》专页和《舞台艺术》《儿童》《民风》《诗歌线》等副刊。《民风》专载民间文学、民俗作品;《诗歌线》到抗战胜利后,《江北日报》变成《东南日报》时,还以《诗》副刊出现,共出版了43期,每期发表诗作10首左右,总量应在300首以上。利用敌人的报纸,开展文学创作活动,团结青年、影响青年,引导广大青年走上革命道路,这是南通地下党组织的大胆创造和勇敢实践。尽管这些作品不能正面宣传抗日、歌颂共产党,但敌伪报刊的副刊不登反共反人民的文章,不让反动势力插足,保持了一块干净的地盘,不能不说是个奇迹。副刊"在底线决不发有利敌伪的稿件的前提下,作品力求健康,艺术上决不马虎",开展抵制"鸳鸯蝴蝶派"的争论,引导青年作者和读者自觉摒弃颓废萎靡的文风。当毛泽东《在延安文艺座谈会上的讲话》传到南通时,《诗歌线》的编辑们为贯彻"讲话"精神,组织了"为三十六行劳动人民画像"的诗歌创作,还以编者的名义发表了《关于"三十六行画像"》,文中说:"或者你以为得找较富有的联想的素材、环境,像镜框店,做西洋景的,小饭馆,铜匠担,洗染公司,浴室,旅馆,做糖人的,任择何题,都行。社会不是单页独幅,而是西洋景箱子里特定的连续。""我们岂能如巴尔扎克写《人间喜剧》成三十六大卷(？)。有一点火，发一点光。你，我，他，一幅一幅地去构成这'诗史时代'的图案吧。"

《诗歌线》注重现实和艺术性的结合，注重反映劳动人民的生活，歌颂春天，诅咒"冬天"，一些写日常生活里再普通不过的场景的诗，也牵惹人们的家国之思，激发人们爱家乡爱祖国的情感。如"一大锅麦粥、腌菜给筷子伸伸，老小填饱了肚皮。豆油灯吞吐着光，妻子拥被靠着床，在凝思，在听床里孩子打鼾？"（H.H《农家的夜》）"板门上晒一摊菜瓜，旁边也无非是个/扎鞋底的老人家，针是粗的，还有粗的线，一只鞋底里/她送走一段暮年。"（扶风《小城》）"麦浪上，轻抚过，卖糖人的口笛悠长，随着春的足迹，携着春的馈礼，他走过了每一个村庄。"（艾洛莱《卖糖人》）"只有时钟/懒懒地/躺在棕榈下/独唱着：'嘀，答，嘀，答。'"（刘家祥《夏午》）这些文字描写的都是极普通人家的景象，但恰恰是这极普通的生活才是真实的大千世界，才是家乡的感觉，日本侵略者来了，这感觉还会如昨日一样吗？白木《冬天的挽歌》吟唱出了中国老百姓的心情："冬天，我立脚在你/白色的胸膛上，为你/唱挽歌。……我歌颂/积威下的/潜藏的力量，我歌颂/太阳。……我歌颂/春天，我歌颂/二月的/解冻期。"沈芒的《霹雳》更是直抒胸臆，"怒洒下十万银箭！黑云吐出/镶边的亮金线。若说世界临了末日/却还有这声大笑伴着醒目的光/震得人心战；亮得人无处躲藏"。平静的生活下蕴藏着力量和愤怒，在等待爆发的时机。

曾为《诗歌线》编辑的章品镇回忆说："现在回头想想，是什么力量使这些青年一时间都成为诗人的呢？我觉得是生活在敌伪统治的低气压下的愤恨和苦闷。愤恨与苦闷的青年得到或感觉到党的指引，因而认清了方向，于是满怀热烈的追求和憧憬。中间一部分人行有余力，感情上还有渴望需要宣泄,而《诗歌线》适时问世成为触媒,使这渴望升华为诗。同一出发点而以各种题材体现的诗,于是纷纷附丽到这版面上来了。从根本上考察,是党的教育或影响的结果。《诗歌线》不过是在党的旗帜下外围一个小小的集合点。"据穆烜先生统计,在《诗歌线》上发表诗作的作者共用笔名135个,已查出真名的作者有31人,估计作者总数在50人以上。当然可能有一个作者使用几个不同笔名,如沙白所用笔名就多达14个,但一个地方(包括南通、如皋、如东、海门)一时竟有这么多人写诗,而且都是知识青年,说明了党在青年中有巨大的影响力和号召力,这也是南通文化史上的一个奇迹。他们中有革命者,有党员,但更多的是教师、学生、职员、店员、学徒、失业者等,很多人后来走上了革命的道路,其中有英勇牺牲的钱素凡、顾迅逸、戴西青、钱健吾,还有在新中国成立后成为知名作家和文化人的章品镇、顾尔镡、郑洼岩、夏理亚、严格(辛丰年)、丁芒、耿林莽、丁图等。

沙白在《我和〈诗歌线〉》一文中说:"八十年代初,重庆出版社编辑《中国四十年代诗选》时,我曾根据章品镇同志的意见,从《诗歌线》上抄录了部分作品寄给编者,选入《诗选》的有石作蜀(严格)的《关于云》,郑洼岩的《长江梦着恒河》,夏理亚的《拾垃圾去》,钱素凡的《和一小兵喝酒》,钱健吾的《学唱戏》,顾迅逸的《十五夜》等。其中,郑洼岩的《长江梦着恒河》,顾迅逸

《诗歌线》书影

的《十五夜》,钱素凡的《和一小兵喝酒》,钱健吾的《学唱戏》等还被选入公木主编的《中国新文艺大系1937—1949诗集》。可见当年《诗歌线》的水平,比之全国其他报刊,并不逊色。"

  值得一提的是,当年在《诗歌线》上发表作品的沙白、耿林莽、丁芒、徐泽霖等人,仍然坚持创作,新诗不断,新书迭出,成为全国和地方著名的诗人(遗憾的是目前仅剩百岁老人沙白)。

7."南通人民出版社"及南通市图书馆、南通博物苑的油印本

1958年8月,南通市设立人民出版社,为专业出版机构,地点在桃坞路52号,南通地委大院(现崇川区委所在地)后楼。出版的图书由南通韬奋印刷厂承印,地区新华书店发行。该出版社于1960年11月,因国家紧缩政策和精简机构的原因撤销。两年中,出版社共出版图书192种,其中政治经济类社科图书46种,占24%;文学艺术类图书31种,占16%;自然科学类图书56种,占29%;其他类图书59种,占31%。其他类图书基本上是通俗读物,如《窑墩坝的变迁》(乔显曾编写),介绍南通市成立的第一个农业生产合作社,书页中还附有多幅黑白照片;《陆如珍》(共青团南通地方委员会编)讲述为救火牺牲的青年英雄陆如珍的事迹;《瞎公公"看会"》(江苏省剧目工作委员会南通分会编)是海门县山歌剧团集体创作的新剧目,主人公通过陪伴人的讲解,感觉到了翻天覆地的变化和火热的现实生活;而《如东民歌选辑》(如东县委宣传部编辑)、《唱起跃进歌》(南通专区文教科编)、《南通民间曲调选》(本社编)、《歌唱中国共产党》等则为文娱读本。这些图书在那个年代起到了不可低估的宣传、教育、娱乐作用,印数都在四五千册,并且价格低廉,最贵的《窑墩坝的变迁》一角六分,《陆如珍》九分,《唱起跃进歌》八分,《瞎公公"看会"》六分,《歌唱中国共产党》

仅五分。一般图书为32开本，文娱图书为便于读者携带，做成64开本或50开本。有些书的封面上还盖有"江苏南通人民出版社赠阅"的印章。

为了培训小学教师，南通人民出版社出版了"江苏省中师函授课本"，南通专署文教局编。其中《语文》为1959年9月出版，印数32000册，价格0.71元；《地理》为1960年6月出版，印数6500册，价格1.35元；与之配套的应该还有《数学》《历史》《政治》等课本。中师毕业生一般任小学教师，中师函授教材主要针对小学教师，为还没有达到中师学历的小学教师提供培训。同时期还出版了《文教战线红旗飘》套书，分别是《小学、幼儿园经验选辑》《文化工作经验选辑》《卫生体育工作经验选辑》《业余教育工作经验选辑》等4本图书，南通地委教育卫生部编，1960年7—9月出版，印数600—3200册，价格为0.16—0.22元。这些图书是文化教育（包括卫生、体育）工作先进经验的宣传介绍，政府职能部门编辑，显然意在推广，说明政府对这方面工作的重视。南通市还编辑出版小学教材，如南通市高级小学课本《南通市乡土地理》，南通市文教局教学研究室编，南通人民出版社1959年2月出版，内容包含"从地图上看南通""南通市的工业""南通市的农业""南通市的交通和城市建设"等几个方面，是为小学生编的乡土教材。

南通人民出版社出版较多的是科技图书，如《水、风、潮力综合利用》（江苏省南通专员公署水利局编，1960年2月第1版），印数2000册，其中有50册精装本，可见当时对科技工作的重视。编者在"前言"中说："这里汇编的资料，是1959年10月江苏省人民委员会在我（南通）专区召开的水风潮力综合利用现场会议时的汇报材料。由于水风潮力综合利用是一项新的工作，我们对这方面的经验还很不足，这些在试办中所积累的资料，其中不免还有很多缺点，希望大家多加指教，以便于工作中我们不断改进，为力争提前实现农村机械化、电气化而共同前进。"书中附有5页蓝印插图照片，分别是启东县海丰镇风力发电站外景、启东少直公社小型风力发电站全景、张黄港风力发电站全景等。现在的洋口地区风力发电机林立，已成风景，这本书记录了60多年前，南通的科技工作者已经在启东建立了风力发电站。

南通人民出版社秉承"尊文重教"的优良传统，在短短两年多时间里出版图书近200种，大部分为普及型读物，这些图书的出版为人们读书提供了便利的条件，也为人们学习政治、文化、科学知识，形成读书风气，不断提高自身素养，创造了良好的社会环境。出版社重视小学师资培训教材和小学课本的出版，更是和近代南通重视小学基础教育的理念一脉相承，只有使大多数人接受最基础的教育，提高大多数人的文化知识水平，读书蔚为风气才成为可能，才有了最广泛的基础。南通人民出版社为延续千百年来"尊文重教"的社会习尚作出了巨大的贡献，在南通文化史上写下了值得记录的一页。

出书不易，南通人民出版社成立不久就被撤销，南通图书馆和博物苑编辑出版了许多油印本书籍。为保护古籍，减少读者检索翻阅对书本造成的损害，图书馆先后油印了《州乘资》、康熙《通州志》（十五卷）、《南通县图志》（二十三卷）、《白蒲镇志》（十卷）等图书。《州乘资》卷末有"连序共计一百六十页五万二千四百十八字"等字。这些书动辄十卷、二十卷，少则数百页，多则上千页。每册书后都有勘误表，设卷、页、行、字、正、误、漏、删等栏格。可见刻印并非易事，难免错误，即使校勘出来，为避免刻好的蜡纸浪费，也只能以勘误表形式来修改。

《州乘资》书后有管劲丞1958年10月20日写的题记："承黄絜臣先生之介，买来顾氏旧藏康熙甲寅志全帙，而所滕残籍竟有州乘资第三四卷合册。又承黄先生见告，前此亦尝获得同书零本第一二两卷，今已随它二卷钞本归于徐君咏绯。嗣后，蒙瞿镜人先生为致书沪上，商诸徐君，请以新钞全部易其所有，函去，徐君即一并惠寄。……重以刻本两册装成四卷，整治参差，纸墨如一，莫辨其为先后印矣。又黄先生所获两卷卷端缺潜自序，钞本则脱其末叶。余所得末叶完好，并增附续篇六叶。徐君先我据光绪通州志钞补自序，我更觅得同质同板式空叶过录，故尤为近真，续篇六叶于新钞仍抄附卷末，俾两本各为完书。是则徐君与我所共喜也。"
这是一部古籍延续和传承的记录，也是千万部古籍保护历史的缩影，保留至今的古籍每一册都有故事，凝聚着许多学人的辛劳和心血。南通市图书馆1985年又影印出版了精装本《州乘资》。

南通市图书馆在《白蒲镇志》前言中说，清姚鹏春著《白蒲镇志》十卷在道光二十一年（1841）完成，但未刊刻，仅有抄本传世，为南通藏书家冯雄所藏。"经重复转抄，现北京、科学院、南开、南京、上海等图书馆均有了抄本。朱士嘉先生一九三五年编《中国地方志综录》中之《蒲涛志》，即今之《白蒲镇志》。""有不少同志前来我馆查询，惜我馆缺藏，乃向南京图书馆古籍部借得抄本，爰刻印成册，以广流传。"

一些地方学者的著述，图书馆、博物苑也不惮繁难，油印出来。有些油印本的刻印，不仅在于出版，更是一次科学调研和学术探讨。如管劲丞的《南通方言俚语汇编》，原来只是用圆珠笔写在劣质纸上的散页草稿，后来"由季仲实同志用稿纸全部誊抄清楚"，"汪涵六同志按抄本刻印"，书中附表要求读者填写"本人讲什么方言""还会讲什么方言""对编集方言俚语资料工作的建议"等栏目，并在"说明"中说，"我们先将管先生的遗稿印出来，送请对此有兴趣，愿意参加这项工作的同志，进行补充、删除和解释"，"以便据以综合汇编，待正式编印成书后，将另行奉赠，以为纪念"。一本油印本的出版，起到了正式出版物都起不到的作用，是与普通市民生活密切相关的地方方言的调查研究之作。

钱啸秋的《坚瓠集》《敝帚集》《杂脍集》分别刻印于1962年和1964年。《坚瓠集》收录"大革命时代著者和当时反动统治阶级尖锐斗争的论文"21篇；《敝帚集》收录作者"于1926年至29年间在《通海新报》上所写的评论和小言"100余篇，"虽是零星残简，但笔调幽默，笔锋犀利，为考证大革命时代南通社会的真实背景，或不无裨益也"；《杂脍集》中"师友追忆录"（实为师）一章写了画家陈师曾、数学家崔聘臣、历史学家屠寄、辛亥烈士白雅雨、学者王国维、发明家邢广世，他们或为南通人，或为在南通工作、生活过的名人，都是有全国影响的人物，这些记录十分珍贵。图书馆还编辑了《南通地区历史上各种自然灾害初志》，45页，竖刻，每页13行。"前言"中说："本馆拟就南通地区历史上风、雨、雪、雹、水、旱、虫、兽诸种灾害之活动规律提供一科学研究之资料，俾有益于农业之发展。""本文仅就见诸志书之材料作一初步之整理。凡万历志、康熙志、乾隆志、光绪志以及州乘资等所载者，本文分别注'万''康''乾''光''资'字样。乾隆二十年以后之材料，均见光绪志。各条材料前，记以公元年。"该书是一本历代志书有关灾害记录的汇编。同时期，图书馆还刻印了管劲丞的《张謇历史初探——张謇在辛亥革命中的政治活动考实》、蔡观明的《谈桐城文派》等。

对一些特藏文献，为了方便读者利用，图书馆也主动整理、刻印出来。如20世纪70年代编辑的《季自求日记中有关与鲁迅交往的记载》（油印本），黄厚纸封面，线装，13页，摘录了《季自求日记》中他和鲁迅交往的44则日记，并标出所在第几册、第几页。还摘出《鲁迅日记》中所记鲁迅和季自求交往的文字，以及鲁迅记而季自求未记的日记9则，并标示日期。书内附有季自求简介及相关资料线索等。图书馆还编印一些检索工具书，如《南通地方文献联合目录初稿》《馆藏中文报纸目录（1912—1982）》《馆藏中文报纸目录（二）》《中医参考室书目》等。图书馆和博物苑联合编辑的《金泽荣资料》，黄纸封面，45页，有"金泽荣简介""金泽荣年谱""金泽荣撰辑书目""金泽荣遗墨""金泽荣遗物目录""载有金泽荣诗文、资料的书报篇目索引""金泽荣后人情况一览表""金泽荣在南通的故居"等章节，还附有《金沧江先生出殡狼山》《关于殷末周初箕子去朝鲜建国的问题》等资料。这本小册子至今仍是研究金泽荣的必读书。图书馆和博物苑、档案馆联合编辑的还有《馆藏地方志联合目录——附家谱、族谱、山志、水志等目录》等。

博物苑编印了《南通地区革命史采访录汇编》，粗纸封面，收录59篇文章，有"口述""调查""回忆""烈士简介"等栏目。同时期，南通市委革命史料编辑室编印《南通革命史料回忆录第二集（抗日战争和解放战争时期）》《南通专区革命史参考资料（〈通通日报〉摘录1927—1936）》《南通专区革命史参考资料（〈通海新报〉摘录1919—1928）》等，南通市政协文史资料研究委员会编印《日本驹井德三的张謇关系事业调查书》等。20世纪60年代物资匮乏，这些图书纸张粗劣，有的还是多种颜色，但却保存了珍贵的史料。20世纪70年代后，博物苑编印了《南通博物苑出土文物展览资料汇编》《中国博物馆事业早期史料》《南通历史文物参考资料》《南通博物馆史料》《南通气象农业谚语》《李方膺研究资料》《五四以后的南通京剧》《新四军东进前后南通地区的革命斗争——回忆江北特委》等。

值得一提的是20世纪60年代，文化部门比较重视群众文艺工作，在困难条件下刻印了许多图书，如南通市文联的《南通歌谣》（初选、二选、三选）、《南通歌声》、《南通老民歌》、《南通大合唱》等，南通市文化馆的《群众文艺》，海门文联的《海门山歌》，如东县办公室的《如东民歌》《文艺创作》等，尽管这些书记录了那个时代浮夸的风气，但也保留了许多珍贵的传统记忆，弥补了正式出版物的不足。也有个人油印出版他们的著述，如林举伯的《通海关庄布史料》，刘叔璜等人的《江苏省气象事业史》《南通风情》《南通气候》《南通冻情》《南通水情与旱情》等。这些图书虽非正式出版物，但丝毫不减损其学术含量，一样保存在图书馆供读者阅读使用，显示了学者的责任意识和学术操守。20世纪70年代以后，许多学者限于出版的困难，将自己的著作油印出来，保存在图书馆、博物苑里，不胜枚举。

今天的出版事业空前发展，油印出版物早已结束了它的历史使命，但它曾经是重要的文献载体，它所留存的历史信息及曾经的沧桑，依然值得我们珍惜。

江苏南通人民出版社出版的《南通民间曲调选》书影

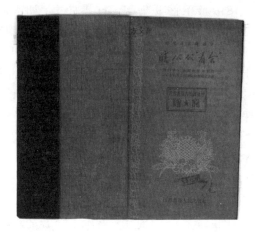

江苏南通人民出版社出版的《瞎公公"看会"》书影

管劲丞《南通历史札记》书影

油印本《白蒲镇志》书影

六、实践篇：这边读书风景独好

引言：书韵依旧，书香悠悠

南通是一座有着千年尊文重教习尚的文化城市、书香城市，曾经产生过许多书香世家。南通尤氏家族有家谱世系记载已400多年，十八世祖尤彦清曾任狼山总兵署稿房（文书），以诗书传家，"尤翁长者里人倾""训子都贤士有名"（张謇贺寿诗）。长子尤金镛译有《近世化学教科书》；次子尤金捷任南通女子师范博物课教职30年，著《花木栽培》一书；三子尤金鍼（慎铭）在抗战中坚持办学，自编教材，后在翰墨林印书局主管业务；五子尤金砺曾任崇敬中学图书馆馆长；次女尤瑜在南通女子师范讲授家政，著有《烹饪教科书》。孙辈中尤其伟是昆虫学家，著有我国第一部昆虫学理论著作《虫学大纲》，和周建人合编《吸血节足动物》列入商务印书馆《万有文库》出版；尤无曲为水墨画大师，著有《尤无曲画集》《尤无曲印谱》等；尤其彬专攻外国文学，著有小说集《苓英》。尤家后辈子孙，从事文化、教育、科研等事业，人才众多，多有建树。尤金镛自撰联"抱残守缺霉书裹，养晦遵时老布衣"，道出了这个书香世家不慕浮华、读书明理的平和心态。《崇川竹枝词》的作者李琪说："余家自十世祖水部公至先严博士公，代有诗集。"十一代诗文传家。范氏诗文世家，从明朝嘉靖至今十三代，代有诗文传世。这些都是中外文学史上少有的文学现象。

20世纪初期，南通的文化事业得到了迅速发展，沿南濠河两岸陆续建起了博物苑、图书馆、翰墨林印书局、戏剧学校、影戏制造公司、更俗剧场、五公园、公共体育场等一批文化设施,形成了一个文化区域。当年的一首校歌中唱道:"城南空气文明远:奕奕图书馆,博物堂堂苑……"

当"春秋佳日"或"夕阳西下"时,居住在濠河边的人们到图书馆读书看报,在博物苑观赏植物和文物,走进剧场看一场新编的现代京剧或话剧,流连在公园或体育场,休养身心,锻炼体魄,或者就坐在家里,看一本刚刚从翰墨林印书局出版的还飘散着油墨清香的新书……人们享受着文化的嘉惠和熏陶。

这一时期南通书店林立:城南长桥东有世界书局;长桥北有中国书店、模范书局,模范书局是南通最大的一家书店;模范书局对面有兴中书店。南大街上有导文社、三友书店、启文书店,启文书店斜对面有渔古书社,这是南通唯一的一家旧书店,该店曾收到一部元版佛经和一部宋版坊刻书,后来被上海的书店闻讯买去;南大街裱画店隔壁有一家小书店,专门收购古籍。在掌印巷口有大华书店、南通书店,大华书店招牌为当代著名画家顾乐夫的父亲顾汉昭所写,书店不但卖书,还租书,经常有南通文化人来雅集,购书、借书、闲谈。十字街有新民书店、新民建记书店;十字街西面有源源书店、新生书店。一座小城拥有那么多书店,与通州翰墨林印书局的繁荣发展不无关系,图书出版、销售及消费的繁荣,体现出地方文化氛围的浓厚和读书风气的盛行。

新中国成立后,南通市文管会首先接管的是保存在寺庙里的古籍图书,南通市政府在百废待举中,首先决定重建图书馆。图书馆把为读者服务拓展延伸到工厂、乡镇,工作人员用三轮车、自行车装载图书到流通站供读者借阅。图书馆在大型工地设阅览室,为工人们提供图书报刊阅读;南通青年到边疆去,数千人在港口等待出发,图书馆立即在那儿设阅览室，方便青年读书学习。图书馆除了在馆内设《读者园地》，还在市中心人民剧场对面设置10块宣传橱窗，推荐宣传图书，发表读者书评。图书馆经常举办灯谜晚会、年画展览、赛诗会、诗歌朗诵会、读书报告会、读者联谊会、纳凉故事会等读书系列活动，请老革命、作家、诗人作读书演讲。图书馆每年还举办"韬奋读书节"，组织广大读者参与书评、演讲、朗诵、评奖等活动。市、区工人文化宫都附设图书馆，供市民阅读和借阅图书。

图书馆坚持开放报刊阅览室和借阅科技图书。读者王忠信自学成才，他在文章中写道："后来在'文化大革命'中，我为了学'微积分'，先后从图书馆借阅了十几本其他数学参考书，我除了工作就是到图书馆自学，从来不间断。……今天再回顾自己的成长时，感到自己在工作、学习上的每一点滴成就都离不开市图书馆对我的帮助和支持。"唐山大地震后，图书馆组织地震科普讲座78场，听众达数万人。图书馆还关心少年儿童阅读习惯的养成，利用暑假开放儿童阅览室，组织近万名少年儿童小读者到馆阅读，举办儿童故事会。

一个有着深厚读书传统和氛围的地方，又有政府对文化的重视和支持，自然书香四溢，读书蔚为风气。改革开放使图书馆焕发勃勃生机，人们的阅读需求得到了极大的满足。互联网时代到来，出现了电子书，图书馆设有电子阅览室、"文化资源共享工程网站"、"百万册电子图书馆"，电脑、手机的普及使网络更加便捷，但南通人对阅读纸质图书仍情有独钟。

1999年以来，南通市政府已举办"南通韬奋读书节"12届，被中宣部、中央文明办、新闻出版总署联合表彰为"全民阅读活动优秀项目"。"南通市农民读书节"也已成功举办4届。据统计，全市有数十万市民、学生和农民读者参与了读书节活动。除了读书节，南通市还举办了"全民读书月""职工读书月""中华经典诵读"等活动；南通市委宣传部和市文联等部门举办"江海大讲堂""文联大讲坛"等活动，邀约专家主讲市民关心的热点问题；南通市图书馆举办"静海讲坛"，开展"静海讲坛"进社区活动，推出"静海讲坛"广播版、视频版，和少儿图书馆联合开展一系列读书活动，逐渐形成了一批具有良好社会效益、群众喜闻乐见的读书品牌"栏目"。民间的读书活动也十分活跃，中观读书会、艾文读书会、剑山书院等读书团体也纷纷成立。

许多学校也举办了多种多样的读书活动，以南通市城中小学为例，2014年举办的"和实"读书节，为期一月，开展"我们在国学经典里徜徉"系列读书活动，如"'三字经'和'弟子规'吟诵""成语听写大PK""'国家经典'课本剧表演""'古体诗文'朗诵""'百家讲坛'进校园""导读引领共成长"等专题，学生们喜闻乐见，参与其中。该校每个班级都设有"图书角"，有各类图书百册，供学生选读；在各个楼层走廊或拐弯开阔处，都设有新书架和新书，配置小圆书桌和小板凳，供同学们随时阅览。学校为养成学生从小读书的好习惯，营造良好的读书环境，作出了许多努力和积极的探索。

许多热心人士也为营造书香南通作出了奉献。崇川区政府教育督导室的姜志蓝是一个热爱阅读，以

南通市城中小学的读书活动

"儿童的立场"潜心于儿童阅读研究的人，她说阅读可以点亮孩子的心灵之灯。从20世纪80年代开始，她就在小学设

计儿童经典阅读实践活动，和小学生们一起听故事、说童话、编童谣、读百科、写童心……每天和孩子们一起开展能激发他们兴趣的多样化阅读活动和研究。她倡导的"家庭自助式阅读教养"和"多元智能操作式阅读"等观念被越来越多的家长和学生接受，她撰写的《孩子静悄悄地说——来自校园的100份心灵报告》《破译儿童的心灵密码》《破译儿童的行为密码》已经出版，她希望通过不断探索和研究，帮助孩子们养成阅读的良好习惯，在孩子身上撒下经典阅读的种子，让他们一生享受阅读的愉悦。

如东的小学教师张倍倍倡议建立"班级读书角"，鼓励学生们相互借阅图书，多读课外书籍；她经常声情并茂地给学生诵读经典，激发学生的阅读兴趣；她邀请儿童文学作家走进校园，让作家和学生面对面，互动交流读书心得。她经常对孩子们讲的一句话是"读书会让你变得更加快乐"。作为一名小学教师，教会孩子们阅读使她内心得到了最大的满足。无独有偶，海门市总工会的倪颖娟也以志愿者的身份推广儿童阅读，她以全国新教育萤火虫亲子共读公益项目组海门工作站站长的身份，发展了60多位义工，从2012年建站到2014年底，举办了40期线下亲子读书会，41期线上原创公益讲座，19期校园小分站亲子阅读培训讲座，5次作家见面会。她和她的同事们为推广儿童阅读、播撒书香种子不遗余力，她们承担着一个少儿图书馆的职责，从事着一个少儿图书馆应做的事情。

南通知止堂义学的创办人胡晖莹，7年来开展《弟子规》《大学》等传统文化经典的讲授，义务上课1000多个小时，发表了700多篇博文，6000多条微博，得到20多万次的博客点击量。

近年来为方便市民就近借、还图书，南通市图书馆设立了汽车图书馆，有20多个图书服务点，图书大巴每天把数万册图书送到各个服务点，供读者借阅。南通市图书馆还尝试在城区设点开展"图书漂流"活动，方便读者取阅，培养市民的阅读习惯。街道上还出现了"鸟巢"图书屋，一个鸟巢状60厘米见方的木质书橱，上下两层装有几十册图书，橱门上贴有小告示，读者可用自己读过的书换取书橱内任何一本书，以保证图书的流转。有些小区楼道里设"读书角"，金鼎湾小区的读书角名"博雅书屋"，3个书架有500余册图书，每3个月置换一批新书，居民们把自己的书摆上书架，借书自己登记。南通市新华书店成立"书缘俱乐部"，经常开展签名售书、新书评论、文学讲座等活动，还和图书馆、博物馆联合举办讲座，提供演讲者新著，供听众选购，使讲座和阅读很好地结合起来。南通市少儿书店是江苏省内第一家专业书店，经常组织一些读书活动，店堂内布置得像阅览室，可供家长携孩子一起阅读购书。南通市少儿图书馆是江苏省内第一家独立建制的少儿图书馆，长年和全市中、小学校联合举办各种读书活动，不遗余力地促进学生的健康成长和全面发展，还积极开展学术研究，为培养小学生良好的阅读习惯作了许多可贵的探索。2015年3月，南通市全民阅读活动领导小组发布"南通市阅读推广人招募公告"，向社会招聘阅读推广志愿者，要求志愿者具备较高的文化素养和阅读能力、鉴赏水平，推荐新书、好书，品书、评书，能和大家分享阅读成果，组织、引导阅读人群会读书、读好书、多读书。南通市图书馆也不断延伸、拓展、深化读者服务工作，吸引更多市民走进图书馆；图书馆还创办了《通读》杂志，设有"文脉""随感""开卷""赏阅""荐读"等栏目，推荐阅读书目，介绍地方文化，为"书香南通"建设提供广阔的平台和广泛的智力支持。

1."静海讲坛"及其视频版、广播版

2005年,南通市图书馆和上海图书馆签订了《长三角公共图书馆讲座资源共享协议》,利用上海图书馆丰富的讲座资源,结合聘请本地在全国知名的专家学者,开展了以"静海讲坛"为名的公益性系列讲座活动。经过多年的探索和实践,"静海讲坛"已经成为南通市图书馆读书活动的品牌栏目,受到越来越多的 读者欢迎,产生了较好的社会效益及影响。

选好讲题,是办好讲座的首要条件。南通是教育之乡,影响所及是百姓对子女教育的看重。每年中考、高考前广大考生的心理辅导,是学校和家长共同关注的焦点。"静海讲坛"邀请上海中医药大学章震宇教授主讲"考试的心理意识",针对学生和家长普遍存在的考试心理压力和焦虑,从学生和家长都认同的考试目标、心态、行为等心理意识出发,以身边发生的实例,引入心理学知识理论,把复杂的心理现象阐述得清晰晓畅,引起学生和家长的强烈共鸣。人们从讲座中获取了新的知识,这是和以往完全不同的多种思维及沟通方式,不仅对考生,而且对家长和老师也是一种启迪,使紧张的考前心态得到梳理和缓释,对复习迎考具有很强的指导性和可操作性,因此受到了学生、家长、老师三方的欢迎。

针对中学生课外阅读的缺失,"静海讲坛"邀请复旦大学顾晓鸣教授作"乐源于书——读书使人睿智豁达、优雅

美丽"的讲座。顾晓鸣最早提出网络文学和网话文的概念，主编过网络文小说，对网络环境下如何整合各种知识资源提出了全新的观点。因此他的演讲及他和同学们的互动问答带给大家震撼——原来读书是可以这样快乐的，文、理各种知识是这样融会贯通的，阅读习惯的养成是这样对启发、促进、塑造人的认知能力和人的成长发展起重要作用的。他的演讲完全把听众吸引到重视阅读、多读书、读好书、培养广泛阅读兴趣的思路上来，他自己的阅读经历和学术成就就是最好的证明，这无疑给中学生养成阅读习惯带来了新的启示和思索。

"静海讲坛"不以灌输知识为目的，而是以促进读者（听众）智能发展，培养读者阅读能力和学习兴趣，满足读者自主学习需求为宗旨。邀请历史地理学者葛剑雄教授作"追寻玄奘之路——中亚南亚五国行"主题演讲，内容涉及历史、考古、旅游、地理、文化交往等诸多方面，演讲者重走当年玄奘西行之路，又是专业当行，演讲受到欢迎洵为必然。这里还牵出一段题外话，葛剑雄在回答听众提问时说到南通不但有张謇，还有一个王铃，是有世界声誉的大学者，可惜连许多南通人都不知道他。王铃是最早协助李约瑟撰写《中国科学技术史》的中国学者，晚年回到南通定居，曾多次到南通市图书馆查阅资料。图书馆研究人员检索、搜集有关文献撰写有关王铃的文章并发表。讲座促进了学术研究和地方文献的整理保存。

"静海讲坛"举办文学系列讲座，有南通大学陈学勇教授的"传记文学的创作和欣赏——从《林徽因传》谈起"，徐乃为教授的"《红楼梦》的文学史地位及其艺术特色"，扬州大学吴周文教授的"中学生文学阅读与欣赏"，江苏教育学院江锡铨教授的"中国文学的现代化"，北京师范大学李怡教授的"智慧的辉光——卞之琳的人与诗",中国科学院文学研究所李存光研究员的"巴金高尚人格的百年锻造",等等。

举办书文化系列讲座,请南京大学徐雁教授主讲"江南旧书文化",华东师范大学陈子善教授主讲"我的读书、藏书和教书"。利用大学师资,把大学教师请进"静海讲坛",不仅请他们讲授科学文化知识,更主要的是讲授学习本身的理念、方法和方式。听众在聆听演讲和提问互动的过程中,不但汲取了讲座传授的知识,还会被演讲者的求学经历、成功模式及学术成就感动,从而学会学习方法,学会读书、读好书、多读书,培养良好的学习精神。这些主讲人在他们的学术领域卓有成就,他们的演讲无疑是一堂堂生动的阅读辅导课。

"静海讲坛"开办10年时,已举办了80余场讲座。历史方面有阎崇年的"清宫三大疑案""大故宫"等;音乐方面有马晓晖的"二胡与中西文化交融",王勇的"弦动我心";文学方面有鲍鹏山的"《水浒》人物的阅读与欣赏",叶永烈的"我和传记文学",程乃珊的"从张爱玲作品看海派文化",陈建功的"谈小说创作",杨洋的"莫言的文学世界",陆天明的"一个作家眼中的反腐风云",六小龄童的"和孙悟空一起品'西游'"等;专题方面有龚鹏程的"儒教与中国文化",郑时龄的"世博会:城市与科技创新",戴泽晖的"苏通大桥——梦圆南通",施凯的"改革开放三十年回顾与思考",孙钟炬的"重特大灾难考量中小城市公共危机应对能力",何虎生的"隐蔽战线的斗争与新中国的诞生",肖裕声的"中国国家安全形势报告",周国兴的"时光倒流一万年",许建业的"国外公共图书馆现状及其对我国图书馆发展的启示",等等。还有为社区居民读者"量身定做"的讲座,如崔世维的"饮食与健康",钱雪飞的"幸福指数测量",王灿明的"让创造走入家庭",刘建芳的"世博会与旅游",邵荣世的"中老年的养生",李晓东的"房屋装潢与健康"等。

  名师荟萃,与读者(听众)面对面,带给读者的不仅是知识及感动,更多的是演讲者对知识融会贯通、深入浅出的阐述激发了读者对阅读的兴趣和愉悦。正因为如此,"静海讲坛"才受到越来越多的读者欢迎,吸引了更多的读者走进图书馆,亲近阅读,热爱阅读。

  郑时龄院士曾在如东县搞过城乡发展规划,他主讲"世博会:城市与科技创新"时,南通市图书馆和如东县图书馆策划,请他在如东作一场演讲。如东县委、县政府非常重视,县长主持演讲会。演讲会前,如东县委、县政府部门负责人邀请郑院士召开座谈咨询会,听取郑院士对如东经济建设发展的建议。演讲结束后,听众围绕如东发展和未来规划提出问题,和院士交流。通过讲座平台,图书馆牵线,政府有关部门和专家直接面对面,共同探讨经济建设的发展和规划。《南通范氏诗文世家》出版后,主编范曾到南通市图书馆举办捐赠仪式,他作了题为"南通范氏诗文世家和中国文化的渊源"的演讲。地方文献工作是图书馆的基本业务工作,《南通范氏诗文世家》的出版既依赖于馆藏地方文献,又很好地保存了珍贵的地方文献。该书出版后,经外交部赠送世界各国的图书馆和设有东方研究机构的大学,向世界介绍、宣传了中国源远流长的优秀传统文化,介绍、宣传了南通。

  "静海讲坛"系列讲座在"江苏省第四届公共图书馆优秀服务成果"评选中获二等奖,并被南通市委宣传部、市社科联表彰为"社科普及优秀特色活动项目"。

  "静海讲坛"也重视邀请本地的优秀专家、学者主讲。南通的高校及科研院所,有学科和学者的学术成果在国内处于较领先的地位,如张謇研究,陈学勇的民国女作家研究,钦鸿的现代文学作家笔名研究,王志清的王维研究,徐乃为的红楼梦研究,等等。"静海讲坛"及南通市图书馆"读书沙龙"邀请他们做主讲嘉宾。读者徐铁生几十年如一日,在图书馆读书写作,研究姓氏和方言,他的350万字的《中华姓氏源流大辞典》由中华书局出版。"静海讲坛"(广播版)邀请徐铁生,作"漫谈南通方言"讲座。

一场讲座不过容纳数百人,南通市图书馆把每期"静海讲坛"录制成光盘,和上海图书馆讲座中心寄赠的光盘一起,逐步建成讲座光盘资料库。每逢双休日,图书馆都会播放"静海讲坛"(视频版),受到读者欢迎。南通市女子监狱为女警官们播放"女性着装和礼仪"后,女警官还写了感想。

南通市图书馆还和南通市人民广播电台联合举办广播版"静海讲坛"。有"南通地方文化系列讲座":"南通梅庵琴社""南通仿真绣""南通范氏诗文世家""南通蓝印花布印染技艺""海门山歌""南通板鹞风筝"等。有"南通作家系列讲座":"陈学勇谈民国女作家""王志清谈王维和唐诗""刘培林谈历史人物传记""沈文冲谈'毛边书'的魅力""王敦琴谈张謇与孙中山""何循真谈养生和保健""安铁生谈中药文化""沈建华谈楹联及对联""高龙民谈戏剧与人生""仇红谈散文诗创作""陆启中谈生态文学"等。有南通市图书馆和南通市社科联联合举办的"江海文化系列讲座",如南通市图书馆承担主讲的"南通市图书馆藏珍贵古籍及地方文献"。有"公共文化服务体系建设讲座",介绍南通市公共图书馆及高校图书馆的特色和县(市)、区特色文化建设:南通市文广新局副局长邱国明主讲"南通市公共文化服务体系建设",邱国明和南通市图书馆馆长施冲华还回答了听众电话提问,谈了非物质文化遗产项目、图书馆建设及藏书等话题;如皋市图书馆馆长洪宝瑚谈"如皋市图书馆新馆介绍";如东县图书馆馆长孙俐玲谈"发掘整理利用地方文献、传承弘扬区域历史文化";南通市少儿图书馆馆长顾惠冬谈"少儿图书馆的延伸公共文化服务";南通大学图书馆副馆长、党总支书记钱亮华谈"走进南通大学图书馆";海安县图书馆书记顾建华谈"建立农村图书馆可持续发展机制";南通纺织职业技术学院图书馆馆长朱志伯谈"移动图书馆"等。"静海讲坛"广播版听众面广,极大地满足了广大读者读书求知的需要,取得了良好的社会效益。

清史专家阎崇年在"静海讲坛"作讲座

南京大学教授徐雁演讲后为读者签名

复旦大学教授葛剑雄演讲后为读者签名

2."读书沙龙"、"家庭读书乐"和"读者俱乐部"

在举办"静海讲坛"的同时,南通市图书馆在每年读书月(12月),组织开展读书沙龙——"我与作家(学者)面对面"活动。主要形式为选择几个读者感兴趣的话题,邀请作家(学者)和读者座谈,作家(学者)作主题发言,读者(听众)以提问和对话的方式和作家(学者)互动切磋。有以一个作家(学者)发言为主,如徐乃为(教授)的"古诗词鉴赏",黎化(作家)的"谈《江海祭》的创作",陈学勇(教授)的"传记和传记文学的创作",王志清(教授)的"诗词鉴赏和创作"等,然后请读者提问;也有几个作家(学者)分别发言后再座谈,如"我们怎样做学问"专题,邀请了徐景熙(教授)、钦鸿(学者)、陈建华(南通市文联副主席)、王美春(作家)、陈蓓蓓(作家)谈自己的心得,然后和读者(听众)互动探讨。读者面对面和教授、学者、作家讨论、请教,获益良多,这些活动受到读者欢迎,他们发言、提问踊跃,往往下午2:00开始的活

南通大学教授徐乃为在"读书沙龙"上发言

动，到下午5:30闭馆时还结束不了。

南通市图书馆在春节期间联合街道、社区，举办"春节家庭读书乐"系列活动。2004年春节，在百花苑社区举行的第一届活动中，有父（母）子（女）讲故事、朗诵

"读书沙龙"上的专家学者（从右到左）陈建华、王美春、钦鸿、陈学勇、黎化和读者合影

诗歌、演讲比赛、书法表演、图书的交换及捐赠、有奖知识问答、谜语竞猜、主题讲座、图片展览等内容，读者及居民以家庭为单位参与各项读书活动。南通市图书馆还和全市多个社区开展了十多届"家庭读书乐"活动，参加的居民有3000多人次。2007年在百花苑社区举办第四届"家庭读书乐"活动，11个社区的家庭组队参加朗诵比赛，社区广场悬挂200多条谜语，吸引广大居民参与。2008年第五届"家庭读书乐"活动，邀请市谜语协会副理事长王栋巨作"猜谜知识"讲座，讲解了谜目、谜面、谜底以及猜谜技巧、谜语制作和南通地方谜语等，并编制了数百条谜语供大家"学以致用"，当场竞猜，有13个图书流动点的150多位读者参加活动。2009年的第六届"家庭读书乐"活动在易家桥社区举办，除传统节目灯谜有奖竞猜外，还举办了"岁月留痕——南通60年"老照片展览，让居民直观地感受到他们居住的城市60年来的沧桑巨变，从而提高他们的幸福指数。2010年在北濠东村社区举办第七届"家庭读书乐"活动，邀请本市著名书法家表演并指导书法，26名社区书法爱好者进行书法表演，他们中有65岁的老人，也有7岁的儿童。同时还举办了"世博会有奖知识问答"活动和"人民英模——100名为新中国成立

作出突出贡献的英雄模范人物"图片展览。2011年举办第八届"家庭读书乐"活动，17个图书流通服务点读者和南通师范第二附属小学、实验小学师生共300余人参加，举办"易书交友会"，为读者之间交换图书提供平台，现场交换图书130余册，著名作家刘培林还对部分图书进行点评。2012年第九届"家庭读书乐"活动在和平桥街道举办，南通市图书馆和市少儿图书馆购买了34册《新华字典》，读者也捐献了100多册图书，赠送给17个社区的34户家庭。受赠的黄庆、黄璐兄妹高兴地说，这是他们收到的最珍贵的礼物。活动还邀请南通市创造发明学会会长、南通大学王灿明教授作"读书与创造"主题演讲。南通市图书馆通过"家庭读书乐"活动，把读书活动办到读者的家门口，读者全家参与，促进了家庭读书习惯及氛围的养成，促进了学习型社会和和谐社会的建设。"家庭读书乐"活动已连续举办了11届，成为南通市图书馆读书活动的又一品牌。

南通市第八届"家庭读书乐"联谊会

南通市第二届"家庭读书乐"诗文朗诵会

南通市图书馆在南通监狱设立"南通市图书馆南通监狱分馆"，和管教干警联合举办"'求知点亮人生'读书征文比赛颁奖仪式暨《新生之路》报通讯员培训专题讲座";在南通女子监狱设立"南通市图书馆流动服务站",定期送书上门,供服刑人员借阅,还派出馆员为她们开展阅读辅导,举办"经典诗词鉴赏"讲座,播放"静海讲坛"光盘视频。

南通市图书馆在监狱举办读书征文活动

2008年,南通市图书馆成立"心灵之约"读者俱乐部,报名读者20多人,2009年又吸收30多人,形成了有50多名固定读者的群体。读者俱乐部经常开展一些读书活动,如"我最喜爱一本书"读书征文、"我参与图书馆新书采购"、"优秀读者评选"、"读者联谊会"等。每年的图书馆读者活动,"心灵之约"读者俱乐部成员都是热心参与者和骨干,对推动读者活动的深入开展起到了积极作用。

3.南通人著作展

南通市图书馆从1999年开始举办"南通人著作展",延续至今,成为全市广大读者关注的、具有良好社会效益的图书展览。办著作展,重在征集。工作人员向到馆检索、咨询、从事著述和课题研究的读者进行征集;图书馆在报刊上登载广告,并撰写征集函,广为寄呈、散发。1999年夏秋之季,南通市图书馆在南通博物苑濠南别业(张謇故居)底楼大厅举办了"南通人著作展",展出100位南通籍作家的著作及生平介绍。当时条件简陋,用木条和三角板制成展板,白纸糊裱后,用毛笔书写作家生平,用大头针将书固定在展板上。2002年11月南通市图书馆90周年馆庆,"南通人著作展"增加内容后制作成展板在馆庆会场展出。2005年2月26日上午,"南通人著作展"开幕式在南通博物苑举行,展出了240多位当代南通籍作家的作品。南通市政协副主任施景铃,市文联主席尤世玮,市文化局局长黄振平和副局长陈军、姚恭祥、王栋云、王子和,以及政治处主任黄洪平,市政协领导黄冰、张柔武及作家代表80余人出席。南通电视台采访了作家。南通市副市长季金虎、袁瑞良也在中午拨冗参观了展览。这次展览持续一周,媒体进行了多方面报道,《江海晚报》发表了署名文章《我看南通人著作展》,许多学校组织了集体参观。展板还送到如东县图书馆进行巡回展出。

2008年10月,中国现代文学馆在南通举办"文学大师风采暨中国现代文学馆藏书票展",南通市图书馆为配合这次展览,举办了"南通文学名人风采展",展出36位南通籍作家的生平及代表作品。

2010年10月25日,第二届"南通人著作展"在南通市行政中心大厅举办。南通市委宣传部部长张小平,南通市副市长杨展里,市政协副主席袁瑞良以及作家代表60余人出席。这次展览征集了2005年以来248位作家的412种著作,其中有著名翻译家、诗人卞之琳,书画家范曾,中国环境法学奠基人韩德培,全国著名老中医朱良春,教育家李吉林等人近年出版的著作,编辑成107块展板,其中有海外作家展板4块。展板还送到县(市)、区图书馆展出。

南通市委宣传部部长张小平等市领导和局、馆领导在"南通人著作展"上

"南通文学名人风采展"开幕式

著名作家陈建功观看"南通文学名人风采展"

4."书为媒"读书知识问答、谜语竞猜系列活动

南通市图书馆和南通市少儿图书馆联合开展"书为媒"系列读书知识问答、谜语竞猜活动。20世纪90年代中期,图书馆开始举办元宵、中秋"书为媒"灯谜晚会,参考咨询部工作人员编制出近千条谜语和文化知识类试题,用毛笔抄写在彩纸上,悬挂在图书馆大院内,供读者和市民选答。大院内彩纸飘飘,挂在大树上的一串串彩灯闪烁,人们在节日里到图书馆借书,顺便也做做题目,猜猜谜语,往往还有得到一份小礼品的惊喜,因此这些活动受到读者的欢迎。这些活动随着"文化、科技、卫生三下乡"送到农民家门口,如到海门四甲镇、观音山太平社区、港闸区陈桥街道河口村、海安白甸镇等镇、村、社区,图书馆除了送图书、送展览,辅助乡镇图书馆和农家书屋工作,还带去数百条精心编制、贴近农民生活和生产的知识问答题与谜语,农民朋友答对或猜对了题目和谜语,就能获得小奖品,这样可引导更多的农民亲近图书和知识。

从2004年开始,南通市图书馆和市少儿图书馆每年夏季在环西文化广场举办"'书为媒'百科知识问答、谜语竞猜"活动,结合一个选题,如"纪念邓小平100周年诞辰"、"纪念红军长征胜利70周年"、奥运会、世博会等,编辑数千条知识问答题目和谜语,抄写在彩条纸上,供市民选答,并有小奖品鼓励。届时还举办一个图片展览,开展图书馆咨询和

办证服务。市民们可以看展览、猜谜语、办理借书证、咨询如何到图书馆查阅检索图书资料。每次参加活动的市民达数千人。夏日的夜晚，人们在濠河边水色灯光中，分析百科知识和灯谜，凝神思索，答题猜谜，观看展览，办借书证，形成一道独特的文化风景。

2004年，南通市图书馆、市少儿图书馆和《江海晚报》社联合举办主题为"读书丰富人生，知识成就未来"的"'书为媒'读书知识大赛"。出试题200条，成人卷、儿童卷各100条，在《江海晚报·读周刊》上分4期刊出。试题范围为经典文学作品、科普知识、历史和中国近代第一城知识，以及经典童话、儿童文学名著等，收到答卷12516张。在市公证处公证下，请读者代表和南通市委宣传部、市文化局、《江海晚报》社的领导一起，从全部答对的卷子中抽取获奖者名单，在《江海晚报》上公布。这次活动历时7个多月，数以万计的读者参加。

南通市图书馆和市少儿图书馆还联合承办"南通市中华经典诵读大赛"。活动由南通市委宣传部、市文明办、语言文字工作委员会、教育局、文广新局、团市委、市妇联等7家单位共同发起，全市中、小学校及中专、师范学校的数百名代表参加比赛。学生们深情的诵读，配上视频画面、背景音乐，演绎出中华经典的永恒魅力。比赛分个人和集体项目，各有19支参赛队。如东高级中学卜冬旭朗诵的《岳阳楼记》、如皋高等师范学校朱亚林朗诵的《英雄碑颂》均获个人特等奖；南通市第一中学26人朗诵的《中国色彩》、如皋高等师范学校12人朗诵的《毛泽东诗词七首》均获集体特等奖。

图书馆举办的"书为媒"系列读书活动，吸引了更多的人参与阅读，也吸引了更多的人走进图书馆、利用图书馆，倡导了尊重知识的社会风尚，特别是促进了青少年阅读习惯的养成，对书香社会、和谐社会建设起到了积极的推进作用。

六、实践篇：这边读书风景独好

南通市全民读书活动"知识问答、谜语竞猜"

广场"百科知识、谜语竞猜"读书活动

全民读书知识大赛抽奖仪式

5."红领巾读书读报奖章"等系列读书活动

南通市少儿图书馆针对小读者开展了形式多样、内容丰富的读书活动,其中如"红领巾读书读报奖章""年度读者借阅排行榜暨'阅读之星'""'亲子共读'阅读推广""苗苗悦读坊——倾听绘本故事""低幼绘本阅读"等活动,吸引了广大少儿读者走进阅读,走进图书馆,有利于培养他们从小爱读书的好习惯。

"红领巾读书读报奖章"活动由文化部、教育部、团中央、全国妇联等单位联合发起,由江苏省文化厅、省团委和省妇联牵头组织开展。南通市少儿图书馆每年举办"全市红领巾读书征文及演讲"活动,发动广大中、小学生参加,每次收到征文数千篇,聘请专家评审,颁奖表彰,对鼓励青少年阅读起到了积极的推动作用。因此,南通市少儿图书馆多次被江苏省文化厅授予"全省红领巾读书征文优秀组织奖"。南通市少儿图书馆还延伸"红领巾读书活动",组织各中、小学校8—14岁的学生在阅读的基础上,以征文、演讲、知识问答等形式开展系列读书竞赛活动,有"中华五千年历史知识竞赛""'21世纪的中国'读书答辩会""东西部红领巾手拉手百万图书传真情""我做合格小公民""向抗击非典的英雄致敬"等主题,每次读书活动有100余所学校的万余名学生参加。为提高小读者阅读兴趣,每年南通市少儿图书馆还开展"阅读之星"评选,对借阅图书排行前10名的读者进行表彰，以资鼓励。为拓展小读者们的阅读面并使他们广交书友，南通市少儿图书馆开展"易书交友，共享阅读"活动，小读者可以用自己阅读过的图书到图书馆以旧换新，这批图书仍然很新，可以充实社区图书室或赠送特困和外来务工家庭，整合了图书资源，提高了图书的利用率，激发了大家的阅读兴趣，使近万名小学生受益。

南通市少儿图书馆注重对低幼小读者的阅读培养，开展"低幼绘本阅读""苗苗悦读坊——倾听绘本故事""'亲子共读'阅读推广"等活动，邀请家长共同参与，图书馆和家庭合作，以幼儿喜闻乐见的形式，培养幼儿亲近阅读、喜爱阅读的习惯。"'亲子共读'阅读推广"活动采用"亲子"一起讲故事，进行儿歌表演、诗歌朗诵、现场绘画等才艺展示的方式，让家长和孩子同台阅读，演示阅读成果。这项活动从开始举办时南通市区23家幼儿园114对"亲子"参加，发展到现在全市各区、县数十个乡镇、社区的数十所幼儿园的数千对"亲子"报名，每次活动从初赛、复赛到决赛持续4个月，成为深受广大家长和孩子喜爱的、有广泛影响的读书活动。这项活动在2011年被江苏省委宣传部、省文明办、省新闻出版局授予"第六届江苏读书节优秀活动项目奖"，被江苏省文化厅评为"2013年江苏省文化志愿服务优秀服务项目"和"江苏省第三届公共图书馆优秀服务成果二等奖"。

红领巾读书征文活动

南通市少儿图书馆举办的"易书交友，共享阅读"活动

南通市少儿图书馆举办的"亲子共读，点燃梦想"活动

南通市少儿图书馆举办的"阅读之星"活动

参考文献

江苏省如皋市地方志编纂委员会编《如皋县志》,香港新亚洲出版社1995年版。

启东县志编纂委员会编《启东县志》,中华书局1993年版。

海门市地方志编纂委员会编《海门县志》,江苏科学技术出版社1996年版。

《海安县志》编纂委员会编《海安县志》,上海社会科学院出版社1997年版。

南通市地方志编纂委员会编《南通市志》,上海社会科学院出版社2000年版。

南通市教育局编《南通市教育志》,新华出版社2001年版。

中共南通市委党史办公室编《苏中四分区反"清乡"斗争》,江苏人民出版社1985年版。

李明勋、尤世玮主编《张謇全集》,上海辞书出版社2012年版。

曹从坡、杨桐主编《张謇全集》,江苏古籍出版社1994年版。

张孝若:《南通张季直先生传记》,上海书店1991年版。

张孝若:《张謇传》,岳麓书社2021年版。

杨立强、沈渭滨、夏林根等编《张謇存稿》,上海人民出版社1987年版。

张绪武、梅绍武主编《张謇与梅兰芳》,中华工商联合出版社1999年版。

张绪武主编《张謇》，中华工商联合出版社2004年版。

张廷栖、孟村：《张謇画传》，重庆出版社2007年版。

梅尧臣：《梅尧臣集编年校注》，上海古籍出版社2006年版。

严晓星：《梅庵琴人传》，中华书局2011年版。

李希泌、张椒华编《中国古代藏书与近代图书馆史料（春秋至五四前后）》，中华书局1982年版。

姜光斗：《李渔》，苏州大学出版社2012年版。

徐保卫：《李渔传》，百花文艺出版社2011年版。

李渔：《李渔全集》，浙江古籍出版社1991年版。

吕慧鹃、刘波、卢达编《中国历代著名文学家评传》第五卷，山东教育出版社2009年版。

范凤书：《中国私家藏书史》，大象出版社2001年版。

施宁：《寺街》，苏州大学出版社2010年版。

张松林等：《濠河》，苏州大学出版社2012年版。

徐建平、陈钟石：《胡瑗》，苏州大学出版社2012年版。

孟村、张廷栖：《张謇》，苏州大学出版社2010年版。

姜光斗：《范伯子》，苏州大学出版社2010年版。

沈新林：《话说李渔》，江苏人民出版社2011年版。

章品镇：《花木丛中人常在》，生活·读书·新知三联书店1997年版。

张贵驰：《苏中战地文化》，苏州大学出版社2012年版。

南通市文化局、中共南通市委党史工作委员会编《江海号角——南通革命文化史料选辑》，黄山书社1993年版。

马嘶：《一代宗师魏建功》，文化艺术出版社2007年版。

黄振平主编《张謇的文化自觉》，陕西人民出版社2003年版。

张兰馨：《张謇教育思想研究》，辽宁教育出版社1995年版。

南通市文化局编《江海文明之光：南通历史文化概述》，四川人民出版社2006年版。

吴允熙：《沧江金泽荣研究》，李顺连译，华中师范大学出版社2002年版。

李玉安、黄正雨编《中国藏书家通典》，中国国际文化出版社2005年版。

钱谷融主编《梁启超书话》，浙江人民出版社1998年版。

乔显曾、邵建、何惠斌主编《南通人物》，上海人民出版社1990年版。

方正怡、方鸿辉：《院士怎样做人与做事》，上海教育出版社2011年版。

苏步青：《神奇的符号》，江苏人民出版社2008年版。

黎洪等选注《华夏正气篇》，安徽人民出版社1982年版。

倪征燠：《淡泊从容莅海牙》，法律出版社1999年版。

龚德：《三百万颗民族心》，江苏凤凰文艺出版社2017年版。

范曾：《文章四家·范曾》，文化艺术出版社2009年版。

范曾：《范曾自述》，文化艺术出版社2004年版。

光明日报文艺部编《〈东风〉旧体诗词选》，光明日报出版社1985年版。

严晓星编《辛丰年先生》，上海音乐出版社2023年版。

辛丰年：《书信·随笔》，上海音乐出版社2023年版。

钦鸿：《濠南集——南通现代文坛漫笔》，文化艺术出版社2006年版。

钦鸿：《书坛话旧》，上海远东出版社2008年版。

钦鸿：《文坛话旧续集》，上海远东出版社2009年版。

徐乃翔、钦鸿编《中国现代文学作者笔名录》，湖南文艺出版社1988年版。

贾植芳：《贾植芳全集·创作卷》（下），北岳文艺出版社2020年版。

沈文冲：《中国毛边书史话》，内蒙古教育出版社2012年版。

沈文冲：《民国书刊鉴藏录》，上海远东出版社2007年版。

沈文冲：《民国书刊鉴藏录续集》，上海远东出版社2010年版。

沈文冲编著《毛边书情调》，河北教育出版社2006年版。

沈文冲：《百年毛边书刊鉴藏录》，上海远东出版社2008年版。

谢小彬、杨璐主编《谢国桢全集》，北京出版社2013年版。

鲁迅：《鲁迅书信集》，人民文学出版社1976年版。

陈学勇：《旧痕新影说文人》，中华书局2007年版。

陈学勇：《莲灯微光里的梦：林徽因的一生》，人民文学出版社2008年版。

陈学勇：《高门巨族的兰花：凌叔华的一生》，人民文学出版社2010年版。

徐铁生编著《中华姓氏源流大辞典》，中华书局2014年版。

张功臣：《洋人旧事——影响近代中国历史的外国人》，新华出版社2008年版。

章树山主编《南通濠河文化》，南京大学出版社2015年版。

王钱国忠编《李约瑟画传》，贵州人民出版社1999年版。

王钱国忠、钟守华主编《李约瑟与中国古代文明图典》，科学出版社2005年版。

李约瑟：《中国科学技术史》第一卷，《中国科学技术史》翻译小组译，科学出版社1975年版。

张孟闻编《李约瑟博士及其〈中国科学技术史〉》，华东师范大学出版社1989年版。

凌君钰：《曾任南通图书馆馆长的陈星南及其子陈邦怀》，《文献与信息》2012年第4期。

严锋：《辛丰年其人》，《书屋》1999年第3期。

徐家祯：《也来说说辛丰年》，《音乐爱好者》2013年第8期。

徐放：《国学大师徐益修》，《江海春秋》2012年第4期。

卢兆欣、汤易：《让书香飘满江海大地每个角落》，《江海晚报》2015年1月23日。

卢兆欣：《风景这边"读"好》，《江海晚报》2015年4月23日。

刘绪源：《今世惟此苦吟才——我所知道的辛丰年先生》，《北京日报》2013年4月2日。

李章：《辛丰年的信》（附照片），《上海文汇报》2013年8月18日。

后　记

　　这本书稿在好几年前已经完成，却因一些原因而搁置下来。

　　书稿固不足观，但资料搜集不易，有些人物的采写经过本人的认可及修改，如龚德、钦鸿、徐铁生诸位先生，他们虽已离世，但他们的敬业和成就以及为南通文化建设作出的许多贡献应值得我们纪念。我冒昧将书稿寄给"江海文化丛书"主编尤世玮先生，感谢尤主编和编委会的各位领导及同人，他们对书稿给予了肯定和积极的评价，同意列入"江海文化丛书"出版。

　　我在图书馆工作，古籍部的同事们特别能干。杨丽、蒋悦、姜春钰、陈佳、吴菲都是走出校门不久的大学生，勤谨能干，风华正茂。她们除承担全国古籍普查的工作，平日还要接待不断增加的到馆读者，当时刚刚完成《静海楼藏珍贵古籍图录》出版的图片扫描、文字校对等工作，许多事情往往要加班去做，几个月没有双休日也是寻常事。对此，她们毫无怨言，表现出一个图书馆人的敬业精神和良好职业素质。《书香南通》的图片扫描以及许多文献检索、数据统计工作由杨丽、蒋悦、姜春钰、陈佳、吴菲完成，杨丽、蒋悦还制作了表格。杨丽在上海图书馆学习期间，还承担了查阅文献的任务，有些复印后的书页字迹不清晰，要对照原书，用细笔描摹下来，做这些事都很费神费时，占用了她紧张学习之余原本不多的休憩时间。到馆不久的研究生沈阳校读了书稿,一些图片的编辑也由她来完成。

"读书篇"中写到的龚德、徐铁生、陈学勇、钦鸿、沈文冲几位先生,他们是图书馆常客,也是读书、著书的大忙人,仍拨冗校阅了有关他们的文字,提出了商榷的地方;严晓星是辛丰年的忘年交,他提供了许多写辛丰年的文章,《好书未看有负债感——辛丰年的读书生活》一稿写成后他还提出了修改意见;市少儿图书馆顾惠冬馆长和宋扬主任提供了许多小读者读书活动的图片和介绍,充实了书稿中这方面的内容。他们的支持和热情让我感动。

长时期以来,许多学者和作家对南通地方文史进行了持续而深入的研究,他们的研究成果和著述为本书的写作提供了丰富的资料,我在征引文献中已一一列出,在此谨向这些专家表示深深的谢忱。

千余年间南通文人读书、著书、藏书、刻书的前世今生,文脉所在,远非这本小书所能包容,笔者学力不逮,俟方家指谬、补缺、完善,实乃至诚企盼。

在书稿付印之时,我对所有为书稿的撰写和出版给予竭诚帮助的领导和同事、朋友们表示诚挚的谢意!

倪怡中
2024年4月23日